Auf Genuss-Entdeckungsreise

Die Deutsche Bierakademie mit Sitz in Bamberg steht für individuelle Biererlebnisse auf höchstem Niveau: Begeben Sie sich mit ausgebildeten Diplom Biersommeliers auf die spannende Reise durch Bieraromen, Biergeschichte und Bierkultur - erleben Sie genussvolle Kombinationen von Bieren mit Schokoladen, Käsen oder mehrgängigen Menüs und entdecken Sie geheimnisvolle Bierorte wie die Bamberger Bierkatakomben oder die Weisse-Brauerei unter den Berliner S-Bahn-Bögen.

Mehr Informationen unter
www.bierakademie.net
www.facebook.de/deutschebierakademie

Danke!

Wir Autoren bedanken uns bei allen teilnehmenden Gastronomen, Unternehmen, Tourismusverbänden, Städten und Gemeinden für die Bereitstellung ihrer Daten und Fotos. Detaillierte Hinweise zu Quellen finden sich soweit vereinbart bei den jeweiligen Inhalten.

Haftungsausschluss

Der Inhalt des vorliegenden Buches ist nach bestem Wissen, Gewissen und mit Sorgfalt zusammengetragen worden. Für die Korrektheit, Vollständigkeit oder Qualität der bereitgestellten Informationen kann keinerlei Gewähr übernommen werden. Haftungsansprüche welche sich auf Schäden materieller oder immaterieller Art beziehen, die durch die Nutzung oder Nichtnutzung der dargebotenen Informationen beziehungsweise durch die Nutzung fehlerhafter und unvollständiger Informationen verursacht wurden, sind grundsätzlich ausgeschlossen.

Bierfranken

Franken – die Essenz von Freizeit und Genuss

www.nordbayern.de

Viele Jahre lang wurden die Franken belächelt. Rückständig, stur, eigenbrötlerisch, unbelehrbar und arm. Das waren nur einige der Attribute, die Einwohnern und Region zugeschrieben wurden. Was jahrelang ein Stigma war, hat sich am Ende ausgezahlt.

Denn keine der großen Nahrungsmittelindustrien wollte in Franken expandieren, keine Brauerei, keine Großschlachterei und auch kein großer Agrarkonzern. Dadurch haben wir uns als einzige in Deutschland unsere ursprüngliche Genusskultur bewahrt. Nirgends im Land gibt es so viele Brauer, Bäcker, Brenner, Metzger, kleine Landwirtschaftsbetriebe… Diese Liste ließe sich noch lange fortsetzen. Und noch etwas haben sich die Franken bewahrt: Ein fast zu vernünftiges Verhältnis zum Thema Preis-Leistung. Auch hier finden Sie in Deutschland keinen anderen Landstrich, in dem Sie so viel Genuss für so wenig Geld bekommen. Und das obwohl unsere Produzenten nachweislich in der obersten Qualitätsliga spielen. Dass die Teller auch immer gut voll sind, versteht sich bei dem Hunger eines Durchschnittsfranken sowieso…

Freizeit-Eldorado

Der Vielfalt in Sachen Genuss steht eine nicht minder große Bandbreite an Freizeitaktivitäten zur Seite. Von

Inhalt

Seite	Biergarten
8	Die Pflugsmühle
10	Landgasthaus Jägerhof
12	Zur Ludwigshöhe - Adlitzer Biergarten
14	Burg Rabenstein
18	Strandhaus Grashof
20	Die Arche Brombachsee
22	Zum Kummert Bräu
24	Herrmann-Keller
26	Gasthaus Kammerforst
28	atzelsberger - Restaurant Biergarten Erlebnis
30	Banzer Waldschänke
32	Wirtshaus am Freilandmuseum
34	Bootshaus im Hain
36	Landgasthof Heerlein
38	Wilde Rose-Keller
40	Herzogkeller
44	Waldgasthof Reuthof
46	Gaststätte Auf der Theta
48	Gasthof Hammerschmiede
50	Helmut´s Hofschänke
52	Schwanakeller
54	St. GeorgenBräu Keller
56	Burg Colmberg
58	Schloss-Gaststätte Deberndorf
60	Privatbrauerei & Gaststätte Alt
62	Diller-Keller
64	Kropfeld Keller
66	Engelhardt´s Keller
68	Wiesent-Garten
70	Brauerei Enzensteiner
72	Gasthaus Biergarten „Am Röthelheim"
74	Hausbrauerei Steinbach-Bräu
76	Land-Gast-Hof „Walkmühle"
78	Schweizer Keller mit Hubertusstube
80	Museumsgasthof Schmaus
82	Fuchsau - das Gasthaus
84	Landgasthof-Pension Fuchsmühle
86	Obstgärtla
88	Griess-Keller
90	Sachsenmühle
92	Landgasthof Zum Schnapsbrenner
94	Boothaus
96	Brauhaus am Kreuzberg
100	Café Restaurant Seeterrassen
102	Gasthaus und Metzgerei Michelmühle
104	Häschaadä Keller
106	Weber´s Keller
108	Gasthaus Melber
110	Felsenkeller Kalchreuth
112	Wagner-Bräu Keller
114	Lindenkeller
116	Gasthaus zur Linde

Seite	Biergarten
118	Waldstübla
120	Höhnskeller
122	Hummels Keller
126	Kellerwirtschaft
128	Brauerei-Gasthof Zehendner
130	Kohlmannsgarten
132	Löwenbräu Felsenkeller
134	Kohlenmühle
136	Biergarten Zollhaus Erlebnispark
138	Gutmann am Dutzendteich
140	Kopernikus Bierg. im Krakauer Haus
142	Lederer Kulturbrauerei
144	KulturGarten
148	Hannla Keller
150	Geyer´s Felsenkeller
152	Schrauder-Keller
154	Gutsgasthof Andres
156	Gasthof Kleemann
158	Bruckmayer´s Biergarten
160	Pretzfelder Keller
162	Gasthaus Goldener Stern
166	Waldschänke Straßmühle
168	Obere Mühle
170	Baumhaus
172	Schmausenkeller
174	Unter den Linden
176	Brauerei Will
178	Gaststätte Giechburg
182	Scheubel-Keller
184	Roppelt´s Keller
186	Gasthof Blumenthal
188	Frankenhof am Altmühlsee
190	Gasthaus Metzgerei Zum Schneck
192	Kreuzerwirt Spitalgarten
194	Gasthof Seitz - Elch Bräu
196	Brauerei Hönig (Zur Post)
198	Altes Kurhaus
200	Hummelhof
202	Bierkeller Zum Hopfengarten
204	Biergarten Schloss Dennenlohe
206	Kellerberg Voggendorf
208	Brauerei-Gasthof Kundmüller
212	Berggasthof zum Glatzenstein
214	Waldgaststätte Araunerskeller
216	Wettelsheimer Keller
218	Kuchenmühle
220	Landgasthof Wörnitz Stuben
222	Wölfersdorfer Biergarten
224	Blauer Angler
226	Zeckerner Bierkeller
228	Gasthof zum Hollerstein
230	PLAYMOBIL-Biergarten

Freizeittipps siehe Seite 236!

Willkommen im Biergarten-Freizeitparadies Franken!

Mit diesem Buch wollen wir die vielleicht schönste Freizeitregion Deutschlands würdigen, die uns bisher auf unseren Recherche-Reisen begegnet ist. Franken punktet hier im Vergleich mit den großen und bekannteren Tourismusregionen ganz klar mit einer unverfälschten Natürlichkeit, vielen spannenden Freizeitmöglichkeiten und einer kulinarischen Vielfalt, die weltweit ihresgleichen sucht.

Dabei bieten neben den bekannten Naturparks wie der Fränkischen Schweiz, dem Fränkischen Seenland oder dem Fichtelgebirge vor allem auch kulturelle Highlights wie die Weltkulturerbestadt Bamberg oder die historische Stadt Nürnberg eine traumhafte Kulisse. Absolut unvergleichlich wird die Freizeitregion Franken jedoch durch ihre vielen **Biergärten und traditionellen Bierkeller**, die, wie kein anderes Ausflugsziel, das Beste aus Genuss, Natur, Kultur und Freizeitspaß in sich vereinen.

Grund genug für uns, den 100 spannendsten Biergärten dieses Buch zu widmen und mit den **passenden Freizeit- und Reisetipps** in der Umgebung komplette Biergarten-Ausflüge für alle Familien und Entdecker zu erstellen. Dank des sehr gut ausgebauten Wander- und Radwegenetzes in Franken steht nun also vielen genussvollen und abenteuerreichen Ausflügen nichts mehr im Wege. Für die Anreise mit öffentlichen Verkehrsmitteln haben wir neben zahlreichen nützlichen Hinweisen auch zu jedem Biergarten die nächste Haltestelle angegeben. **Alle vorgestellten Stationen sind über das Liniennetz des VGN erreichbar.** Unsere Symbole (siehe vordere Umschlag-Klappe) zeigen schnell, ob der jeweilige Biergarten(-Ausflug) die wichtigsten Kriterien für den eigenen Bedarf erfüllt.

Schließlich möchten wir uns auch noch bedanken – bei denen, die dieses Buch überhaupt erst möglich gemacht haben: Dazu gehören der Verlag Nürnberger Presse, der VGN, namentlich der „Bierwander-Papst" Gerhard Zuber, die Firmen Fischer/Bamberg, Maisel/Bayreuth und Playmobil sowie die Burg Rabenstein und das Brauhaus am Kreuzberg, die als absolute Freizeit-Highlights in der Region alle genannten Vorzüge vortrefflich vereinen. Mit viel Geduld hat auch unser bewährtes GuideMedia-Team zum Gelingen beigetragen, allen voran Nicole Schramm als lebendes Telefon, aber auch Jofrey Kollmann, Frank Märzke, Benjamin Strüh und Freizeit-Expertin Lisa Spägele.

Viel Spaß beim Entdecken!

Unsere Biergarten-Ausflüge

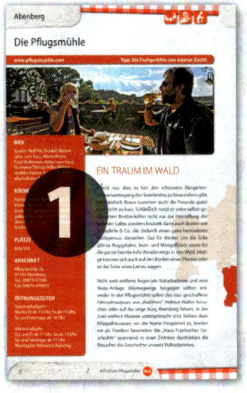

Wir haben in diesem Buch 100 Biergärten zusammengefasst, die uns auf unseren Reisen als <u>besonders kinder- und familienfreundlich</u> aufgefallen sind und zugleich möglichst gut mit öffentlichen Verkehrsmitteln (VGN) erreichbar waren.

Jeder der 100 Biergarten-Ausflüge zeigt auf einer eigenen Buch-Doppelseite die wichtigsten Informationen zum Biergarten ❶ (linke Seite) und zugleich zwei Freizeit-Tipps ❷ in der näheren Umgebung (rechte Seite), die sich für einen gemeinsamen Besuch anbieten.

Je nach Tagesform frei planbar!

Die jeweilige Entfernung der Freizeit-Ziele zum Biergarten ist mit angegeben (neben dem Ortsnamen), so dass Sie nach Lust und Laune selbst entscheiden können, ob Sie die Strecke lieber zu Fuß, mit dem Fahrrad oder motorisiert zurücklegen wollen. Zuletzt finden Sie noch eine Franken-Karte für die grobe Orientierung und einen Reisetipp ❸ mit einer Möglichkeit der Anreise in die Umgebung des Biergartens.

Action ist Pflicht? Biergärten mit besonders tollen Spielmöglichkeiten vor Ort haben wir mit einem neuen Symbol ausgezeichnet.

 Bei Ausflügen mit diesem Symbol sollten Sie **ein bisschen mehr Zeit einplanen,** denn hier gibt es besonders viel zu erleben.

Und an Sportfans haben wir auch gedacht – das Symbol „Übertragung von Großsportereignissen" zeigt, in welchem Biergarten beispielsweise **Fußball-EM oder -WM** übertragen wird.

Verzeichnis siehe Folgeseiten

Handwerkszeug

Seite	Inhalt
Klappe	**Biergarten-Karte und Verzeichnis**
2	Grußwort
3	Bucherklärung
4	Inhaltsverzeichnis & Impressum
5	Danksagung und Haftungsausschluss
234	Feste und Veranstaltungen
236	Freizeit-Tipp-Verzeichnis
240	Auf Wiedersehen

Redaktionelles

Seite	Thema
6	Franken - die Essenz von Freizeit und Genuss
16	Burg Rabenstein
42	Maisel's Bier-Erlebnis-Welt
43	Bayreuther Katakomben
98	Neues Kino-Erlebnis auf dem Bierkeller!
124	Oberfranken – Genießen mit allen Sinnen
210	Ein Leben für das fränkische Bier
232	Playmobil FunPark

Impressum

Copyright © 2016
Verlag Nürnberger Presse
Druckhaus Nürnberg
GmbH & Co. KG
Marienstraße 9 – 11
90402 Nürnberg
Alle Rechte vorbehalten

Produktion & Gestaltung:
GuideMedia GbR, Bamberg

Druck: Verlag Nürnberger Presse
Druckhaus Nürnberg GmbH & Co. KG

ISBN-13: 978-3-931683-32-0

Grüner Markt 15
96047 Bamberg
Tel.: 0951-5194166
www.guidemedia.de

Biergärten siehe Seite 1!

der Skipiste auf Schnee oder Sand über reißende Flüsse in Hochfranken und mediterrane Strände im Seenland bis hin zu ausgedehnten Wäldern und malerischen Weltkulturerbestädten, es gibt kaum etwas, was Sie bei uns in Franken nicht finden. Freizeitspaß und Genuss zum kleinen Preis, das ist gleichzeitig auch das Rezept für den perfekten Familienurlaub oder -ausflug. Denn hier muss man auf beides achten: Die Kinder müssen Spaß haben und der Geldbeutel soll am Ende nicht allzusehr geschröpft sein. Freuen Sie sich also auf wirklich einmalige Erlebnisse, kulinarische Hochgenüsse und unvergessliche Abende im ganzen Frankenland. Perfekt erreichbar übrigens mit den öffentlichen Verkehrsmitteln, was in Franken vor allem Deutsche Bahn und VGN bedeutet.

Wir wünschen viel Spaß!

Abenberg

Die Pflugsmühle

www.pflugsmuehle.com **Tipp: Die Fischgerichte (aus eigener Zucht)**

BIER
Spalter: Hell, Pils, Dunkel, Weizen (alles vom Fass), Alkoholfreies. Fürst Wallerstein: Keller (vom Fass). Gutmann/Titting: Helles Weizen, dunkles Weizen, leichtes Weizen, alkoholfreies Weizen.

KÜCHE
Fränkische Brotzeiten. Täglich kleine Karte mit warmen Gerichten. Spezialitäten: Selbst gebackenes Brot, Braten aus dem Brotbackofen, verschiedene Nachtische.

PLÄTZE (außen/regensicher)
800/100

ANSCHRIFT
Pflugsmühle 1b
91183 Abenberg
Tel.: 09873-97980
Fax: 09873-979870

ÖFFNUNGSZEITEN
Sommerhalbjahr:
Mo. bis Fr. ab 13 Uhr, Sa. ab 11 Uhr,
So. und Feiertage ab 10 Uhr

Winterhalbjahr:
Do. und Fr. ab 17 Uhr, Sa. ab 14 Uhr
So. und Feiertage ab 11 Uhr
Montag bis Mittwoch Ruhetag

EIN TRAUM IM WALD

Nicht nur, dass es hier den schönsten Biergarten-Sonnenuntergang des Seenlandes zu bewundern gibt, bei Friedrich Braun kommen auch die Freunde guter Kost nicht zu kurz. Schließlich nutzt er seine selbst gemauerten Brotbacköfen nicht nur zur Herstellung der leckeren Laibe, sondern brutzelt darin auch Braten wie Schäuferle & Co., die dadurch einen ganz besonderen Hochgenuss darstellen. Auch die Freunde der Brotzeit können sich freuen, von „Irgendwas" bis zur „Ringel-Brotzeit" stehen jede Menge Varianten auf der Karte. Gut für Kinder: Um die Ecke gibt es Buggybahn, Swin- und Minigolfplatz sowie für die ganze Familie tolle Wanderwege in den Wald. Mutige können sich auch auf den Rücken eines Pferdes oder an die Seite eines Lamas wagen.

Nicht weit entfernt liegen ein Naturbadeweiher und eine Skate-Anlage. Wissbegierige hingegen sollten entweder in der Pflugsmühle selbst das neu geschaffene Fahrradmuseum von „Radsherr" Helmut Walter besuchen oder auf die urige Burg Abenberg fahren, in der zwei weitere Museen untergebracht sind. Hier fanden wir als Franken besonders das „Haus Fränkischer Geschichte" spannend. In einer Zeitreise durchleben die Besucher die Geschichte unseres Volksstammes.

Ausflugs-Tipps

Abenberg | 50 m

PFLUGSMÜHLE
PFERDEHOF & SWIN GOLF

Pflugsmühle 1a
91183 Abenberg
Tel.: 09873-229

Web: www.pflugsmuehle.com

Öffnungszeiten: siehe Website

Tipp: In der Nähe liegt ein Naturbadeweiher zur Abkühlung an heißen Tagen.

Abenberg | 6,8 km

„Haus fränkischer Geschichte" und Klöppelmuseum

Burgstraße 16
91183 Abenberg
Tel.: 09178-90618

Web: www.museen-abenberg.de

Öffnungszeiten: siehe Website

Tipp: Schauen Sie einer Abendberger Klöpplerin bei der Spitzenherstellung zu.

REISETIPP

**VGN Freizeitlinie 605
Brombachsee-Express**

Der Brombachsee-Express verkehrt das ganze Jahr von Roth (S2, R6) über Abenberg nach Spalt.

Vom 1.5.-1.11. an Samstagen, Sonn- und Feiertagen fährt er bis Enderndorf am Brombachsee und führt einen Fahrradanhänger mit.

Mehr siehe **www.vgn.de**

Absberg

Landgasthaus Jägerhof

www.jaegerhof-absberg.de   **Tipp: Die Hausbrände und -liköre**

BIER
Felsenbräu/Thalmannsfeld: Helles, Pils, Hefeweizen (alles vom Fass), dunkles Kellerbier, leichtes Weizen, alkoholfreies Weizen, Alkoholfreies.

KÜCHE
Fränkische Brotzeiten. Täglich große Karte mit warmen Gerichten. Spezialitäten: Gekochte Rinderbrust mit Meerrettich, Schäufele, Brotzeitteller, altmühlfränkische Bratwürste mit Sauerkraut.

PLÄTZE (außen/regensicher)
35/120

ANSCHRIFT
Deutschordenstraße 4
91720 Absberg am Brombachsee
Tel.: 09175-865
Fax: 09175-9694

ÖFFNUNGSZEITEN
Täglich 11 bis 15 Uhr
und 17 bis 22 Uhr
Mittwoch Ruhetag
(an Feiertagen geöffnet)

JÄGERHOF OHNE JÄGER

Hier ist ausnahmsweise mal nicht der Beruf eines Vorbesitzers, sondern der Name der Familie Grund für den urigen Hausnamen. Chefin Berta Jäger steht hinter dem Herd und verblüfft die Gäste mit ihren feinen Kreationen (die ihr schon mehrmals eine Silbermedaille beim Wettbewerb Bayerische Küche eingebracht haben). Besondere Erwähnung verdient auch die hauseigene Schnapsbrennerei, deren Liköre und Brände ein besonderes Erlebnis sind. Prost!

Freizeitmäßig steht hier alles unter dem Stern des Brombachsees. Für die erste Erkundung bietet sich der spektakuläre Trimaran „MS Brombach" an, der zahlreiche Stationen rund um den größten Teich der Franken ansteuert. Vorbei an mediterranen Sandstränden, nordischen Waldkulissen und einsamen Buchten können sich die Gäste schon mal den richtigen Platz für das spätere Badeerlebnis aussuchen. Für den richtigen Nervenkitzel sorgt für die einen der nahegelegene Abenteuerwald Enderndorf mit seinen verschiedenen Kletterparcours, für die anderen vielleicht FKK-Strand oder Tauchbasis, ebenfalls in Absberg gelegen.

621 Absberg Marktplatz

Ausflugs-Tipps

Ramsberg | 7,1 km

Erlebnisschifffahrt Brombachsee

Am Anger 10
91785 Pleinfeld/Ramsberg
Tel.: 09144-927050

Web: www.erlebnisschifffahrt-brombachsee.de

Öffnungszeiten: siehe Website

Tipp: Fahrgäste, die mit der DB oder dem VGN anreisen, erhalten eine Ermäßigung.

Enderndorf | 3,6 km

Abenteuerwald Enderndorf

Zum Igelsbachsee 1
91174 Spalt/Enderndorf am See
Tel.: 09175-907257

Web: enderndorf.abenteuer-wald.com

Öffnungszeiten: siehe Website

Tipp: Besonders witzig in größeren Gruppen. Reservierung notwendig!

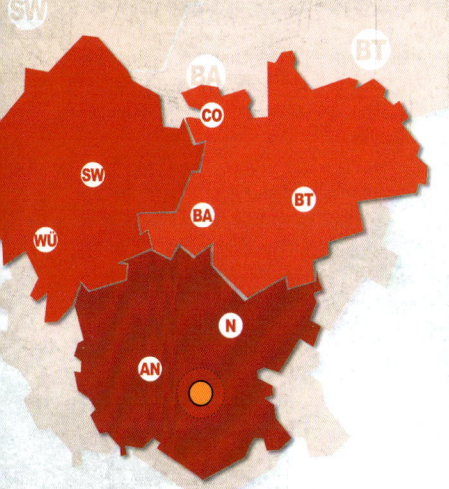

REISETIPP

**VGN Freizeitlinie 699
Kleiner Brombachsee-Express**

Aus Gunzenhausen (R8, R62) fährt der Kleine-Brombachsee-Express über Pfofeld und den Bahnhof in Langlau (R62) zu den Seezentren am Kleinen Brombachsee sowie zum hoch über dem See gelegenen Ort Absberg mit seinem Deutschherrenschloss. Der Kleine Brombachsee ist eine von zwei Vorsperren des Großen Brombachsees.

Mehr siehe **www.vgn.de**

Adlitz

Zur Ludwigshöhe - Adlitzer Biergarten

www.adlitzer-biergarten.de Tipp: Die Bohnenkerne mit Kloß und Bauch (Dienstag)

DER NUSSBAUMKELLER

BIER

Tucher/Fürth: Helles, Pils, Weizen (alles vom Fass).
Meister/Unterzaunsbach: Zaunsbacher Meisterbräu (vom Fass).

KÜCHE

Hausmacher Brotzeiten. Täglich große Karte mit warmen Gerichten. Spezialitäten: Frisches Adlitzer Wild, Karpfen und Forellen aus eigenen Gewässern.

PLÄTZE (außen/regensicher)

250/120

ANSCHRIFT

Adlitz 12
91080 Marloffstein
Tel.: 09131-52929

ÖFFNUNGSZEITEN

Täglich ab 11 Uhr
Donnerstag Ruhetag
(an Feiertagen geöffnet)

Man hat den Eindruck, die gesamte Fränkische Schweiz wäre im Blickfeld. Auf zwei Etagen, unter alten, schattigen Walnussbäumen, sitzt es sich so schön - mitten im Schoß der Natur. Speisen und Getränke gibt es über die Straße im Gasthaus „Zur Ludwigshöhe". Inhaber Kunzmann kommt erst etwas rustikal rüber, taut dann aber schnell auf und hat viel zu erzählen. Dazu gehören natürlich auch viele Geschichten rund um die Landschaft, die sich unter der Terrasse entfaltet.

Sie können hier anschließend auch gleich auf Erkundungstour gehen. Neben dem modernen, aber auch spektakulären Wasserturm ragen vor allem die Gebäude der Schlösser Adlitz und Marloffstein in den blauen Frankenhimmel. Während Sie im Schloss Adlitz nur bei Veranstaltungen das Innere erkunden können, bietet das Marloffsteiner Schloss gleich ein eigenes Restaurant. Dort sollten Sie am besten im Außenbereich direkt an den Zinnen der Schlossmauer Ihr fränkisches Bier genießen.

Ausflugs-Tipps

Erlangen | 1,5 km

VGN Wanderweg: Karpfen, Kräuter,... (6)

Ausgangspunkt der Wanderung: Haltestelle: Erlangen Waldkrankenhaus ca. 17 km lang Dauer: ca. 3,5 Std.

Web: www.vgn.de

Tipp: Während der Wanderung ist ein Blick auf den Wasserturm, das Schloss Adlitz sowie das Schloss Marloffstein möglich.

Marloffstein | 1,5 & 1,6 km

Schloss Adlitz

Ortsmitte Adlitz, 91080 Marloffstein
Web: www.freizeit-erh.de

Schloss Marloffstein

Hauptstraße 4, 91080 Marloffstein
Web: www.schlossmarloffstein.de
Öffnungszeiten: siehe Website

Tipp: Die Schlösser können nur von außen besichtigt werden.

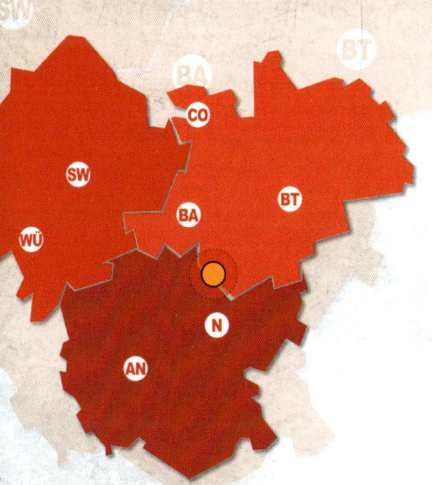

REISETIPP

Buslinie 208

Die Linie 208 steuert Adlitz täglich mindestens im Stundentakt an.
Die Anreise per Bus kann also optimal in die Ausflugsplanung integriert werden, ohne zu viel an Flexibilität zu verlieren.

Mehr siehe **www.vgn.de**

Ahorntal

Gutsschenke der Burg Rabenstein

www.burg-rabenstein.de **Tipp: Der Flammkuchen mit Zwiebeln & Speck**

BIER

Kulmbacher: Mönchshof Kellerbier, Mönchshof Pils (beides vom Fass), Weizen, Radler, alkoholfreies Weizen, Alkoholfreies. Held/Oberailsfeld: Bauernbier.

KÜCHE

Fränkische Brotzeiten. Täglich große Karte mit warmen Gerichten. Spezialitäten: Sauerbraten mit Kloß, vegetarischer Flammkuchen, Flammkuchen mit Speck und Zwiebeln.

PLÄTZE (außen/regensicher)

600/90

ANSCHRIFT

Rabenstein 33
95491 Ahorntal
Tel.: 09202 9700440
Fax: 09202 970044520

ÖFFNUNGSZEITEN

Täglich 11 bis 18 Uhr
Montag Ruhetag
(an Feiertagen geöffnet)
Anfang Nov. bis Ende März
geschlossen

Das Burgrestaurant (ca. 50 m entfernt) hat ganzjährig Di bis So von 18 bis 21 Uhr geöffnet (bitte reservieren)

NATURPARADIES MIT VOLLEM PROGRAMM

Über 64 Hektar umfasst das Areal der Burg Rabenstein, auf dem nun wirklich alles geboten ist, was zu einem perfekten Urlaubstag gehört: Eine Falknerei mit Eulen- und Greifvogelpark sowie Flugvorführungen, mit der Sophienhöhle eine der schönsten Tropfsteinhöhlen Deutschlands und natürlich die Burg und ihre wunderschöne Natur drumherum. Der Biergarten der Gutsschenke lädt zum Entspannen im Schatten uralter Baumriesen ein. Dazu serviert das Team der Burgschenke ein wahres Potpourri fränkischer Köstlichkeiten. Besondere Höhepunkte sind die regelmäßigen Veranstaltungen in der und um die Burg - vom Mystery-Dinner über Wildscheingrillen bis zum Mittelaltermarkt.

Für Wanderer empfiehlt sich der Gang auf dem Promenadenweg, ein einstündiger Rundweg von 3,5 Kilometern Länge. Die Strecke führt von der Burg Rabenstein durch das Ailsbachtal zum Rennerfelsen und anschließend über Ludwigs- und Sophienhöhle sowie ein Felsenlabyrinth wieder zum Ausgangspunkt zurück.

396 Schweinsmühle Abzw. Rabenstraße Bus

Ausflugs-Tipps

Ahorntal | 0 km

Burg Rabenstein

Burg Rabenstein Event GmbH
95491 Ahorntal
Tel.: 09202-9700440
Web: www.burg-rabenstein.de
Öffnungszeiten:
Burgführung: siehe Website
Falknerei siehe www.falknerei-rabenstein.de

Tipp: Auf der Burg finden jede Menge begeisternde Veranstaltungen statt.

Ahorntal | 750 m

Sophienhöhle

in unmittelbarer Nähe der Burg Rabenstein (etwa 10 Min. Fußweg)
Web: www.burg-rabenstein.de
Öffnungszeiten Apr. bis Okt.:
Di. bis So. von 10.30 bis 17 Uhr

Tipp: Bei „Sophie at night" genießen Sie die Höhle - faszinierend ausgeleuchtet und erfüllt von wunderbarer Musik.

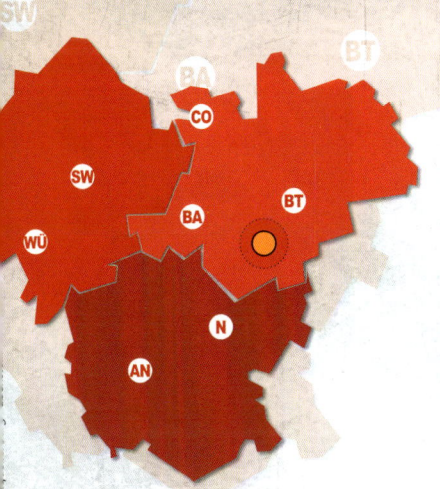

REISETIPP

**VGN Freizeitlinie 343
Bier-, Brotzeit und Burgen-Express**

Der Bier-, Brotzeit- und Burgen-Express 343 fährt über Plech, Betzenstein und Pottenstein weiter ins Ailsbachtal zur Burg Rabenstein und zur Sophienhöhle sowie ins romantische Waischenfeld. An der Linie liegen auch Wandertouren im Veldensteiner Forst, Wiesent- oder Ailsbachtal, Burgbesichtigungen oder Höhlenwanderungen.

Mehr siehe **www.vgn.de**

Burg Rabenstein

www.burg-rabenstein.de

Ausflugsziel, Burghotel und Eventlocation – viel ist geboten im Naturparadies Burg Rabenstein, zu dem auch die Sophienhöhle mit ihren prächtigen Tropfsteinformationen und Höhlenbärenskeletten aus grauer Vorzeit sowie eine Falknerei mit großem Eulen- und Greifvogelpark und faszinierender Flugschau gehören.

Von Dienstag bis Sonntag gibt es täglich Besichtigungen der über 800 Jahre alten Burg Rabenstein mit ihren Prunk-, Waffen- und Rittersälen von 11 bis 16.30 Uhr, Führungen durch die Wunderwelt der Sophienhöhle von 10.30 bis 17 Uhr und eine Flugschau am Nachmittag um 15 Uhr in der Falknerei. Die urige Gutsschenke mit idyllischem Wald-Biergarten bietet fränkische Küche, Flammkuchen und heimische Bierspezialitäten zu bodenständigen Preisen. Am Abend ab 18 Uhr verwöhnt der Küchenchef die Gäste im Burgrestaurant. Die Attraktionen im Außengelände sind von Anfang April bis Anfang November geöffnet, das Burghotel mit Restaurant ganzjährig.

Ein besonderes Erlebnis am Abend sind die Wildschwein-Grillbuffets mit einem ganzen Wildschwein am Spieß, die „Feurigen Abende" mit feurigen Speisen, Feuerzangenbowle und Feuershow, „Sophie at night" mit anschließendem 3-Gänge-Burgmenü, die Whisky Tastings und die unterhaltsamen Krimi-, Grusel-, Opern- oder Magic-Dinner im großen Prunksaal der Burg. Darüber hinaus begeistern regelmäßig Burg- und Höhlenkonzerte die Gäste.

Für die Übernachtung stehen 22 komfortable Zimmer und Suiten im Burghotel zur Verfügung. Hier können auch die vielseitigen Räumlichkeiten für kleine und große Events gebucht werden – von der geselligen Familienfeier über Tagungen, Betriebsausflüge und Firmenevents bis hin zur großen Traumhochzeit.

Und wer es ganz ritterlich und mittelalterlich mag, lässt sich zweimal im Jahr auf dem größten Mittelaltermarkt Nordbayerns mit Aktionskünstlern, Handwerkern, Händlern, buntem Lagerleben, Ritterschaukämpfen, Musik und faszinierender Feuershow unterhalten.

Genaue Informationen zu allen aktuellen Terminen finden sich unter www.burg-rabenstein.de oder Tel. 09202 / 9700440.

Allersberg

Strandhaus Grashof

www.strandhaus-grashof.de — Tipp: Die saure Lunge mit Herz

BIER
Pyraser: Weizen, Helles, Rotbier (alles vom Fass), Kellerbier, Pils, dunkles Weizen, alkoholfreies Weizen, alkoholfreies Russen, alkoholfreies Radler, Alkoholfreies.

KÜCHE
Fränkische Brotzeiten. Täglich große Karte mit warmen Gerichten. Spezialitäten: Hausmacher Lunge mit Herz, hausmacher Sulze, heißgeräucherte Forelle, Krustenbraten, Schäuferle, Käsespätzle, vegetarische, leichte und mediterrane Gerichte.

PLÄTZE (außen/regensicher)
280/72

ANSCHRIFT
Grashof 2
An der Rothsee-Vorsperre
90584 Allersberg
Tel.: 09176-90293

ÖFFNUNGSZEITEN
März bis Ende Oktober:
Täglich ab 10 Uhr, Kein Ruhetag
Bei schlechtem Wetter geschlossen
6. Januar bis März:
Sa. und So. ab 10 Uhr
Montag bis Freitag geschlossen

BEIM KÜCHENMEISTER

Auch wenn die Versorgungsstationen an den Fränkischen Seen ein bisschen wie Einheitsbrei anmuten, so drücken die jeweiligen Betreiber den Häusern doch ihren eigenen Stempel auf. Bei Willi Engelmann geht es vor allem um die außerordentlich genussvolle Küche. Er bereitet Spezialitäten von Fisch über Herz und Lunge bis zur hausmacher Sülze - ausgesprochen lecker! Das Sahnehäubchen auf dem Seebesuch hier ist der wunderschöne Sonnenuntergang, den Sie nicht verpassen sollten.

Zuvor lohnt sich ein Ausflug ins nahe gelegene Roth, wo gleich mehrere Attraktionen auf Sie warten. In Sachen Kultur gibt es drei spannende Stationen: Zuallererst das Schloss Ratibor mit seinem historischen Museum. Hier läuft man nicht nur über historisches Parkett und fühlt sich selbst ein bisschen wie der Fürst. Wenn gerade Schlosshofspiele stattfinden, ist auch gleich noch großes Theater angesagt. Eher moderneren Themen widmen sich der Historische Eisenhammer im Ortsteil Eckersmühlen, wo die Kinder selbst zum Schmied werden können, und das Fabrikmuseum Roth, das unter anderem die Geschichte der Leonischen Industrie wieder lebendig werden lässt. Was das ist, erfahren Sie dort!

Ausflugs-Tipps

Hilpoltstein | 2,7 km

Familygolf Minigolf

Am Rothsee 13
91161 Hilpoltstein
Tel.: 09174-7838944
Web: www.familygolf.de
Öffnungszeiten: siehe Website

Tipp: Das Spielen in Teams vervielfacht den Spaß und sorgt für mehr Ausgeglichenheit.

Roth | 9,8 km

Markgräfliches Jagdschloss Ratibor

Hauptstraße 1
91154 Roth
Tel.: 09171-848532
Web: www.landratsamt-roth.de
Öffnungszeiten: Apr. bis Nov.:
Di. bis So. von 13 bis 17 Uhr
(Führung nach Vereinbarung)

Tipp: Die Schlosshofspiele.

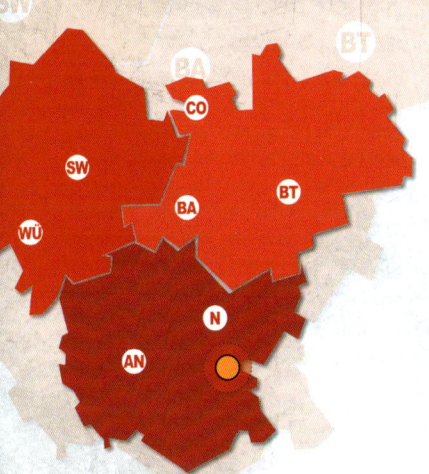

REISETIPP

**VGN Freizeitlinie 633
Rothsee-Express**

In nur 15 Minuten Fahrzeit bringen Sie die Regionalzüge der R9 vom Nürnberger Hauptbahnhof zum Bahnhof Allersberg (Rothsee). Dort können Sie direkt in den Rothsee-Express 633 umsteigen. Die Freizeitlinie verkehrt das ganze Jahr von Montag bis Sonntag.

Mehr siehe **www.vgn.de**

Allmannsdorf

Restaurant - Café Arche am Brombachsee

www.arche-am-brombachsee.de **Tipp: Das Fränkische Biersteak**

BIER

Stadtbrauerei Spalt: Hefeweizen, Pils, Radler (alles vom Fass), Helles, Hefeweizen, dunkles Export, leichtes Weizen, alkoholfreies Weizen, Radler, Helles alkoholfrei.

KÜCHE

Fränkische Brotzeiten.
Täglich mittelgroße Karte mit warmen Gerichten.
Spezialitäten: Saure Zipfel, geröstete Maultaschen mit Speck, Zwiebeln und Ei, Zwiebelrostbraten, Bauernschnitzel mit zwei Spiegeleiern und Bratkartoffeln, fränkische Bratwürste mit Sauerkraut und Brot, Brotzeitteller.

PLÄTZE (außen/regensicher)

300/120

ANSCHRIFT

Allmannsdorf 40
91785 Pleinfeld
Am Hauptdamm
Freizeitanlage Allmannsdorf
Tel.: 09144-93070

ÖFFNUNGSZEITEN

Anfang Apr. bis Ende Okt.:
Täglich ab 10 Uhr, Kein Ruhetag
Im Winter bei schönem Wetter an den Wochenenden geöffnet

REINGEHEN UND WOHLFÜHLEN

Eigentlich ist eine Arche ja ein Zufluchtsort oder ein Rückzugsgebiet. Hier stimmt beides. Genervte Großstädter können sich hier wirklich zurückziehen, die Seele baumeln und die Kinder stundenlang spielen lassen. Abends stehen alle andächtig um den großen Grill, auf dem der versierte Chef feinste Barbecue-Speisen auf den Punkt zubereitet. Wer möchte, steigt dann noch ins kühle Nass des Brombachsees oder schnappt sich eines der vielen Boote beim Verleih. Abenteurer sollten eine Schnupperstunde bei der Kiteschule nebenan buchen oder nach Pleinfeld zu Sommerrodelbahn, Mini-, Family- und Soccergolf pilgern. Im dortigen großen Wildgehege grasen allerlei Wildtiere und warten auf fleißige Fütterer.

Ausflugs-Tipps

Ramsberg | 4,3 km

Großer Badestrand

OT Ramsberg
91785 Pleinfeld
Tel.: 09144-571
Web: www.zv-brombachsee.de
Öffnungszeiten: frei zugänglich

Tipp: Mit dem integrierten Kinderspielplatz ist der Badestrand ideal für einen Familienausflug.

Pleinfeld | 3,1 km

Familygolf Soccergolf

Sportpark 2
91785 Pleinfeld
Tel.: 09144-5939038
Web: www.familygolf.de
Öffnungszeiten: siehe Website

Tipp: Auch Nicht-Fußballer haben ihren Spaß! Außerdem kann die Minigolfanlage genutzt werden.

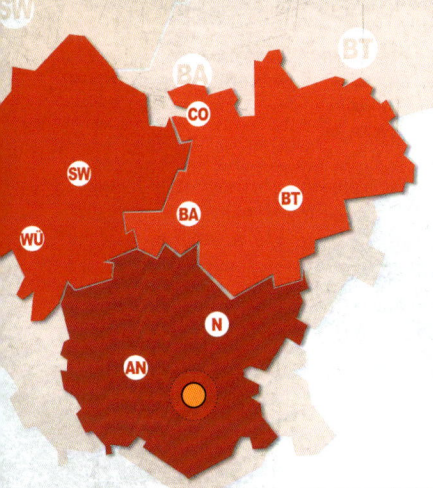

REISETIPP

Wanderung „Heiligenblut"

Der Bahnhof in Mühlstetten (R6) ist ein idealer Ausgangspunkt für eine Wanderung in Richtung Allmannsdorf und weiter nach Pleinfeld.

Die landschaftlich ansprechende Wanderung bietet entlang der Strecke auch das eine oder andere kleine oder größere Highlight auf dem Weg zum Brombachsee.

Mehr siehe **www.vgn.de**

Amberg

Zum Kummert Bräu

www.zumkummertbraeu.de **Tipp: Die hausgebrannten Schnäpse**

BIER

Eigene Brauerei: 27er Urtyp, Pils, Helles, Hausbier, Hefeweizen, Bockbier (saisonal), Festbier (saisonal) (alles vom Fass), Kristallweizen, dunkles Weizen, leichtes Weizen, König-Friedrich-Weisse, Weihnachtsbier.

KÜCHE

Brotzeiten. Täglich große Karte mit warmen Gerichten. Spezialitäten: Schweinebraten, Zwiebelrostbraten, Bräu-Salat.

PLÄTZE (außen/regensicher)

200/300

ANSCHRIFT

Raigeringer Straße 11
92224 Amberg
Tel.: 09621-15259
Fax: 09621-913353

ÖFFNUNGSZEITEN

Täglich ab 10 Uhr
Di. und Mi. ab 17 Uhr
Kein Ruhetag

UNTER ALTEN KASTANIEN

So sitzt man im Biergarten des Brauereiwirtshauses, das heute auch in den alten Brauereiräumen untergebracht ist. Vom Zapfhahn kommen die Bierspezialitäten des Hauses, unter anderem der 27er Urtyp, ein unfiltrierter Klassiker, der den Bieren aus der Zeit des Gründungsjahres der Brauerei – 1927 – nachempfunden ist. Nicht vergessen wollen wir die gute Bratenküche des Hauses und die hausgebrannten Schnäpse!

Für Ausflüge bieten sich entweder die vielen spannenden Museen in Amberg an – erwähnt sei vor allem das Luftmuseum – oder eine Floßfahrt auf der Vils. Das größte Erlebnis im Sommer findet hier auf dem Maria-Hilf-Berg statt. Unterhalb der imposanten Wallfahrtskirche verwandelt sich der Hügel in einen gigantischen Biergarten mit spiritueller Begleitung. Tägliche Messen am Freialtar und das Angebot zur Beichte geben den Biersündern viele Möglichkeiten, sofort Buße zu tun.

Ausflugs-Tipps

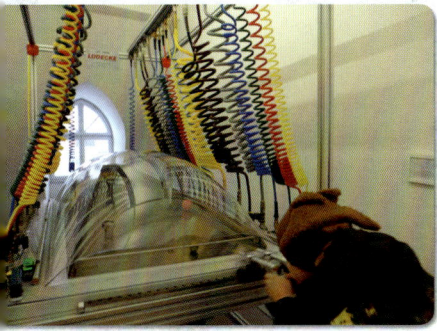

Amberg | 1,5 km

Luftmuseum

Eichenforstgäßchen 12
92224 Amberg
Tel.: 09621-420883
Web: www.luftmuseum.de
Öffnungszeiten: siehe Website

Tipp: Im Erdgeschoss finden Wechselausstellungen über Design, Architektur, Kunst, Technik und Alltagskunst statt.

Amberg | 1,2 km

Kurfürstenbad Amberg

Kurfürstenring 2
92224 Amberg
Web: www.kurfuerstenbad-amberg.de
Öffnungszeiten: siehe Website

Tipp: Saunafreunde sollten die Event-Aufgusswochen nicht verpassen.

REISETIPP

**VGN Freizeitlinie 489
Der Lauterach-Express**

Die VGN-Freizeitlinie 489 erschließt das Gebiet um Lauterach und Hirschwald und verbindet die Regionalbahnhöfe Neumarkt i. d. OPf. und Amberg vom 1.5.–1.11. an Sonn- und Feiertagen.
Freuen Sie sich auf das Lauterachtal, das gerne auch als die Toskana der Oberpfalz bezeichnet wird.

Mehr siehe **www.vgn.de**

Ampferbach

Herrmann-Keller

www.bier.by   **Tipp: Das Hähnchen (Samstag)**

SCHATTIGE JUWELEN

Der fast immer angenehm kühle Herrmann-Keller hat Tradition: Seit 1754 in Familienbesitz hat er schon vieles erlebt, von Freilichttheatern bis zum jährlichen Open Air. Das frisch gebraute Bier lässt Georg Herrmann wie zu alten Zeiten im Felsenkeller reifen. Zudem gibt es hausgemachte Brotzeiten aus eigener Schlachtung. Dennoch hat der Nachbar es geschafft, eine größere Bekanntheit zu erringen: „Ich möcht a Biää vom Max, schenk doch mal eins ein!" – so schallt es spätestens am 1. Mai in Ampferbach aus allen Kehlen, wenn der Maxkeller seine Saison eröffnet.

Abenteurer sollten den kurzen Fußmarsch zur nahe gelegenen Burgruine Windeck wagen oder sich gleich auf die größere Stadt-Land-Fluss Tour begeben. Die 44 Kilometer meistern Sie am besten mit dem Fahrrad. Neben Ampferbach stehen hier vor allem die Domstadt Bamberg und das Bauernmuseum in Frensdorf auf dem Programm.

BIER

Eigene Brauerei: Ungespundetes Lager (vom Fass), Hefeweißbier. Braumanufactur Alt-Bamberg/Bamberg: Alkoholfreies Weizen, Alkoholfreies.

KÜCHE

Hausmacher Brotzeiten. Täglich warme Kleinigkeiten. Spezialitäten: Kellerplatte, Dosenfleisch, Gerupfter, geräucherte Forellen, Pizza (Fr.), Hähnchen (Sa.).

PLÄTZE (außen/regensicher)

400/110

ANSCHRIFT

An der Staatsstraße nach Burgebrach
96138 Ampferbach
Tel.: 09546-372 o. 0160-98013242

ÖFFNUNGSZEITEN

Mitte/Ende Apr. bis Ende Sep.:
Täglich ab 14 Uhr (Küche ab 16 Uhr),
Kein Ruhetag
Bei schlechtem Wetter Di. Ruhetag

Ausflugs-Tipps

Ampferbach | 120 m

Maxkeller

96138 Burgebrach-Ampferbach
Tel.: 09546-1725
Web: www.max-bier.de
Öffnungszeiten: Di., Fr. und Sa. ab 17 Uhr
So. und Feiertage ab 16 Uhr
Mo., Mi. und Do. geschlossen
Tipp: Das Max-Bier.

Bamberg | 2 km (zur Strecke)

Stadt-Land-Fluss Tour

Start: Bamberg - 44,5 km lang
Dauer: 3 Std.
Web: www.steigerwald-info.de
Tipp: Wagen Sie einen Abstecher zum Badesee Frensdorf.

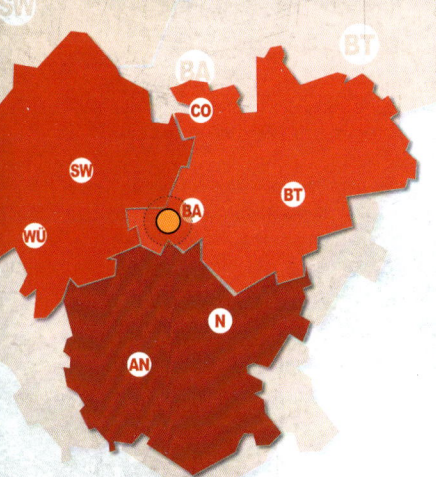

REISETIPP

**VGN Freizeitlinie 990
Der Steigerwald-Express**

Die Freizeitlinie 990 besteht aus zwei Linienästen, die von den Bahnhöfen Hirschaid und Bamberg an der R2/S1 bzw. S1 in den Steigerwald fahren, eine im Tal der Reichen Ebrach, eine im Tal der Rauhen bzw. Mittleren Ebrach. In Frensdorf treffen beide Linien zeitgleich aufeinander und ermöglichen somit einen problemlosen Umstieg. Fahrrad-Mitnahme möglich!

Mehr siehe **www.vgn.de**

Ansbach

Gasthaus Kammerforst

www.bier.by — Tipp: Die hausgemachte Fleischsülze

BIER
Tucher/Fürth: Zirndorfer Landbier, Tucher Pils, Tucher Hefeweizen (alles vom Fass), Kellerbier, leichtes Weizen, alkoholfreies Weizen.

KÜCHE
Fränkische Brotzeiten.
Täglich mittelgroße Karte mit warmen Gerichten.
Spezialitäten: Fränkische Bratwürste, Schnitzel, Pfannenkotelett, hausgemachte Fleischsülze mit Bratkartoffeln.

PLÄTZE (außen/regensicher)
250/45

ANSCHRIFT
Grüber Straße 21
91522 Ansbach
Tel.: 0981-48777512

ÖFFNUNGSZEITEN
15. Apr. bis 15. Okt.:
Täglich 11 bis 14 und ab 17 Uhr
Kein Ruhetag
16. Okt. bis 14. Apr.:
Mi., Do. und Fr. ab 17 Uhr
Sa. und So. 11 bis 14 und ab 17 Uhr
Montag und Dienstag Ruhetag

SÜLZE UNTERM WALNUSSBAUM

Auch wenn Inhaberin Angeliki Pace aus dem sonnigen Griechenland kommt, ist sie doch ein großer Fan der fränkischen Küche. Dank einer kleinen einheimischen Metzgerei landen frische Waren allerbester Qualität auf den Tellern der Gäste, die im Biergarten auf der Sommerwiese die Wahl haben – entweder im Sonnenschein oder unter dem großen Walnussbaum. Überhaupt: Wer zur richtigen Zeit hier ist, kann sich seine Leckereien wahrhaft von den Bäumen pflücken - fast jede Obstsorte ist vertreten!

Vor oder nach dem Besuch in Kammerforst sollte auf jeden Fall die alte Residenzstadt Ansbach auf dem Plan stehen. Zwar rutschte sie im Laufe der Jahrhunderte immer mehr in den Schatten der großen Reichsstadt Nürnberg, aber hier sitzt heute noch die mittelfränkische Regierung, und die Bauten und Museen erzählen von der großen Zeit der kleinen Stadt. Insbesondere die Markgrafen-Gruft und die Synagoge legen wir ihnen ans Herz. Und den Biss in eine echte Ansbacher Bratwurst.

Ausflugs-Tipps

Ansbach | 1,6 km

Markgrafenmuseum

Promenade 27
91522 Ansbach
Tel.: 0981-9538390

Web: www.ansbach.de

Öffnungszeiten: Okt. bis Apr.:
Täglich außer Mo. von 10 bis 17 Uhr
Mai bis Sep.: Täglich von 10 bis 17 Uhr

Tipp: Wir empfehlen die Hörspielführung mit dem Audioguide durch Ansbach.

Ansbach | 2,3 km

Aquella Freizeitbad

Am Stadion 2
91522 Ansbach
Tel.: 0981-8904500

Web: www.myaquella.de

Öffnungszeiten: siehe Website

Tipp: Im Sommer bietet auch das Freibad Abkühlung.

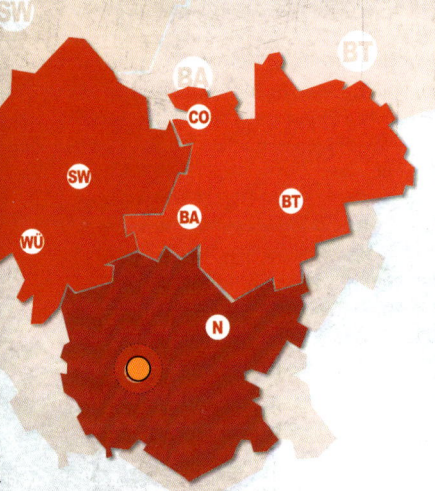

REISETIPP

Zu Fuß vm Ansbacher Bahnhof zum Gasthaus Kammerforst

Sollten Sie mit dem Zug oder der S-Bahn nach Ansbach reisen, können Sie die zwei Kilometer Fußweg zum Gasthaus Kammerforst auch fußläufig in etwa einer halben Stunde zurücklegen.

Mehr Infos zu den Fahrzeiten am Ansbacher Bahnhof siehe **www.vgn.de**

Atzelsberg

Atzelsberger - Restaurant Biergarten Erlebnis

www.atzelsberger.de **Tipp: Das Naherholungsgebiet**

BIER

Kitzmann/Erlangen: Urhell, Kellerbier, Weizen (alles vom Fass), dunkles Erlangen, dunkles Weizen, leichtes Weizen, alkoholfreies Kellerbier, alkoholfreies Weizen.

KÜCHE

Fränkische Brotzeiten. Täglich mittelgroße Karte mit warmen Gerichten. Spezialitäten: Schäuferla, Sauerbraten, hausgemachter Obatzter.

PLÄTZE (außen/regensicher)

350/100

ANSCHRIFT

Atzelsberg 4
91080 Marloffstein-Atzelsberg
Tel.: 09131-27361

ÖFFNUNGSZEITEN

Täglich ab 11 Uhr
Mär. bis Okt.: Mo. Ruhetag
Nov. bis Feb.: Mo., Di. und Mi. Ruhetag

IDYLLISCH UNTER GROSSEN BÄUMEN

Viele Spielmöglichkeiten für Kinder, große Nuss- und Kastanienbäume und ein liebevoll gepflegter Garten sorgen für ein perfektes Biergartenoasenfeeling in Atzelsberg. Dazu die klassischen Gerichte aus der fränkischen Küche, von Bratwürsten über verschiedene Braten bis hin zu vegetarischen Gerichten. Und wer mal kein Bierchen trinken will, greift einfach zu einem der verschiedenen Beerenweine.

Neben dem Schloss Atzelsberg mit Schlossgraben, Barockgärtchen und vielen weiteren denkmalgeschützten Sehenswürdigkeiten sollten Sie unbedingt auch das Schloss im Nachbarort Rathsberg besuchen. Dort hat sich in den historischen Gemäuern ein Pferdesportverein angesiedelt, der sich vor allem der Kunst des Voltigierens verschrieben hat. Die Athleten turnen dabei ihre Übungen auf dem Rücken eines an der Leine kreisenden Pferdes - anspruchsvoll, spektakulär und auch heilpädagogisch anerkannt.

Ausflugs-Tipps

Marloffstein | 1,5 km (zur Strecke)

VGN Wanderweg:
Über den Marloffsteiner Pass

Ausgangspunkt der Wanderung
Haltestelle: Erlangen Waldkrankenhaus
18 km lang, Dauer: 4,5 Std.
Web: www.vgn.de

Tipp: Im Sommer ist die Marloffsteiner Tongrube als Badesee ausgewiesen!

Atzelsberg | 200 m & 1,8 km

Schloss Atzelsberg
Atzelsberg 1, 91080 Marloffstein-Atzelsberg
Web: www.schloss-atzelsberg.de

Schloss Rathsberg
Baiersdorfer Straße 18, 91099 Poxdorf
Web: www.voltigieren-rathsberg.de

Tipp: Sowohl das Schloss Atzelsberg als auch das Schloss Rathsberg können nur von außen besichtigt werden.

REISETIPP

Buslinie 208

Die Linie 208 steuert die nahe gelegenen Orte Adlitz oder Marloffstein täglich mindestens im Stundentakt an.

Die Anreise per Bus kann also optimal in die Ausflugsplanung integriert werden, ohne zu viel an Flexibilität zu verlieren.

Mehr siehe **www.vgn.de**

Bad Staffelstein

Banzer Waldschänke

www.waldklettergarten-banz.de **Tipp: Der wunderschöne Blick ins obere Maintal**

BIER
Herzogliches Brauhaus/Tegernsee: Tegernseer Hell. Staffelbergbräu/Loffeld: Staffel-berger Landbier, Hefeweißbier, Radler, alkoholfreies Pils.

KÜCHE
Fränkische Kleinigkeiten. Spezialitäten: Verschiedene Kuchen, verschiedene Brotzeiten.

PLÄTZE (außen/regensicher)
50/65

ANSCHRIFT
Gegenüber Kloster Banz
Waldklettergarten Banz
96231 Bad Staffelstein
Tel.: 09573-222570
Fax: 09573-222997

ÖFFNUNGSZEITEN
Anfang Jan. bis Ende Mär.:
So. 13 bis 18 Uhr
Anfang Apr. bis Ende Mai:
Do. bis So. 13 bis 18 Uhr
Anfang Jun. bis Anfang Okt.:
Täglich 12 bis 18 Uhr, Kein Ruhetag
Anfang bis Ende Okt.:
Do. bis So. 13 bis 18 Uhr
Anfang Nov. bis Ende Dez.:
Sa. und So. 13 bis 18 Uhr
(wetterbedingte ÖZ s. Website)

FÜR AUFSTEIGER, EINKEHRER UND KLETTER-FANS

Mitten im Wald findet sich hier ein Klettergarten der besonders grünen und hohen Sorte. Unter den vielen Seilen und Balken haben die Erbauer aber die Gemütlichkeit nicht vergessen: Die urige Waldschänke zieht nicht nur die Kletterer nach vollendetem Auf- und Abstieg in ihren Bann, auch viele Normal-Natur-Genießer kehren hier gerne auf ebener Erde ein.

Nach dem Blick vom Banzer Wald auf den Staffelberg können sie den etwa zehn Kilometer entfernten Frankenhügel natürlich auch besteigen. Oben lockt ein ehemaliger Einsiedlerhof, der sich mit seiner Staffelberg Klause zu einem echter Geheimtipp für Wanderer und Ausflügler entwickelt hat. Einmal im Jahr verwandelt sich die sonst idyllisch ruhige Wiese auf dem Berg in ein rauschendes Fest – Songs an einem Sommerabend – mit herrlichem Ausblick über den Gottesgarten.

Schöne Ausfluszziele sind die Wallfahrtsbasilika Vierzehnheiligen sowie das Kloster Banz mit der sehenswerten Orientalischen Sammlung mit Reiseandenken von Herzog Maximilian aus dem Jahr 1838.

Ausflugs-Tipps

Bad Staffelstein | 8,1 km

Staffelberg Klause
Auf dem Staffelberg
96231 Bad Staffelstein
Tel.: 09573-5437

Öffnungszeiten: Apr. bis Ende Okt.:
Täglich ab 10 Uhr, Dienstag Ruhetag

Tipp: Das Salzfleisch.

Bad Staffelstein | 20 m

Waldklettergarten Banz
Kloster-Banz-Straße
96231 Bad Staffelstein
Tel.: 09573-222570
(Waldschänke)

Web: www.waldklettergarten-banz.de

Öffnungszeiten: siehe Website

Tipp: Wir empfehlen auch die Besichtigung der Klosteranlage selbst, vor allem der Orientalischen Sammlung.

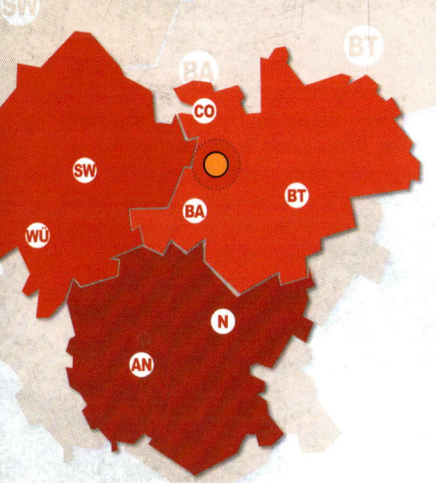

REISETIPP

Bahnhof Bad Staffelstein

Aus Bad Staffelstein fahren Busse sowohl zum Kloster Banz, als auch auf den Staffelberg (Haltestelle Ort Romansthal).

Von Bad Staffelstein aus kann aber auch auf sehr schönen Wegen per Fahrrad und zu Fuß die Umgebung erkundet werden.

Mehr siehe **www.vgn.de**

Bad Windsheim

Wirtshaus am Freilandmuseum

www.wirtshaus-am-museum.de | Tipp: Die Gänse und Karpfen (je zur Saison)

WO MAN GAR NICHT MEHR WEITER WILL

Eigentlich ist es gemein. Schon am Eingang des Freilandmuseums liegt das Wirtshaus, das Erkundungsdrang und Wissensdurst schnell in andere Bedürfnisse wandelt. Schließlich sitzt man hier urgemütlich zwischen vielen Kastanien an langen Holzbänken und genießt die guten Döbler-Biere. Mit etwas mehr Zeit sollten Sie an einem der Bierseminare mit der charmanten Braumeisterin Katharina teilnehmen. Der Lohn: Sie dürfen dann den Titel „Dr. b. c.", also Doctor bierologis causa, tragen. Süßmäulchen können das Seminar überspringen und gleich zum leckeren Döbler-Biereis übergehen. Auch dazu passen die guten Brotzeiten des Wirtshauses perfekt, die Rohstoffe dafür stammen alle aus heimischer Landwirtschaft. So, Schluss mit den kulinarischen Genüssen, wenden wir uns der Freizeit zu. Im Freilandmuseum können Sie so richtig viel entdecken: Über 100 historische Gebäude aus ganz Franken bilden ein lebendiges Ensemble, in dem Handwerker aller Art ihre Kunst – natürlich auch auf historische Art und Weise – vorführen. Neben Lehrstunden bei Schmied und Zimmermann sind auch Mini-Praktika bei Brauer und Bäcker geboten, was uns wieder an den Anfang bringt…

BIER
Döbler/Bad Windsheim: Reichsstadtbier, Museumsbier, Helles (alles vom Fass), Weizen.

KÜCHE
Fränkische Brotzeiten.
Täglich mittelgroße Karte mit warmen Gerichten.
Spezialitäten: Schäuferle, Bratwürste, Sauerbraten, saisonale Gerichte (z. B. Spargelgerichte, Karpfen, Gänse, Wild, etc.).

PLÄTZE (außen/regensicher)
500/250

ANSCHRIFT
Bernhard-Bickert-Weg 10
96231 Bad Staffelstein
Tel.: 09841-5971
Fax: 09841-4014154

ÖFFNUNGSZEITEN
Täglich ab 9 Uhr
Im Mai: Mo. 9 bis 19 Uhr
Anfang Jun. bis Mitte Sep.:
Kein Ruhetag
Mitte Sep. bis Ende Apr.:
Montag Ruhetag

Ausflugs-Tipps

Bad Windsheim | 0 km

Fränkisches Freilandmuseum

Eisweiherweg 1
91438 Bad Windsheim
Tel.: 09841-66800
Fax: 09841-668099

Web: www.freilandmuseum.de

Öffnungszeiten: Im Sommer 9 bis 18 Uhr, Details und Ausnahmen siehe Website

Tipp: Die genauen Eintrittspreise finden Sie auch auf der Website. Wer das Freilandmuseum unterstützen will, kann eine Jahresmitgliedschaft im Förderverein für Familien zum Preis von 38,- € erwerben.

REISETIPP

Vom Bahnhof aus zu Fuß

Bad Windsheim hat einen eigenen Bahnhof, von dem aus Sie das Freilandmuseum gut erreichen. Die etwa 1,5 Kilometer Fußweg führen Sie dabei mitten durch die Stadt.

In die direkte Nähe des Museums kommen Sie auch mit der Buslinie 192.

Mehr siehe **www.vgn.de**

Bamberg

Bootshaus im Hain

www.bootshaus-im-hain.de Tipp: Gondel fahren (mit Termin)

ALLES FLIESST

Die Weltkulturerbestadt Bamberg bietet natürlich gleich mehrere gute Gelegenheiten für einen Biergartenausflug. Wir starten in Bambergs grüner Lunge, dem Hain, mit seinem Bootshaus. Besser kann ein Biergarten eigentlich nicht liegen: Am Wasser, in einem Waldgebiet und dazu noch in fünf Minuten vom Stadtzentrum zu erreichen. Ideal auch zum Spazierengehen und Einkehren in beliebiger Reihenfolge. Nebenan befindet sich mit dem Hainbad ein weiterer Naherholungs-Geheimtipp in Bamberg.

Ebenfalls etwas außerhalb vom Zentrum liegt der Bierkeller der ehemaligen Brauerei Maisel, deren Backsteinbauten immer noch sehr sehenswert sind. Im heutigen Fässla-Keller ist eigentlich immer etwas geboten – egal zu welcher Uhrzeit man dort einkehrt. Der kleine Garten ist ein angenehmer Gegensatz zur rustikalen Stube, meistens kommt zu einem Bier das zweite und dritte und ... Der Spagat zwischen Stammtisch-Heimat und Familienbiergarten ist durchaus gelungen und auf jeden Fall immer einen Besuch wert.

BIER

Kundmüller/Weiher: Lager, Pils, Weizen (alles vom Fass), Urstöffla. Schlenkerla/Bamberg: Rauchbier. Erdinger: Alkoholfreies Weizen. Paulaner/München: Alkoholfreies.

KÜCHE

Fränkische Brotzeiten. Täglich mittelgroße Karte mit warmen Gerichten. So. Mittagstisch. Spezialitäten: Salatvariationen, fränkische Braten (So.).

PLÄTZE (außen/regensicher)
350/50

ANSCHRIFT
Mühlwörth 18a
96047 Bamberg
Tel.: 0951-24485
Fax: 0951-29746937

ÖFFNUNGSZEITEN
Anfang Mai bis Ende Sep.:
Täglich ab 11 Uhr, Kein Ruhetag
Anfang Okt. bis Ende Apr.:
Täglich ab 14 Uhr, Montag Ruhetag

Ausflugs-Tipps

Bamberg | 2,4 km

Fässla-Keller

Moosstraße 32
96050 Bamberg
Tel.: 0951-91708182
Web: www.faesslakeller-bamberg.de
Öffnungszeiten: siehe Website

Tipp: Die Fässla-Keller-Platte.

Bamberg | 50 m

Hainbad

Mühlwörth 18a
96047 Bamberg
Web: www.stadtwerke-bamberg.de
Öffnungszeiten: Täglich 9 bis 20 Uhr
Saison siehe Website

Tipp: Kinder toben sich auf dem Spielplatz mit Schaukel, Kletterburg, Rutsche und Sandkasten aus.

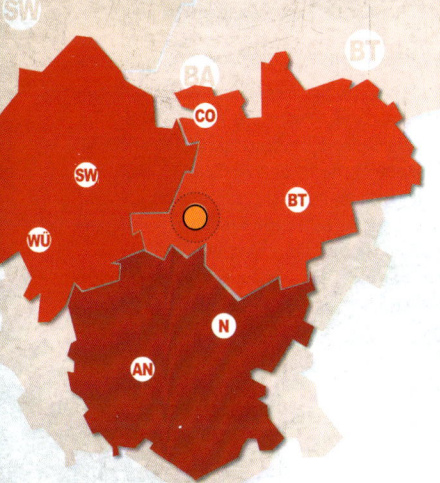

REISETIPP

Alle Möglichkeiten im Weltkulturerbe

Der Biergarten kann mit dem Stadtbus angefahren werden. Aber vom Bahnhof oder ZOB aus ist die Strecke auch ohne Probleme mit dem Fahrrad oder zu Fuß zu bewältigen.

Nutzen Sie die Gelegenheit, sich auch die Innenstadt und ein paar versteckte Ecken der Weltkultuerbestadt Bamberg anzusehen.

Bamberg

Landgasthof Heerlein

www.heerlein.de   **Tipp: Die Wildgerichte**

WILD VERTRÄUMT IN DER STADT

In unserem zweiten Bamberg-Tipp entführen wir Sie auf den höchsten Hügel der Domstadt, rund um die Altenburg. Über dem Weltkulturerbe thront die kleine Burg seit etwa 1000 Jahren - mit einem grandiosen Ausblick über die gesamte Region und auf die Stadt. Einen Burgbären gibt es zwar nicht mehr, dafür aber ein feines Lokal mit einem separaten Biergarten. Unterhalb der Altenburg liegt der etwas verschlafene Bamberger Ortsteil Wildensorg. Er beherbergt ein kulinarisches Kleinod: Den Landgasthof Heerlein. Bei Helmut Heerlein macht es einfach Spaß, unter den alten Bäumen gemütlich zu sitzen und dem Treiben der zahlreichen Besucher, darunter auch viele Kinder, zuzuschauen. Geheimtipps sind übrigens die Wildgerichte und auch die selbst gebrannten Schnäpse (Zwetschge, Mirabelle, Quitte). Davor oder danach könnten Sie noch einen Ausflug auf einen anderen Bamberger Hügel machen und das Fränkische Brauereimuseum besuchen, wo neben den Relikten einer der ältesten Brauereien der Welt auch viele Bier-Devotionalien aus moderner Zeit zu bewundern sind.

BIER

Sauer/Rossdorf am Forst: Lager, Dunkles (beides vom Fass).
Keesmann/Bamberg: Pils, Weizen (beides vom Fass).
Maisel/Bayreuth: Alkoholfreies Weißbier. Jever: Alkoholfreies.
Spezial/Bamberg: Rauchbier.

KÜCHE

Fränkische Brotzeiten. Täglich große Karte mit warmen Gerichten.
Spezialitäten: Grillgerichte, frische Salate, Wild aus dem Bamberger Land, hausgebackene Kuchen.

PLÄTZE (außen/regensicher)

200/150

ANSCHRIFT

Wildensorger Hauptstraße 57
96049 Bamberg
Tel.: 0951-53137
Fax: 0951-5009156

ÖFFNUNGSZEITEN

Täglich ab 12 Uhr, Freitag Ruhetag
Jan. bis Mär.: Do. und Fr. Ruhetag

910 Bamberg Eichelseeweg Bus

Ausflugs-Tipps

Bamberg | 2,3 km

Altenburg

Altenburg 1, 96049 Bamberg
Tel.: 0951-56828
Web: www.bamberg.info
Öffnungszeiten: Frei zugänglich

Restaurant Altenburg
Web: www.restaurant-altenburg.de
Öffnungszeiten: siehe Website
Tipp: Der Turm kann bestiegen werden!

Bamberg | 2,2 km

Fränkisches Brauereimuseum

Michaelsberg 10f
96049 Bamberg
Tel.: 0951-53016

Web: www.brauereimuseum.de

Öffnungszeiten: Apr. bis Okt.:
Mi. bis Fr. von 13 bis 17 Uhr
Sa., So.- und Feiertage von 11 bis 17 Uhr

Tipp: Der Traumstadtblick vom Kloster St. Michael.

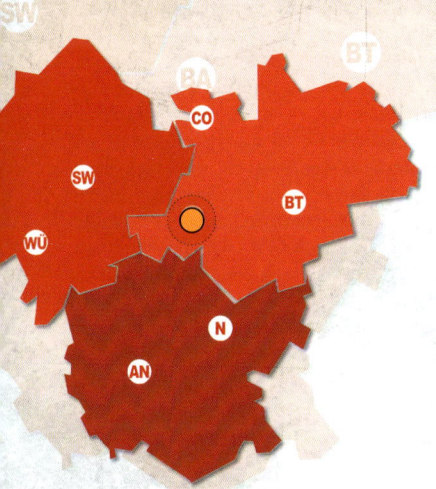

REISETIPP

Stadtbusse und Bamberger Bahn

Der Stadtteil Wildensorg wie auch die Ausflugs-Tipps sind quasi nur über Berganstiege erreichbar.

Wer also nicht so fit ist, kann auf Stadtbusse oder die Bamberger Bahnen zurückgreifen.

Mehr siehe **www.vgn.de** oder
www.bambergerbahnen.de

Bamberg

Wilde Rose-Keller

www.wilde-rose-keller.de   **Tipp: Die fränkischen Bratwürste**

BIER

Eigene Biere: Keller, Pils, helles Weißbier (alles vom Fass). Keesmann/Bamberg: Bamberger Herren Pils (vom Fass). Schlenkerla/Bamberg: Rauchbier (vom Fass). Franziskaner: Alkoholfreies Weissbier. Löwenbräu/München: Alkoholfreies.

KÜCHE

Fränkische Brotzeiten. Täglich kleine Karte mit warmen Gerichten. Spezialitäten: Knöchla (Mo., Mi., Fr.), Rauchfleisch (Di.), Leberkäse (Do.).

PLÄTZE (außen/regensicher)

1000/200

ANSCHRIFT

Oberer Stephansberg 49
96049 Bamberg
Tel.: 0951-57691

ÖFFNUNGSZEITEN

Täglich ab 16 Uhr
Sa., So. und Feiertage ab 15 Uhr
Kein Ruhetag
Bei schlechtem Wetter geschlossen

DIE GUTE AUSSICHT

Zu guter Letzt schicken wir Sie natürlich noch auf die Bierkellerklassiker Bambergs: Spezial- und Wilde Rose-Keller auf dem Stephansberg. Dort schlägt das bierige Herz der Domstadt im Sommer, hier treffen sich Familien, Stadtrat und Vereine, und überhaupt ist ein Leben ohne Bierkeller hier nicht vorstellbar. Der Spezial-Keller bietet nicht nur die schönste Aussicht auf das Weltkulturerbe Bamberg, er ist auch für viele Bamberger das Ziel der gedanklichen (manchmal auch der realen) Flucht vom Arbeitsplatz – ein Ort der Gemütlichkeit. Vor allem das jüngere Publikum schätzt den Keller, wobei gerade viele Einheimische auch mit ihm alt werden. Während hier die Jüngeren und die Studenten sitzen, zieht es die Familien eher auf die Wilde Rose. Groß und ruhig ist es hier – ohne Aussicht, dafür so etwas wie das Wohnzimmer für die meisten Domstädter. An der Essensausgabe ist man fränkisch-ruppig, was aber irgendwie schon Kultcharakter hat. Der Keller hat auch schon im Kino für Furore gesorgt – wer erinnert sich nicht an die schönen Biergartenszenen aus Rühmanns „Feuerzangenbowle". Sie wurden hier gedreht.

928 Bamberg Oberer Stephansberg Bus

Ausflugs-Tipps

Bamberg | 500 m

Spezial-Keller

Sternwartstraße 8
96049 Bamberg
Tel.: 0951-54887

Web: www.spezialkeller.de

Öffnungszeiten: siehe Website

Tipp: Ein Schäuferla und dazu ein Seidla Rauchbier.

Bamberg | 850 m

Kinderführung - „Bamberg - lebendige Geschichte"

Tourist Information
Geyerswörthstraße 5
Infotelefon: 0951-2976200

Web: www.bamberg.info

Öffnungszeiten: Apr. bis Okt.: jeden Samstag um 11 Uhr

Tipp: Am besten gleich noch ein paar Freunde mit einladen!

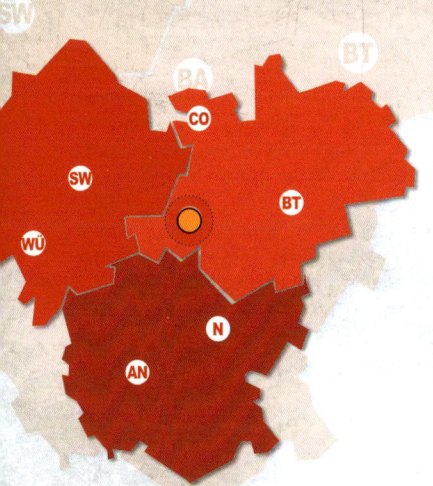

REISETIPP

Stadtbusse und Bamberger Bahn

Der Stephansberg ist nicht weit von der Bamberger Tourist-Info entfernt, aber nur über einen Berganstieg erreichbar.

Wer also nicht so fit ist, kann auf Stadtbusse oder die Bamberger Bahnen zurückgreifen.

Mehr siehe **www.vgn.de** oder
www.bambergerbahnen.de

Bayreuth

Herzogkeller

www.herzogkeller.de　　　　　　　　　　　　　Tipp: Der Grillhaxen

AUS LIEBE ZUM BIER

Die Bayreuther Brauer haben eine besondere Hingabe zum Bier für sich entdeckt. Sowohl in der Becherbräu mit ihrem charmanten Mix aus historischer Bausubstanz und Moderne, als auch in den verschiedenen Anwesen der Brauerei Gebrüder Maisel steckt jeweils viel Liebe im Detail. In Sachen Biergarten gibt es allerdings ganz klar eine Nummer eins, den Herzogkeller. Mit über 1.000 Plätzen und einer ehrwürdigen Historie (seit 1888) steht er für die gelebte Bierkultur in der Markgrafenstadt. Um die Ecke finden Sie die historischen Bier-Katakomben. Etwas unterhalb locken das Bayreuther Brauereimuseum und vor allem das neueste Gastro-Schmuckstück der fränkischen Bierlandschaft namens Liebesbier.

Aus über 20 Zapfhähnen fließen dort sowohl die Bierspezialitäten aus der eigenen Braumanufaktur, als auch Spitzenbiere aus dem Bayreuther Umland. Dazu kommen Flaschenbiere aus aller Herren Länder. Hier hat sich Brauereichef Jeff Maisel ein wahres Bier-Denkmal gesetzt, das vor allem im Sommer noch eine weitere Magie entfaltet: Im Garten sitzen die Gäste andächtig um kleine Grills, bestellen sich Bier, Fleisch und Gemüse und sind so ihr eigener Küchen-Chef, ein echtes Erlebnis!

BIER

Eigene Brauerei: Aktien Pils, Bayreuther HELL, Aktien Landbier, Aktien Zwick´l, Aktien Original (alles vom Fass). Maisel/Bayreuth: Maisel´s Weisse Original (vom Fass), Maisel´s Weisse alkoholfrei, Maisel´s Weisse light, Maisel´s Weisse dunkel, Maisel´s Weisse Kristall, Bayreuther HEFE-WEISSBIER, Bayreuther Bio-Weiße, Edelhopfen Extra - kohlenhydratreduziert, Kritzenthaler Alkoholfreies.

KÜCHE

Fränkische Brotzeiten. Täglich kleine Karte mit warmen Gerichten. Spezialitäten: Pfannenschnitzel, Grillhaxen, Dosengöttinger.

PLÄTZE (außen/regensicher)

800/400

ANSCHRIFT

Hindenburgstraße 9
95445 Bayreuth
Tel.: 0921-43419
Fax: 0921-2899275

ÖFFNUNGSZEITEN

Ende Apr. bis Ende Sep.:
Täglich ab 16 Uhr, Kein Ruhetag

Ausflugs-Tipps

Bayreuth | 200 m

Liebesbier

Andreas-Maisel-Weg 1
95445 Bayreuth
Web: www.liebesbier.de
Öffnungszeiten:
Täglich 17 bis 0 Uhr

Tipp: Hier kann viel Neues entdeckt werden. Unbedingt Zeit für das Museum mitbringen (siehe nächste Seite).

Bayreuth | 1,2 & 1,6 km

Neues Schloss und Hofgarten

Ludwigstraße 21
95444 Bayreuth
Web: www.bayreuth-wilhelmine.de
Öffnungszeiten:
Apr.-Sep.: Täglich von 9 bis 18 Uhr
Okt.-Mär.: Täglich von 10 bis 16 Uhr

Tipp: Besichtigen Sie auch das Museum im Neuen Schloss.

REISETIPP

Stadtbusse stehen parat

Die Erkundung Bayreuths kann ohne Probleme mit dem Fahrrad oder zu Fuß geplant werden. Größere Steigungen sind quasi nicht vorhanden.

Für den Fall der Fälle steht aber auch ein umfangreiches Busnetz zur Verfügung.

Mehr siehe **www.vgn.de**

Maisel's Bier-Erlebnis-Welt

www.biererlebniswelt.de

Die Faszination handwerklichen Bierbrauens können die Besucher in der Maisel's Bier-Erlebnis-Welt mit allen Sinnen erleben. Im historischen Stammhaus der Brauerei Gebr. Maisel gewährt die Maisel's Bier-Erlebnis-Welt auf über 4.500 Quadratmetern einen Einblick in handwerkliche fränkische Braukunst und die Besonderheiten der Bier- und Genussregion Oberfranken.

Die Bier-Erlebnis-Welt verbindet die Tradition fränkischer Bierkultur mit modernster Technik, historische Gebäude mit modernem Ambiente sowie erlebnisreiche Information mit vielfältigem Biergenuss. Eingebettet in die historischen Gebäude der Brauerei Maisel können die Besucher in der Maisel&Friends-Brauwerkstatt mit einem 25-Hektoliter-Sudhaus den Braumeistern über die Schulter schauen und den handwerklichen Brauvorgang von der Malzschroterei, über Sudhaus und Gärkeller, bis zur Holzfassreifung hautnah miterleben.

Das Brauereimuseum mit der denkmalgeschützten Backsteinfassade zeigt einen Einblick in die Geschichte der Braukultur. Alles funktioniert noch so, als wären die Brauer und Büttner gerade einmal zur Mittagspause gegangen: Das Maschinenhaus, das Sudhaus, die Hopfenkammer und die Kühlschiffe. Das Ergebnis fränkischer Braukunst können die Gäste am Ende des rund einstündigen Rundgangs in der angegliederten Gastronomie Liebesbier erschmecken. Hier sitzen die Gäste mitten in der Brauerei und erleben die Arbeit der Braumeister hautnah. 21 Biere vom Fass und 60 bis 80 aus der Flasche zeugen von absoluter Bierverliebtheit und fränkisch-innovativem Pioniergeist. Im Sommer lädt der Biergarten zum Verweilen ein.

Info und Voranmeldung unter www.biererlebniswelt.de oder Telefon 0921/401-234. Öffentliche Führung täglich um 14 und um 18 Uhr!

Info

Bayreuther Katakomben

www.bayreuther-bier.de

Die kühlen Felsenkeller werden in Franken seit alters her zum Lagern der einzigartigen Bierspezialitäten verwendet. Während auf dem Lande viele kleinere Gewölbe zu finden 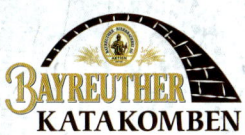 sind, können viele Städte kilometerlange Katakomben aufweisen. In Bayreuths beeindruckender Unterwelt liegt der Ursprung der handwerklichen Brautradition begründet.

So bietet sich dem Besucher in den Katakomben der AKTIEN-Brauerei eine ganz besondere Bier-Tour. Hier unten erfährt er viel über die Brauereigeschichte und die Stadtgeschichte. Ab dem 16. Jahrhundert wurden die verwinkelten Gänge in den Sandstein getrieben. Warum, weiß bis heute niemand so genau. Waren es vielleicht Schutz- und Fluchtanlagen? Nur eines steht fest: Es waren die besten und kühlsten Keller im ausgehenden 19. Jahrhundert und damit die ideale Lagerstätte für die AKTIEN-Bierspezialitäten, die nach der einstündigen Führung auch auf die Besucher warten.

Im gemütlichen Bräustüberl mit der original Wirtshausatmosphäre aus der guten alten Zeit schmeckt das AKTIEN Original 1857, das Zwick'l Kellerbier oder das AKTIEN Landbier besonders gut. Feiern lässt es sich im Keller der Feste. Im angrenzenden AKTIEN-Keller ist von der Familienfeier im kleinen Kreis bis zu kompletten Veranstaltungskonzepten alles möglich, was das Herz begehrt.

Informationen und Anmeldung unter www.bayreuther-bier.de
Öffentliche Führung täglich um 16 Uhr!

Betzenstein

Waldgasthof Reuthof

www.reuthof.de — Tipp: Das Reuthof-Schaschlik (Dienstag)

ERHOLUNG PUR

Wunderschön malerisch liegt das Fachwerkgebäude des Reuthofs mit seiner großen Terrasse in der Fränkischen Schweiz, drumrum Natur, Tiergehege und ein ausgedehnter Spielplatz. Gute Küche und leckeres Hausgebäck laden genauso ein wie die himmlische Ruhe auf der Terrasse. Inmitten von Wanderwegen gelegen ist der Reuthof auf jeden Fall immer ein lohnendes Ziel. Zuvor empfehlen wir einen Besuch in Frankens kleinster Stadt, Betzenstein, und vor allem im Abenteuerpark! Der große Hochseilgarten lässt keine Wünsche offen. Die vielen Plattformen in den Bäumen sind über Brücken, Seilbahnen und Tunnel miteinander verbunden. Das Highlight für die meisten Gäste ist der „Freibadflug". Diese 230 Meter lange Seilbahn überquert in schwindelnder Höhe Plansch- und Badebecken, allerdings mit bester Sicherung, sie fallen nicht ins kühle Nass. Nach dem Abenteuerpark dürfen Sie kostenfrei in das bereits erwähnte Freibad und für Erfrischung sorgen, bevor es zum verdienten Bier zum Reuthof geht. Dort wuseln übrigens noch allerlei Kleintiere in verschiedenen Gehegen herum, gerade für die Kleinsten ein zusätzliches wunderschönes Erlebnis.

BIER

Veldensteiner: Pils, Helles, Weißbier, Veldensteiner Landbier (alles vom Fass), Weizen, erstes Laufer Weißbier, Alkoholfreies.

KÜCHE

Fränkische Brotzeiten. Täglich große Karte mit warmen Gerichten. Spezialitäten: Verschiedene Braten (So.), vegetarische Gerichte, hausgebackene Kuchen.

PLÄTZE (außen/regensicher)

130/150

ANSCHRIFT

Reuthof 11
91282 Betzenstein
Tel.: 09244-310
Fax: 09244-8237

ÖFFNUNGSZEITEN

Täglich ab 10 Uhr, Freitag Ruhetag

Ausflugs-Tipps

Betzenstein | 4,1 km

Abenteuerpark Betzenstein
Schmidbergstrasse 6
91282 Betzenstein
Tel.: 09244-985916
Web: www.abenteuerwerkstatt.com
Öffnungszeiten: siehe Website

Tipp: Für Kinder ab 5 Jahren gibt es einen Kinderkletterwald, der auch für die Kleinen ein Abenteuer bietet.

Neuhaus an der Pegnitz | 3,6 km

VGN Wanderweg:
Zu Frankens kleinster Stadt
Neuhaus an der Pegnitz Bahnhof
14 - 18,8 km lang, Dauer: 4 - 5 Std.
Web: www.vgn.de

Tipp: Das Freibad Betzenstein lädt anschließend zur gemütlichen Erfrischung ein.

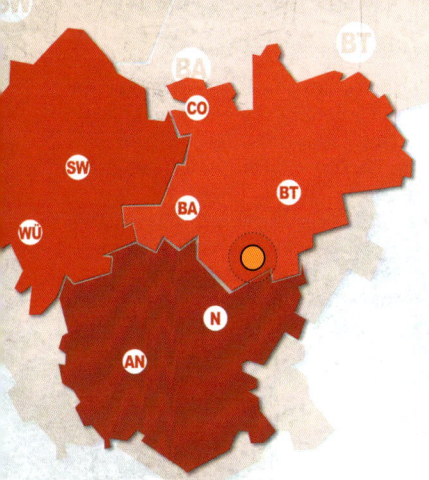

REISETIPP

**VGN Freizeitlinie 343
Bier-, Brotzeit und Burgen-Express**

Der Bier-, Brotzeit- und Burgen-Express 343 fährt über Plech, Betzenstein und Pottenstein weiter ins Ailsbachtal zur Burg Rabenstein und zur Sophienhöhle sowie ins romantische Waischenfeld. An der Linie liegen auch Wandertouren im Veldensteiner Forst, Wiesent- oder Ailsbachtal, Burgbesichtigungen oder Höhlenwanderungen.

Mehr siehe **www.vgn.de**

Bindlach

Gaststätte Auf der Theta

www.bier.by — Tipp: Der frische, gegrillte Fisch (Freitag)

DIE ANDERE WELT

Hat man die Gaststätte „Auf der Theta" erstmal gefunden (gar nicht so einfach), dann ist sie der Übergang zu einer anderen Welt, einer Welt der Ruhe und des Friedens. Der mit Blumen umsäumte Innenhof liegt im Schatten zweier Nussbäume, die deutlich „gereiften" Gebäude sind von Wein und anderen Pflanzen um- und berankt, und an den Tischen und Bänken sitzen die unterschiedlichsten Menschen: Arbeiter und Bauern aus der Umgebung, ausländische Gäste der vielen umgebenden Firmen und zünftiges Stammtischpublikum. Gruppen gönnen sich oft das legendäre Spanferkel (gibt's nur auf Bestellung). Eine besondere Attraktion für Kinder: Die hauseigenen Gänse und die Leihschafe, die hier statt eines Rasenmähers das Grün kurz halten.

Weiter geht's nach einem Besuch im Goldbergbaumuseum zu Opels Sonnenhof. Hier können Sie wirklich alle Sitzplatzoptionen eines Biergartens durchprobieren: im Freien, auf der Wiese, Bierbank, Gartentisch, unter der Pergola, unterm Zeltdach. Besonders auf ihre Kosten kommen alle Fußballfreunde, der betriebseigene Bolzplatz ist eigentlich immer bevölkert, mal heißt es Schnitzelesser gegen Salatfreunde, mal FC Obatzter gegen Spvgg Sauerbraten.

BIER
Eigenes Bier vom Fass (nach eigener Rezeptur in Hochstahl gebraut).

KÜCHE
Fränkische Brotzeiten.
Täglich mittelgroße Karte mit warmen Gerichten.
Spezialitäten: Flammkuchen (Fr.), gegrillter Fisch aus der schwarzen Küche (Fr.), Schäuferle (Mi ab 17 Uhr), Haxen (Sa. ab 12 Uhr), verschiedene Braten und Brotzeiten.

PLÄTZE (außen/regensicher)
70/50

ANSCHRIFT
Hochtheta 6
95463 Bindlach
Tel.: 09208-65361

ÖFFNUNGSZEITEN
Mitte Mär. bis Ende Dez.:
Mo. bis Fr. ab 14 Uhr
Sa., So. und Feiertage ab 10 Uhr
Dienstag Ruhetag
Anfang Jan. bis Mitte Mär.:
Winterpause

Bindlach Bahnhof

Ausflugs-Tipps

Bindlach Pferch | 1,5 km

Opels Sonnenhof

Pferch 8
95463 Bindlach
Tel.: 09208-65820

Web: www.opels-sonnenhof.de

Öffnungszeiten:
Täglich ab 11 Uhr, Montag Ruhetag

*Tipp: Beheizte Pergola mit 30 Personen.
Bierhütte mit 30 Plätzen (auch beheizt).*

Goldkronach | 11,4 km

Goldbergbaumuseum

Bayreuther Straße 21
95497 Goldkronach
Tel. 09273-502026

Web: www.goldkronach.de

Öffnungszeiten: Apr. bis 3. Advent:
So. und Feiertage von 13 bis 17 Uhr

*Tipp: Besucherstollen „Schmutzlerzeche"
Am Goldberg, sonntags geöffnet
von 11 bis 17 Uhr.*

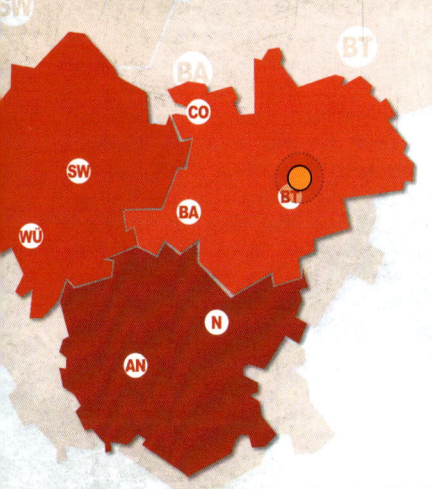

REISETIPP

Wanderung Auf der Theta

Ausgehend vom Bayreuther Bahnhof führt eine etwa 14 Kilometer lange Wanderung ins nördliche Hinterland von Bayreuth zum Biergarten und weiter zum Bahnhof in Ramsenthal.

Mehr Infos und eine genaue Wegbeschreibung finden Sie auf **www.vgn.de**

Bischofsgrün

Gasthof Hammerschmiede

www.hammerschmiede-bischofsgruen.de Tipp: Die Fichtelgebirgsforelle

BIER
Maisel/Bayreuth: Aktien Bier, Aktien Pilsener (beides vom Fass), Hefeweizen, Weisse Original, Kristallweizen, dunkles Weizen, leichtes Weizen, alkoholfreies Weizen, Aktien Dunkel, Aktien Landbier, Kritzenthaler alkoholfreies.

KÜCHE
Fränkische Brotzeiten.
Täglich mittelgroße Karte mit warmen Gerichten.
Spezialitäten: Zander, Fichtelgebirgsforelle, hausgemachte Kesselfleischsülze, Pfannengerichte, saisonale Gerichte (z. B. Spargel-, Wild- und Pilzgerichte).

PLÄTZE (außen/regensicher)
60/80

ANSCHRIFT
Fröbershammer 8
95493 Bischofsgrün
Tel.: 09276-310
Fax: 09276-8447

ÖFFNUNGSZEITEN
Do. und Fr. 15 bis 21 Uhr
Sa. und Mo. 10.30 bis 21 Uhr
So. 10.30 bis 16 Uhr
Feiertage ab 10.30 Uhr
Dienstag und Mittwoch Ruhetag

FAMILIENFREUNDLICHKEIT IN DER FÜNFTEN GENERATION

Im Gasthof Hammerschmiede kann sich niederlassen, wer Bischofsgrün mit der ganzen Familie erkunden und genießen will. Seit über 140 Jahren in Familienbesitz hat das Haus eine Tradition, die in zwei Worten zusammengefasst werden kann: Qualität und Familie. Der großzügige und grüne Biergarten mit großer Spielwiese für Kinder liegt direkt am Haus. Eine besondere Attraktion gibt es hier seit 2009 – ein eigenes Wallaby-Kängurugehege unmittelbar am Eingang zum Naturpark.

Wie bereits erwähnt, sollten Sie hier unbedingt einen längeren Aufenthalt einplanen, vor allem, um die bergige Erlebniswelt des Ochsenkopfes zu erkunden. Entweder stürzen Sie sich in die 140 Meter lange Sommerrodelbahn, oder Sie wagen sich richtig hoch hinaus, zum Zipline-Park. Zwölf steile Seilstrecken führen hier nicht den Berg hinauf, sondern mit rasanter Geschwindigkeit hinunter! Kurze Verschnaufpausen bieten die in schwindelnder Höhe gelegenen Baumwipfel-Plattformen zwischen den einzelnen Strecken. Wichtig: Wenn Sie sich erst auf die Strecke begeben haben, gibt es kein Zurück! Aber wir haben es schließlich auch geschafft.

Ausflugs-Tipps

Bischofsgrün | 300 m

Alpine Coaster

Fröbershammer 27
95493 Bischofsgrün
Tel.: 09276-604

Web: www.ochsenkopf.info

Öffnungszeiten:
Sommersaison: Tägl. 9.30 - mind. 17 Uhr

Tipp: Der Zugang und die Kasse befinden sich etwa 50 m oberhalb der Seilbahn-Talstation Nord in Bischofsgrün.

Warmensteinach | 6,1 km

Ziplinepark Ochsenkopf

Fleckl 13
95485 Warmensteinach
Tel.: 09244-982499

Web: www.ziplinepark.info

Öffnungszeiten: siehe Website

Tipp: Anmeldung oder Buchung bitte im Voraus an Ochsenkopf Talstation Süd. Die Preise sind per Vorkasse günstiger!

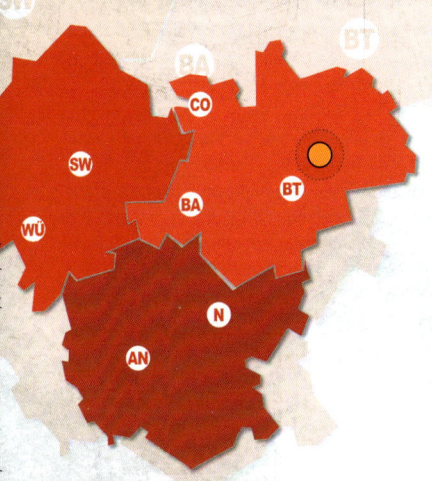

REISETIPP

**VGN Freizeitlinien 329, 369
Fichtelgebirgslinien**

Vom Nürnberger Hauptbahnhof bis zu einer der beiden Talstadtionen der Seilschwebebahn in Bischofsgrün 329 (OVF) bzw. Fleckl 369 (Heserbus) beträgt die Fahrzeit nicht einmal zwei Stunden! Übrigens: Als VGN-Kunde erhalten Sie bei den Seilschwebebahnen vergünstigte Fahrpreise. Legen Sie einfach ihr VGN-Ticket an der Kasse vor.

Mehr siehe **www.vgn.de**

Breitengüßbach

Helmut's Hofschänke

www.gutleimershof.de **Tipp: Die Pizza aus dem Steinofen**

BIER

Eigenes Bier: Leimershofer Seelen-Drösdä Rauchbier, LSD Zwickl (beides vom Fass), LSD helles Lager, LSD dunkles Lager. Fässla/Bamberg: Lager (vom Fass). Leikeim/Altenkunstadt: Weizen (vom Fass). Bitburger: Pils (vom Fass). Wechselnde Brauereien: Immer ein Fassbier aus der Umgebung.

KÜCHE

Fränkische Brotzeiten. Täglich große Karte mit warmen Gerichten. So. und Feiertage Mittagstisch. Spezialitäten: Schäuferla auf der Schaufel (Mi. und ab und zu So.), Leimer (Di. und Mi.), Steinofenpizza in verschiedenen Variationen, Smoker-Tage (jeden Di. und Do.).

PLÄTZE (außen/regensicher)

200/130

ANSCHRIFT

Gut Leimershof
96149 Breitengüßbach
Tel.: 09547-5457

ÖFFNUNGSZEITEN

Täglich ab 17 Uhr
So. und Feiertage ab 12 Uhr
Montag Ruhetag

BIERGARTEN MIT REITHALLE UND LAGERFEUER

Einige besuchen Helmut's Hofschänke wegen des ständig wechselnden regionalen Bierangebotes, andere kommen wegen des Reitstalls, wieder andere wegen des Golfplatzes. Man sieht: Jeder kommt auf seine Kosten, insbesondere Familien, denn das Gut Leimershof liegt abseits der Straße und verfügt über einen großen Spielplatz und ein eigenes Kinderangebot. Besondere Highlights sind seit einigen Jahren das Mittelalter-Spektakel (am 1. Wochenende im September) und das US-Car-Treffen (am 2. Wochenende im September).

Anschließend sollten Sie eine der jüngsten Brauereien Frankens besuchen, das Brauhaus Binkert oder Mainseidla, wie sie sich selbst nennen. Bei Bier und Brotzeit hat man die Brauerei immer im Blick. Oft zaubert Anja Binkert auch kleine, feine kulinarische Überraschungen, was besonders die Stammgäste freut. Ab und zu spielt hochwertige Blasmusik, einmal im Jahr, Anfang November, wird ein zünftiger Bockbieranstich mit Craft-Bockbier und genau darauf abgestimmten Speisen gefeiert. Am Sudkessel steht Ehemann Jörg, der beruflich schon in der ganzen Welt Brauereien geplant und aufgebaut hat.

Ausflugs-Tipps

Breitengüßbach | 7,1 km

Brauhaus Binkert
Westring 5
96149 Breitengüßbach
Tel.: 09544-9848857
Web: www.mainseidla.de
Öffnungszeiten: siehe Website
Tipp: Das Amber Spezial.

Ebensfeld | 10,4 km

Sieben-Flüsse-Wanderweg - Etappe 09
Ausgangspunkt der Wanderung:
Bahnhofstraße Ebensfeld
ca. 17 km lang, Dauer: 4,5 Std.
Web: www.sieben-fluesse-wanderweg.de
Tipp: Die Rückfahrt kann gut mit der Bahn organisiert werden.

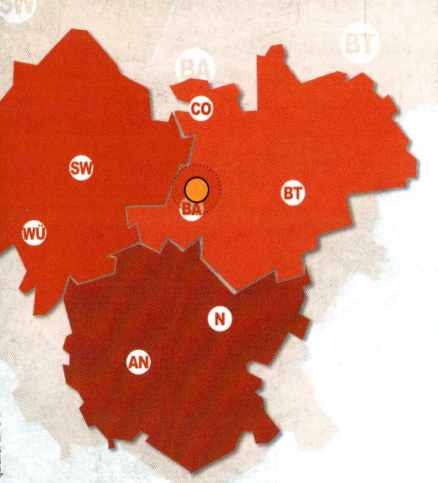

REISETIPP

Von Leimershof nach Breitengüßbach

Der Bahnhof in Breitengüßbach ist knapp 6,5 Kilometer vom Biergarten Helmut's Hofschänke in Gut Leimershof entfernt.

Mit dem Fahrrad eine sehr schöne Strecke, die auch genug Zeit lässt, um noch ein wenig die schöne Umgebung zu erkunden.

Mehr siehe **www.vgn.de**

Burgebrach

Schwanakeller

www.schwanawirt.de — Tipp: Das Knöchla

BIER
Eigene Brauerei: Kellerbier (vom Fass), Weizen, Urhell.

KÜCHE
Fränkische Brotzeiten. Täglich kleine Karte mit warmen Gerichten. Ab dem So. nach Muttertag So. und Feiertage Mittagstisch. Spezialitäten: Knöchla, Fischgerichte, Schäuferla, Wurst mit Musik, Limburger mit Musik, Gerupfter.

PLÄTZE (außen/regensicher)
220/50

ANSCHRIFT
Kellerberg 5
96138 Burgebrach
Tel.: 09546-306
Fax: 09546-5920195

ÖFFNUNGSZEITEN
Täglich ab 15 Uhr
Ab dem So. nach Muttertag So und Feiertage ab 11 Uhr
Kein Ruhetag
Bei günstiger Witterung geöffnet

FELSENKELLER AUF ZWEI ETAGEN

Auf dem Schwanakeller ist Tradition angesagt: Selbstbedienung, ausgewählte fränkische Spezialitäten und ein original erhaltener Bierkeller auf Naturboden. Imposante alte Bäume und ein großer Spielplatz komplettieren das Angebot. Wer also den kellertypischen kleinen Anstieg erklommen hat, kann sich auf Bierkultur in Reinform und eigenes frisches Bier vom Fass, zumeist vom Wirt höchstselbst gezapft, freuen.

Für die Freizeitsportler hat Burgebrach ebenfalls einiges zu bieten: Hallenbad, Minigolf und Kegelbahn – und für die starken Männer oder deren Fans die Kämpfe der örtlichen Ringer, die es bis in die Bundesliga geschafft haben. Oder Sie begeben sich auf die Stadt-Land-Fluss Tour und erkunden die nahe gelegene Bischofsstadt Bamberg und das kleine Ampferbach mit seinen beiden traditionellen Bierkellern.

Ausflugs-Tipps

Burgebrach | 1,2 km

Hallenbad Burgebrach

Ampferbacher Straße 14
96138 Burgebrach
Telefon: 09546-59555560
Web: www.vg-burgebrach.de
Öffnungszeiten: siehe Website

Tipp: Das Hallenbad wurde erst kürzlich auf den Stand der Technik gebracht.

Burgebrach | 280 m

2Franken-Radweg

Letzter Teilabschnitt: Burgebrach - nach Bamberg, ca. 24 km lang, Dauer: 1 Std
Web: www.landkreis-bamberg.de

Tipp: Besichtigen Sie doch auch die Stadt Bamberg mit ihren Sehenswürdigkeiten.

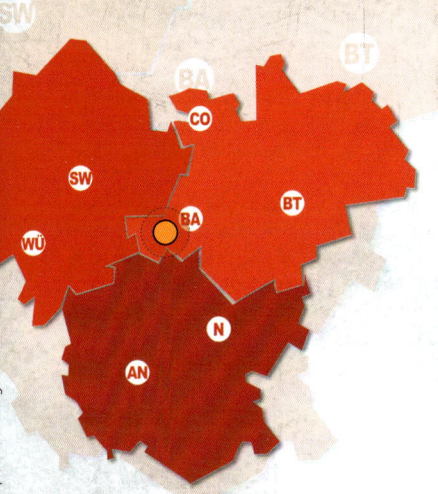

REISETIPP

VGN Freizeitlinie 990
Der Steigerwald-Express

Die Freizeitlinie 990 besteht aus zwei Linienästen, die von den Bahnhöfen Hirschaid und Bamberg an der R2/S1 bzw. S1 in den Steigerwald fahren, eine im Tal der Reichen Ebrach, eine im Tal der Rauhen bzw. Mittleren Ebrach. In Frensdorf treffen beide Linien zeitgleich aufeinander und ermöglichen somit einen problemlosen Umstieg. Fahrrad-Mitnahme möglich!

Mehr siehe **www.vgn.de**

Buttenheim

St. GeorgenBräu Keller

www.kellerbier.de — **Tipp: Der hauseigene Kellerbierbrand**

BIER
Eigene Brauerei: Kellerbier, Helles, Weißbier (alles vom Fass).

KÜCHE
Fränkische Brotzeiten. Täglich kleine Karte mit warmen Gerichten. Spezialitäten: Schäuferla, Haxen, selbst gebackene Brezen, Sauerbraten, Makrelen und Saiblinge vom Buchenholzgrill (jeden Fr. ab 15 Uhr), hausgebackene Kuchen, Bauernbrot und Wurstspezialitäten aus der Region.

PLÄTZE (außen/regensicher)
800/200

ANSCHRIFT
Kellerstraße
96155 Buttenheim
Tel.: 0151-18020990
Fax: 09545-44646

ÖFFNUNGSZEITEN
Täglich ab 14 Uhr
So. und Feiertage ab 11 Uhr
Kein Ruhetag
Nur bei schönem Wetter geöffnet

OBERFRANKENS SCHÖNSTER SONNENUNTERGANG

An die 600 Plätze hat der Löwenbräukeller in Buttenheim zu bieten, dazu eine breite Palette an fränkischem Allerlei: Schäuferla, Sauerbraten, Wildgerichte, zahlreiche Brotzeiten, Selbstgebrautes vom Kellerbier bis zum Alkoholfreien. Eine umgestürzte alte Eiche bildet als Riesen-Kletterbaum das Zentrum des großen Kinderspielplatzes. Besonders gerne halten hier übrigens die Erlanger Siemens-Mitarbeiter zum Mittagessen und die Radler und Motorradfahrer auf dem Weg in die oder aus der Fränkischen Schweiz.

Anscheinend ist es in Buttenheim Tradition: Kleine Biergärten baut man nicht. Auch auf dem St. Georgen-Bräu Keller finden über 600 Gäste Platz, die die Seele gemütlich baumeln lassen – die Plätze sind schließlich großzügig verteilt. Einmalig ist der Ausblick von der lindenbewachsenen Anhöhe auf den Sonnenuntergang über Bamberg. Rund um den Kellerbesuch empfehlen wir noch den Abstecher in den Ort zum Levi Strauss Museum. Denn die blauen Hosen haben ihren Ursprung hier, im fränkischen Buttenheim.

Ausflugs-Tipps

Butteheim | 350 m

Löwenbräukeller

Eremitage 3
96155 Buttenheim
Tel.: 09545-509346

Web: loewenbraeu-keller-buttenheim.de

Öffnungszeiten: Täglich ab 11 Uhr
So. ab 10 Uhr, Mai bis Aug.: Di. Ruhetag
Sep. bis Apr.: Di. und Mi. Ruhetag

Tipp: Es gibt etwa 140 regensichere Plätze.

Buttenheim | 110 m

Levi-Strauss-Museum

Marktstr. 31-33
96155 Buttenheim
Tel.: 09545-442602 (Museum)

Web: www.levi-strauss-museum.de

Öffnungszeiten: siehe Website

Tipp: Audioführung durch das Haus über das Leben von Levi Strauss und die Geschichte der Jeans.

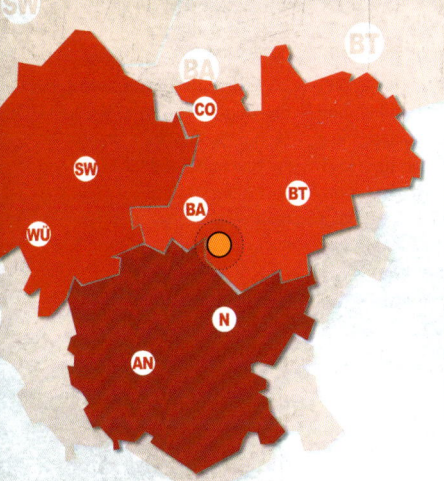

REISETIPP

Der Bahnhof liegt perfekt

Dieser Ausflug kann ohne Probleme zu Fuß oder mit dem Fahrrad vom Buttenheimer Bahnhof (Altendorf) gestartet werden.

Bei schlechtem Wetter finden sich noch zahlreiche weitere Brauereien und Gastronomien in Buttenheim und Altendorf.

Mehr siehe **www.vgn.de**

Colmberg

Burg Colmberg

www.burg-colmberg.de **Tipp: Der Burgherrenspieß**

AUF DER HOHENZOLLERNBURG

Der Weg zum Biergarten inmitten der mächtigen historischen Mauern der alten Burg Colmberg lohnt sich alleine schon für den eigens eingebrauten „Schwarzen Ritter" und die leckeren Wildspezialitäten aus der Küche von Betreiber-Familie Unbehauen. Besonders beliebt ist die Burg auch als Heiratslocation und für ihr Ritteressen, das zum Beispiel für Geburtstagsfeierlichkeiten angeboten wird. Für Festungs-Puristen empfiehlt sich allein schon der schöne Blick von den Burgmauern herunter. In der Burg fanden die Bewohner der Umgebung seit dem 8. Jahrhundert immer wieder Schutz und Zuflucht. Hier hatte auch Friedrich VI. seinen Sitz. Er erhielt 1415 zum Dank für seinen Einsatz im Türkenfeldzug die Markgrafschaft Brandenburg und wurde zu Friedrich I.

Falls Sie die Burganlage mal von unten sehen möchten, packen Sie die Badehose ein und entern das landschaftlich reizvolle Naturfreibad unterhalb der Burg. Gespeist wird der Badesee von einer Quelle im angrenzenden Wald, mehr Natur beim Baden geht eigentlich gar nicht.

BIER
Eigenes Bier: Schwarzer Ritter. Kulmbacher: EKU Pils, EKU Helles (beides vom Fass), alkoholfreies Kapuziner Weizen, Alkoholfreies. Erdinger: Leichtes Weizen. Hauff/Lichtenau: Hefeweizen (vom Fass).

KÜCHE
Fränkische Brotzeiten. Täglich große Karte mit warmen Gerichten. Spezialitäten: Burgherrenspieß, Wildspezialitäten aus eigenem Gatter, z. B. Wildschweinbraten, Hirschbraten, Wildaufbruch süß-sauer (gibt es nur dann, wenn frisch geschossen wurde).

PLÄTZE (außen/regensicher)
100/195

ANSCHRIFT
An der Burgenstraße
91598 Colmberg
Tel.: 09803-91920

ÖFFNUNGSZEITEN
Täglich ab 7.30 Uhr
Di. ab 15 Uhr (vor 15 Uhr nur auf Anfrage geöffnet), Kein Ruhetag

731, 732 Colmberg Rathaus

Ausflugs-Tipps

Colmberg | 220 m

Naturfreibad
Am Schlossberg
91598 Colmberg
Tel.: 09803-93290

Web: www.colmberg.de

Öffnungszeiten: Ganzjährig zugänglich

Tipp: Im Winter ist Schlittschuhlaufen und Eishockeyspielen auf dem See möglich.

Colmberg | 1,4 km

Barrierefreier Wanderweg
Ausgangspunkt: Wanderparkplatz Richtung Berndorf (von Burg Colmberg aus gesehen)
Länge: 3,7 km, Dauer: 1 Std.

Web: www.colmberg.de

Tipp: Ein Aufstieg zur Burg Colmberg lohnt sich für den Ausblick allemal!

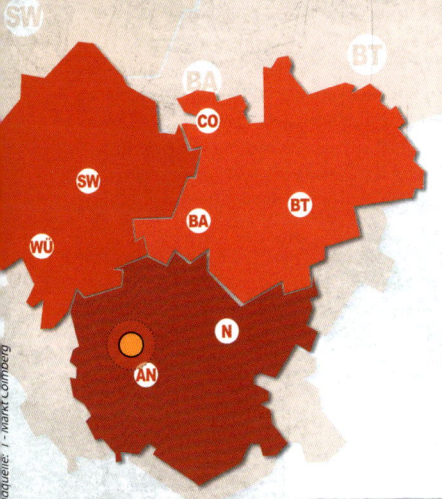

REISETIPP

Mit dem Bus oder per Fahrrad aus Ansbach

Colmberg erreichen Sie optimalerweise mit dem Bus (Linie 731) aus Ansbach.

Auch mit dem Fahrrad ist die einfache Strecke von knapp 15 Kilometern noch gut zu bewältigen.

Mehr siehe **www.vgn.de**

Deberndorf

Schloss-Gaststätte Deberndorf

www.schlossgaststaette-deberndorf.de **Tipp: Das Steigerwälder Rehgulasch (saisonal)**

BIER

Tucher/Fürth: Zirndorfer Landbier, Lederer Pils, Urfränkisch Dunkel, Tucher Weizen (alles vom Fass), Kellerbier, Zirndorfer Landweizen, leichtes Weizen, alkoholfreies Weizen.
Jever: Jever Fun.
Clausthaler: Alkoholfreies.

KÜCHE

Fränkische Brotzeiten. Täglich große Karte mit warmen Gerichten. Spezialitäten: Saisonale Gerichte, Zanderfilet in Rieslingsoße, Tafelspitz mit Meerrettichsoße, Pfeffersteak mit Kroketten, fränkischer Sauerbraten, Schäuferle, Schweinelendchen in Rahmsoße mit Gemüse und Spätzle.

PLÄTZE (außen/regensicher)

80/130

ANSCHRIFT

Freiherr-von-Diemar-Straße 3
90556 Cadolzburg
Tel.: 09103-8751
Fax: 09103-714102

ÖFFNUNGSZEITEN

Mi. ab 17.30 Uhr
Do. bis Sa. 11 bis 14.30 Uhr
und ab 17.30 Uhr
So. und Feiertage ab 11 Uhr
Montag und Dienstag Ruhetag

HEUTE OHNE SCHLOSS

Nachdem das Deberndorfer Schloss, ein Lustschlösschen aus dem Jahre 1761, schon 1870 wieder abgerissen wurde, steht die Schloss-Gaststätte nun ohne ihr Wahrzeichen da. Dafür hat sie ihren Inhaber und Küchenchef Michael Rögner, der aus seiner langen Zeit in der Kantine des Bauhofes Cadolzburg weithin für seine Kochkünste bekannt ist. In seiner Küche spiegelt sich ein gelungener Kompromiss aus modern und traditionell, fränkisch und mediterran - es schmeckt in jedem Fall vorzüglich.

Wer dann ein echtes Schloss sehen möchte, macht sich auf nach Cadolzburg und wird mehr als belohnt. Die riesige Burganlage wurde erst 2007 komplett saniert und vermittelt dem Besucher eine Zeitreise ins Mittelalter. Etwas weiter steht der Aussichtsturm von 1893, den die Einwohner nur „Bleistift" nennen. Von dort bietet sich ein fantastischer Ausblick auf die Festungsanlage.

Ausflugs-Tipps

Cadolzburg | 4,7 km

Burg Cadolzburg

Ansprechpartner: Kulturamt
Rathausplatz 1, 90556 Cadolzburg
Tel.: 09103-50958

Web: www.cadolzburg.de

Öffnungszeiten:
Mär. - Okt.: So. und Feiertags Führung „Rund um die Burg" um 14 Uhr

Tipp: Die Führungen finden wegen Umbau erst wieder ab 2017 statt.

Großhabersdorf | 4,5 km

Naturbad Großhabersdorf

Rothenburger Straße 41
90613 Großhabersdorf

Web: www.grosshabersdorf.de

Öffnungszeiten:
Mo. bis Do. von 9 bis 20 Uhr
Fr. bis So. von 9 bis 19 Uhr

Tipp: Nach eigenen Angaben größtes Freibad Mittelfrankens, das auf chemische Zusätze im Wassers verzichtet.

Bildquelle: 2 - Gemeinde Großhabersdorf

REISETIPP

**Bus oder Fahrrad
ab Cadolzburg**

Nach Cadolzburg kommen Sie mit aus Nürnberg oder Fürth mit dem Zug (R11).

Für die Strecke nach Deberndorf bietet sich dann die Buslinie 152 an. Alternativ kann die Entfernung von ca. 6 Kilometern auch mit dem Fahrrad zurückgelegt werden.

Mehr siehe **www.vgn.de**

Dietzhof

Brauerei und Gastwirtschaft Alt Dietzhof

www.brauerei-alt.de   **Tipp: Die Sülze**

BIER
Eigene Brauerei: Vollbier hell, Vollbier dunkel (beides vom Fass).

KÜCHE
Fränkische Brotzeiten.
Mi., Fr. und So. kleine Karte mit warmen Gerichten.
Spezialitäten: Schäuferla, hausgemachte Sülze, Obatzter.

PLÄTZE (außen/regensicher)
100/45

ANSCHRIFT
Dietzhof 42
91359 Leutenbach
Tel.: 09199-267

ÖFFNUNGSZEITEN
Di. bis Fr. ab 17, Sa. ab 16 Uhr
So. ab 11.30 Uhr, Montag Ruhetag

BIER WIRD BEIM ALT NICHT ALT

Über 200 Jahre wird in der Brauerei Alt bereits das Vollbier hergestellt. Besonders die dunkle Variante verdient unsere Erwähnung, hat der Gerstensaft doch eine sehr eigene, fast fruchtige Note. Allerdings sollte es immer frisch getrunken werden – die Haltbarkeit ist begrenzt. Mittlerweile haben auch die Erlanger Studenten den Biergarten entdeckt und geben sich mit den Einheimischen und den Ausflüglern aus Nürnberg die Klinke in die Hand.

Nur sieben Kilometer entfernt breitet sich auf über 40 Hektar der wunderschöne Wildpark Hundshaupten aus. Hier begegnen die Besucher den Tieren wie in freier Wildbahn, unter ihnen Elche, Uhus, Steinböcke, verschiedenste Schweinerassen und Ziegen.

223 Dietzhof Mitte

Ausflugs-Tipps

Egloffstein | 8,2 km

VGN Wanderweg: Wildpark und Trubachtal

Ausgangspunkt der Wanderung:
Haltestelle: Egloffstein Talstraße
ca. 14 km lang, Dauer: ca. 4 Std.

Web: www.vgn.de

Tipp: Besuchen Sie doch den Wildpark Hundshaupten am Ende ihrer Wanderung.

Hundshaupten | 6,5 km

Wildpark Hundshaupten

Hundshaupten 62
91349 Egloffstein
Tel.: 09197-396

Web: www.wildpark-hundshaupten.de

Öffnungszeiten:
Sommersaison (ab 25.03.2016)
Mo. bis So. von 9 bis 18 Uhr
Wintersaison (ab 06.11.2016)
Mo. bis So. von 10 bis 16 Uhr

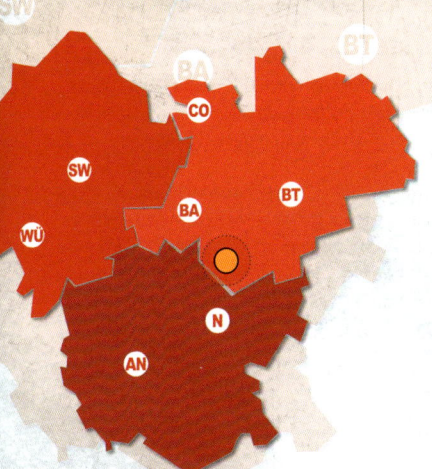

REISETIPP

Mit dem Bus aus Forchheim

Der Regionalbus 223 fährt mehrmals täglich vom ZOB in Forchheim nach Dietzhof. Die knapp 10 Kilometer können aber auch gut mit dem Fahrrad von dort angepeilt werden.

Die ähnliche Strecke liegt auch zwischen dem Bahnhof in Ebermannstadt und Dietzhof. Eine landschaftlich sehr reizvolle Route.

Mehr siehe **www.vgn.de**

Dörfleins

Diller-Keller

www.bier.by — **Tipp: Die Überraschungsplatte**

WO AUCH DER KUCHEN SCHMECKT

BIER

Hönig/Tiefenellern: Lager (vom Fass), Weizen, alkoholfreies Weizen, Alkoholfreies.

KÜCHE

Fränkische Brotzeiten. Täglich kleine Karte mit warmen Gerichten. Spezialitäten: Gerupfter, Kellerplatte, Dosenfleisch, Kaiserfleisch mit Kartoffelsalat, Salzheringe und Makrelen vom Grill (Fr.), Hamburger und Spareribs vom Grill (Sa.).

PLÄTZE (außen/regensicher)

200/60

ANSCHRIFT

Am Kreuzberg
96103 Hallstadt-Dörfleins
Tel.: 0175-5280071

ÖFFNUNGSZEITEN

Täglich ab 15 Uhr
Sa., So. und Feiertage ab 14 Uhr
Kein Ruhetag

Auf dem Diller-Keller können Sie eine der drei Ebenen zum Sitzen wählen und dazu die guten Brotzeiten mit Bier – oder Kaffee und Kuchen – genießen. Der Blick auf Hallstadt verwöhnt dabei die Augen. Für die Kleinen gibt es eine große Wiese, einen kleinen Spielplatz und natürlich den umliegenden Wald. Der sorgt übrigens dafür, dass Sie Ihr Bier immer bei angenehmen Temperaturen genießen können.

Naturfreunde dürfen gerne den Wald und die Mainauen erkunden. Eine gute Gelegenheit für einen Zwischenstopp ist dann die Waldschänke Rabenhorst, direkt am Mainufer gelegen und deshalb gern besuchtes Ziel von Bootsfahrern aller Art. Und nachdem es ja zu Wasser bekanntlich keine Promillegrenze gibt, probieren die meisten Besucher auch alle Reckendorfer Biere durch. Zu essen gibt es zum Beispiel Hähnchen und Currywurst, aber auch hausmacher Brotzeiten aus eigener Herstellung.

Ausflugs-Tipps

Hallstadt | 1,1 km

Waldschänke Rabenhorst

Weißer Graben 1
96103 Hallstadt
Tel.: 0951-75505

Öffnungszeiten:
Mi., So. und Feiertage ab 14 Uhr
Mo., Di. und Do. bis Sa. geschlossen
(für Gruppen auf Anfrage auch außerhalb dieser Zeiten geöffnet)

Tipp: Der spannende Spielplatz.

Bamberg | 4,8 km

Gärtner- und Häckermuseum

Mittelstraße 34, 96052 Bamberg
Tel.: 0951-30179455

Web: www.bamberg.info

Öffnungszeiten:
Mai bis Okt.: Mi. bis So. von 11 bis 17 Uhr

Tipp: Einziges Museum Süddeutschlands für Gemüse- und Weingärtner und deren Kultur und Geschichte.

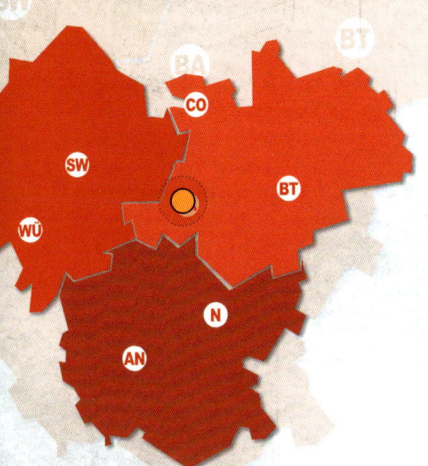

REISETIPP

Perfekt erreichbar

Dörfleins ist durch seine Nähe zu Bamberg bestens erreichbar. Aus der Innenstadt fährt der Stadtbus 904 in die Nähe des Bierkellers. Aber auch mit dem Fahrrad ist der Weg schnell zurückzulegen.

Eine Wanderung aus Bamberg ist möglich, aber durch viele befahrene Straßen unterwegs nicht besonders erholsam.

Mehr siehe **www.vgn.de**

Drosendorf

Kropfeld Keller

www.bier.by — **Tipp: Die hausgebrannten Schnäpse**

BIER

Löwenbräu/Buttenheim: Ungespundetes Lagerbier (vom Fass), Weizen.

KÜCHE

Fränkische Brotzeiten. Keine warmen Gerichte. Spezialitäten: Kellerplatte, selbst gebackenes Holzofenbrot.

PLÄTZE (außen/regensicher)

150/110

ANSCHRIFT

Feuersteinstraße 1
91330 Eggolsheim-Drosendorf
Tel.: 09545-5992

ÖFFNUNGSZEITEN

Mo. bis Fr. ab 16 Uhr
Sa., So. und Feiertage ab 14 Uhr
Kein Ruhetag
Bei schlechtem Wetter geschlossen

WENN ICH NICHT MEHR WEITER WEISS, ...

... gründ ich einen Arbeitskreis. So hat vor über 100 Jahren Georg Kropfeld, genannt „Wirtsgörg", gedacht, als man im Dorf unbedingt auch im Sommer ein frisches kühles Bier trinken wollte. So wurde kurzerhand ein Steilhang zum Kellerberg umfunktioniert und fortan der Drosendorfer „Wirtskeller" betrieben. Anfangs nur Lagerkeller, entwickelte sich bald auch hier die bekannte fränkische Kellerkultur, und Drosendorf hatte seine Attraktion. Seitdem hat sich der Keller mit seinem großen Spielplatz zu einem beliebten Familienbiergarten entwickelt.

Nur eine Ortschaft weiter hat sich Braumeister und Biersommelier Stefan Pfister seinen Biertraum erfüllt, in seiner Brauerei in Weigelshofen. Das Bier wird aus ökologisch erzeugten Bio-Rohstoffen hergestellt und schmeckt hervorragend.

Ausflugs-Tipps

Weigelshofen | 1,2 km

Brauerei Gasthof Pfister
Eggerbachstraße 22
91330 Eggolsheim-Weigelshofen
Tel.: 09545-94260
Web: www.gasthof-pfister.de
Öffnungszeiten:
Täglich ab 11 Uhr, Mi. ab 17 Uhr
Dienstag Ruhetag
Tipp: Das Bio-Bier.

Eggolsheim | 5,1 km

Radtour rund um Eggolsheim
Ausgangspunkt: Rathaus Eggolsheim,
Hauptstraße 27
ca. 21,5 km lang, Dauer: 3 Std.
Web: www.eggolsheim.de
Tipp: Dieser Radweg ist teilweise sehr anspruchsvoll.

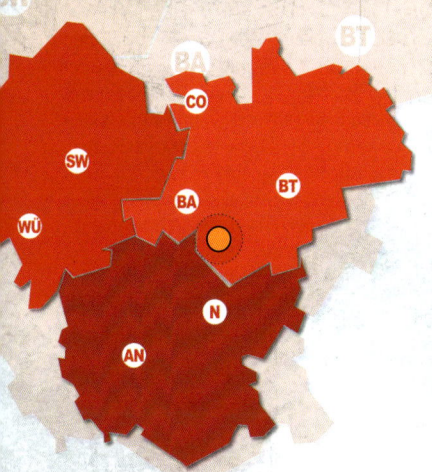

REISETIPP

Mit dem Bus vom Eggolsheimer Bahnhof

Drosendorf ist aus Eggolsheim mit der Buslinie 220 gut zu erreichen.

Die knapp 7 Kilometer können aber auch mit dem Fahrrad bestens überwunden werden. Wer es noch etwas umfangreicher mag, sollte sich den Radweg „Rund um Eggolsheim" auf der Website www.eggolsheim.de ansehen.

Mehr siehe **www.vgn.de**

Ebensfeld

Engelhardt's Keller

www.engelhardts-keller.de **Tipp: Ein Seidla Kellerliebe**

BIER

Eigene Brauerei: Kellerliebe (vom Fass), Adam Riese.
Kulmbacher: Kapuziner Weizen (vom Fass), Kapuziner alkoholfreies Weizen, Alkoholfreies.

KÜCHE

Fränkische Brotzeiten. Täglich kleine Karte mit warmen Gerichten. Spezialitäten: Kellerplatte, Steaks, Pfannenschnitzel, Pizza aus dem Steinbackofen und gegrillte Makrelen (So., bei schönem Wetter).

PLÄTZE (außen/regensicher)

250/80

ANSCHRIFT

Kellerstraße 52
96250 Ebensfeld
Tel.: 09573-1543

ÖFFNUNGSZEITEN

Täglich ab 16 Uhr
So. und Feiertage ab 10 Uhr
Bei schlechtem Wetter Di. Ruhetag

BIER MIT LIEBE

Hier ist man gerade bei den Biernamen sehr kreativ: Die „Kellerliebe", ein eher liebliches Bier – vielleicht mal eine Versuchung für die normalerweise bierabgeneigten Damen unter der Leserschaft – und das dunkle „Adam Riese" laden zum genüsslichen Schlucken ein. Für die Gemütlichkeit veranstaltet man in unregelmäßigen Abständen zünftige Abende mit der Kellerkapelle. Wer alles auf einmal haben will, sollte zum jährlichen Kellerfest kommen, dann steppt hier wirklich der Bär. Wer es eher geruhsam angehen will, dem sei der Aufstieg auf den Veitsberg empfohlen. Der ist zwar nur knappe 500 Meter hoch, kann aber mit einer schönen Wallfahrtskirche und einem Ausblick von der Rhön bis ins Thüringer Land aufwarten. Von hier aus bieten sich weitere Wanderungen bis in den Gottesgarten hinein an. Auch der Abstecher zum Naturbad, bei dem Sie Dank des Zeltplatzes auch urig und bei Lagerfeuer übernachten können, ist zu empfehlen.

Ausflugs-Tipps

Ebensfeld | 1,9 km

Naturbad mit Zeltplatz

Badweg
96250 Ebensfeld
Tel.: 09573-960814

Web: www.ebensfeld.de

Öffnungszeiten:
ab Mai: Mo. bis Fr. von 10 bis 18 Uhr
Sa., So. und Feiertags von 9 bis 18 Uhr

Tipp: Der angegliederte Zeltplatz lädt Outdoorfans zu einer Nacht im Freien ein.

Ebensfeld | 1,4 km

Ebensfeld: Wanderweg 8

Ausgangspunkt: Ebensfeld
ca. 16 km lang, Dauer: 4 Std.

Web: www.ebensfeld.de

Tipp: Sehenswert auf der Strecke ist die Sankt-Veit-Kapelle, die einen schönen Blick über die umliegende Landschaft bietet.

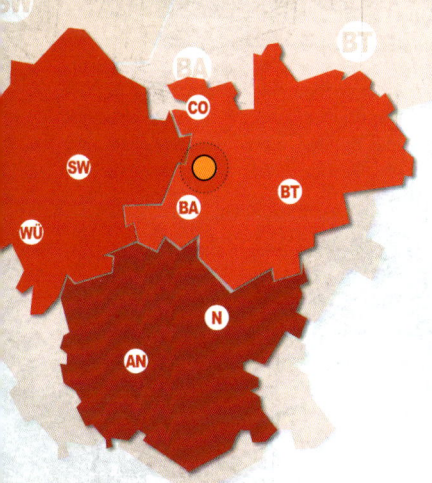

REISETIPP

Alles zu Fuß erreichbar

Der Bierkeller ist nur knapp 1,5 Kilometer vom Ebensfelder Bahnhof entfernt und auch die Strecke zum Ebensfelder Naturbad ist nicht viel länger.

Hier kann also je nach vorhandener Zeit zu Fuß oder mit dem Fahrrad erkundet werden.

Mehr siehe **www.vgn.de**

Ebermannstadt

Wiesent-Garten

www.wiesent-garten.de **Tipp: Die Grillspezialitäten**

GENUSS & GEMÜTLICHKEIT

BIER

Krug/Breitenlesau: Helles Kellerbier, Lager (beides vom Fass), Hefeweizen.

KÜCHE

Fränkische Brotzeiten. Täglich ein warmes Gericht. Spezialitäten: Verschiedene Grillspezialitäten, Wiesent-Teller, Makrelen und Forellen vom Grill (Fr.).

PLÄTZE (außen/regensicher)

250/50

ANSCHRIFT

Am Kirchenwehr 10
91320 Ebermannstadt
Tel.: 0170-3529133

ÖFFNUNGSZEITEN

Täglich ab 15 Uhr
So. und Feiertage ab 14 Uhr
Kein Ruhetag
(bei schlechtem Wetter geschlossen)

So könnte man die Eigenschaften des Wiesent-Gartens zusammenfassen, der im Sommer 2009 das Licht der Welt erblickte. Zum idyllischen Ambiente direkt an dem Frankenflüsschen gehört auch die Speisekarte mit klassischen Grillgerichten vom Rippchen bis zum Steak und Brotzeiten von der Metzgerei Sponsel aus Wohlmuthshüll. Sie wird einmal pro Woche um Fisch ergänzt. Ein anderer Tipp ist der Schwanenbräu-Keller. Bei Wilhelm Dotterweich werden die Ankömmlinge mit hausmacher Brotzeiten und Getränken aus eigener Herstellung verwöhnt – sowohl mit dunklem Lagerbier und hellem und dunklem Weizen vom Fass, als auch selbst gebrannten Schnäpsen.

Auf jeden Fall sollte eine Fahrt mit der Dampfbahn Fränkische Schweiz auf Ihrem Plan beim Besuch an der Wiesent stehen. Wie vor 100 Jahren verkehren hier im Sommer urige Dampfloks auf der 1976 stillgelegten Strecke zwischen Ebermannstadt und Behringersmühle. Der genaue Fahrplan steht im Internet und sollte vorher konsultiert werden, schließlich sind die alten Dampfrösser keine D-Züge.

Ausflugs-Tipps

Ebermannstadt | 400 m

Schwanenbräu-Keller

Mühlenstraße 1
91320 Ebermannstadt
Tel.: 09194-209

Web: www.schwanenbraeu.de

Öffnungszeiten:
Täglich ab 17 Uhr
Sa., So. und Feiertage ab 15 Uhr

Tipp: Die hausgebrannten Schnäpse sind unter Kennern sehr beliebt.

Ebermannstadt | 750 m

Dampfbahn Fränk. Schweiz

Bahnhofsplatz 1
91316 Ebermannstadt
Tel.: 09194-794541

Web: www.dfs.ebermannstadt.de

Öffnungszeiten:
So. und Feiertage um 10, 14 und 16 Uhr

Tipp: Für einen sicheren Platz in der Bahn sollte man mindestens 30 Minuten vor Abfahrt am Bahnhof sein.

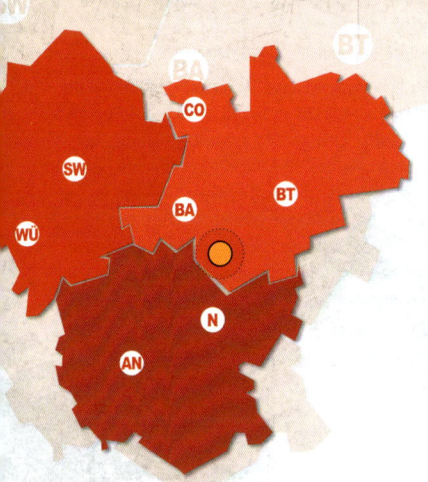

REISETIPP

**VGN Freizeitlinie 389
Wiesenttal-Express**

Im Wiesenttal offenbart sich die Fränkische Schweiz in ihrer ganzen Vielfalt.

Der Wiesenttal-Express 389 verkehrt vom 1.5.-1.11. an Samstagen sowie Sonn- und Feiertagen. An Werktagen und in der Wintersaison gilt ein reduziertes Fahrtenangebot.

Mehr siehe **www.vgn.de**

Enzenreuth

Brauerei Enzensteiner

www.enzensteiner.de — Tipp: Das Kesselfleisch

EIN TRAUM-BIERGARTEN

Ein Ausflug zum Hof der Familie Kreß lohnt sich nicht nur wegen der Biere, sondern auch wegen der traumhaften Atmosphäre im Biergarten. Die genießen die Stammgäste vor allem freitags, wenn es Rippchen aus dem Holzbackofen gibt (bitte vorbestellen!), und sonntags bei traditionell fränkischem Mittagstisch. Zwischendurch finden auch immer wieder Live-Konzerte statt. Sie sehen: Hier ist immer etwas los, gutes Wetter vorausgesetzt!

Gebraut wird nach Bio-Richtlinien, gerne auch gemeinsam im Brauseminar, das entweder mit dem bestandenen Bierkennerdiplom oder sogar einem eigenen, selbst gebrauten Sud enden kann. Frisch gestärkt machen Sie sich anschließend auf zur Ersteigung der Festungsruine Rothenberg. Die riesige Anlage wurde einst von den Bayern gebaut, um ihren Besitz Schnaittach vor den Nürnbergern zu schützen. Französische Festungsbauspezialisten erschufen in 21 Baujahren Mitte des 18. Jahrhunderts gigantische Wehrgänge und ein ausgeklügeltes System von sich gegenseitig schützenden Festungsteilen. Nur 100 Jahre später verkaufte das Kriegsministerium die Anlage, und sie diente unter anderem als Steinbruch für den Nürnberger Hauptbahnhof.

BIER
Eigene Brauerei: Landbier, Weißbier, Dunkles, Vetus Millena (saisonal), Bockbier (saisonal), Märzen (saisonal), Festbier (saisonal) (alles vom Fass), Imperialgerstenbier.

KÜCHE
Fränkische Brotzeiten. Täglich kleine Karte mit warmen Gerichten. Spezialitäten: Schlachtschüssel, Blut- und Leberwürste (Fr., ab 11 Uhr), Rippchen aus dem Holzbackofen (Fr., auf Vorbestellung), Schaschlik (Sa.), frische Spargel- und Pilzgerichte (saisonal).

PLÄTZE (außen/regensicher)
300/140

ANSCHRIFT
Enzenreuth 8
91220 Schnaittach
Tel.: 09153-924733
Fax: 09153-924734

ÖFFNUNGSZEITEN
Fr. bis So. und Feiertage ab 11 Uhr
Mo. bis Do. geschlossen
(für Gruppen ab 10 Personen nach Anmeldung auch außerhalb dieser Zeiten geöffnet)

Ausflugs-Tipps

Schnaittach | 1,3 km

Festung Rothenberg

91218 Schnaittach, ab dem Parkplatz
max. 10 min Fußweg zur Festung
Tel.: 09153-8078

Web: www.veste.de

Öffnungszeiten: siehe Website

Tipp: Auf der Festung kann man auch Kindergeburtstage feiern, bei denen die Eltern schon mal in die „Todeskammer" eingesperrt werden.

Kirchensittenbach | 5,7 km

Burg Hohenstein

Hohenstein
91241 Kirchensittenbach
Tel.: 09152-423

Web: www.burg-hohenstein.com

Öffnungszeiten: siehe Website

Tipp: Zur Besichtigung der Burg gibt es den Schlüssel in der Burgkrämerei Igel am Parkplatz (Montag bis Samstag).

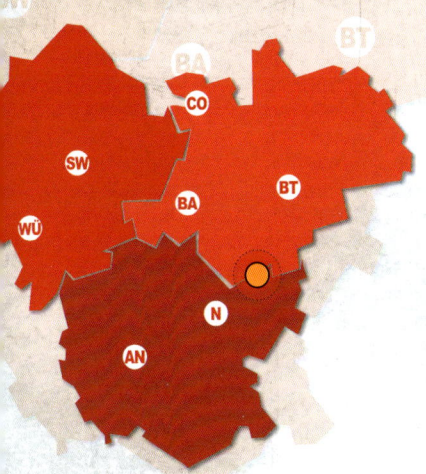

REISETIPP

Mit dem Bus aus Neunkirchen

Enzenreuth ist nur etwa 15 Minuten Busfahrt mit der Linie 342 vom Bahnhof Neunkirchen am Sand entfernt.

Natürlich kann die Strecke auch gut mit dem Fahrrad zurückgelegt werden.

Mehr siehe **www.vgn.de**

Erlangen

Gasthaus Biergarten „Am Röthelheim"

www.biergarten-am-roethelheim.de **Tipp: Die Currywurst**

DER WERKS-BIERGARTEN

BIER
Kitzmann/Erlangen: Zwickel, Weizen, Helles, Pils, Jubiläumsbier (saisonal), Kerwabier (saisonal) (alles vom Fass), Kitzmann Light, alkoholfreies Weißbier, alkoholfreies Pils.

KÜCHE
Fränkische Brotzeiten. Täglich große Karte mit warmen Gerichten. Spezialitäten: Frische Salate, Schweinelendchen, vegetarische Gerichte, fränkische Braten.

PLÄTZE (außen/regensicher)
250/110

ANSCHRIFT
Am Röthelheim 40
91052 Erlangen
Tel.: 09131-302060
Fax: 09131-6876710

ÖFFNUNGSZEITEN
Täglich ab 11 Uhr
Kein Ruhetag

Für die Siemensianer stellt der Biergarten am Röthelheim seit mehr als zehn Jahren eine willkommene Alternative zur Werkskantine dar (die Renner: Currywurst und blaue Zipfel), mittlerweile ist er sogar der sommerliche After-Work- oder Warm-Up-Biergarten für die abendliche Unternehmung. Doch auch für Familien und Senioren ist er eine beliebte Anlaufstelle. Letztere holen sich das Essen gerne für zu Hause und bekommen einen Gratis-Wartekaffee.

Etwa zehn Gehminuten entfernt liegt der Erlanger Schlossgarten, der seit 1828 den Botanischen Garten der Universität beherbergt. Auf einer Fläche von zwei Hektar – mit vielen Gewächshäusern – kultivieren die Pflanzenforscher in Zusammenarbeit mit vielen Hundert anderen Botanischen Gärten aus der ganzen Welt über 4.000 verschiedene Pflanzenarten. Auch eine künstliche Tropfsteinhöhle kann besichtigt werden, die Neischl-Grotte. Sie ist benannt nach dem berühmten fränkischen Höhlenforscher Adalbert Neischl, der sie vor etwas über 100 Jahren stiftete.

Ausflugs-Tipps

Erlangen | 1,9 km

Botanischer Garten

Loschgestr. 1 - 3
91054 Erlangen

Web:
www.botanischer-garten.uni-erlangen.de

Öffnungszeiten: siehe Website

Tipp: Für Pflanzenfreunde empfiehlt sich vor dem Besuch ein Blick auf die informative Website.

Erlangen | 4,2 km

Walderlebniszentrum Tennenlohe

Weinstraße 100
91058 Erlangen
Tel.: 09131-604640

Web: www.alf-fu.bayern.de

Öffnungszeiten: siehe Website

Tipp: Der Besuch der Wildpferde mit Führung, Anfrage unter Tel.: 09131-6146345.

REISETIPP

Bahnhof im Zentrum

Der Bahnhof von Erlangen liegt mitten im Stadtzentrum. Von hier kann der Ausflug je nach Wunsch zu Fuß oder mit dem Fahrrad begonnen werden.

Ein dichtes Liniennetz ermöglicht auch Fahrten mit dem Bus. Die Linie 286 bringt Sie ganz nahe an den Biergarten.

Mehr siehe **www.vgn.de**

Erlangen

Hausbrauerei Steinbach-Bräu

www.steinbach-braeu.deTipp: Das Bierkutschersteak

BESUCH AUF DEM DACH

Schon von weitem erkennt man das Anwesen der Gasthaus-Brauerei Steinbach-Bräu mit ihrem traumhaften Biergarten. Zumindest, wenn die jährlichen Gäste auf dem Dach eingetroffen sind. Dann nämlich nisten Störche in Erlangen, und zur Feier der Ankunft schenkt der Braumeister sein Storchenbier aus. Im Gastraum lassen sich Meister Adebar und Frau dann über eine Live-Kamera beim Schnäbeln zuschauen, der Gast hat dann meist einen fränkischen Braten, Bratwürste oder eine Brotzeit auf dem Teller. Logisch, dass es auch „bierige" Gerichte gibt, am besten hat uns das Bierkutschersteak geschmeckt.

Für zwölf Tage im Jahr erfüllt die Steinbach-Bräu eine zusätzliche Funktion – als Einstimmung oder Ausklang vor oder nach dem Besuch der Erlanger Bergkirchweih. Der Erlanger Burgberg beherbergt nämlich eine Vielzahl von Lagerkellern, die die ehemals mehr als 30 Brauereien der Stadt zur Bierherstellung nutzten. Erlangen war die erste bayerische Stadt überhaupt, die Bier in größeren Mengen exportierte, eben weil der Burgberg einzigartige Möglichkeiten für die Bierbrauer bot. Seit 1755 findet auf dem Berg die Bergkirchweih statt, Erlangens fünfte Jahreszeit mit heute über einer Million Besuchern und „Ferien" bei Universität und Siemens.

BIER

Eigene Brauerei: Storchenbier, ein wechselndes Bier (beides vom Fass).

KÜCHE

Fränkische Brotzeiten. Täglich mittelgroße Karte mit warmen Gerichten Spezialitäten: Fränkische Bratwürste mit Kraut, selbst gemachter Obatzter.

PLÄTZE (außen/regensicher)

200/150

ANSCHRIFT

Vierzigmannstraße 4
91054 Erlangen
Tel.: 09131-895915
Fax: 09131-895922

ÖFFNUNGSZEITEN

Täglich ab 17 Uhr, Kein Ruhetag

Ausflugs-Tipps

Erlangen | 800 m

Bergkerwa

An den Kellern 5
91054 Erlangen
Web: www.berch.info
Öffnungszeiten: Jährlich Pfingsten

Tipp: Vor allem am Nachmittag ist das Fest auch spaßig mit der ganzen Familie. Abends wird es doch sehr voll.

Erlangen | 180 m

Stadtmuseum Erlangen

Martin-Luther-Platz 9
91054 Erlangen
Tel.: 09131-862300
Web: www.erlangen.de
Öffnungszeiten: siehe Website

Tipp: Für einen Kindergeburtstag bietet die Museumspädagogik eine spielerische Führung, um Kunst und Geschichte auch den Kleinsten näher zu bringen.

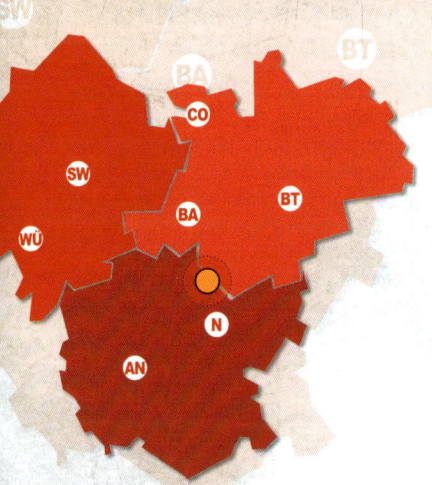

REISETIPP

Bahnhof im Zentrum

Der Bahnhof von Erlangen liegt mitten im Stadtzentrum. Von hier kann der Ausflug je nach Wunsch zu Fuß oder mit dem Fahrrad begonnen werden.

Ein dichtes Liniennetz ermöglicht auch Fahrten mit dem Bus. Die Linie 289 bringt Sie ganz nahe an den Biergarten.

Mehr siehe **www.vgn.de**

Feuchtwangen

Land-Gast-Hof „Walkmühle"

www.walkmühle.de — Tipp: Das Walkmühlschnitzel

BIER
Fischer/Wieseth: Naturtrübes Pils, Export (beides vom Fass).
Gutmann/Titting: Hefeweizen, dunkles Hefeweizen, leichtes Hefeweizen, alkoholfreies Hefeweizen.

KÜCHE
Fränkische Brotzeiten.
Täglich mittelgroße Karte mit warmen Gerichten.
Spezialitäten: Gepökeltes und geräuchertes Schäuferle, panierte und ausgebackene Karpfenfiletstücke, Walkmühlschnitzel.

PLÄTZE (außen/regensicher)
100/80

ANSCHRIFT
Walkmühle 1
91555 Feuchtwangen
Tel.: 09852-679990
Fax: 09852-6799967

ÖFFNUNGSZEITEN
Anfang Mai bis Ende Sep.
Täglich ab 11 Uhr, Kein Ruhetag
Anfang Okt. bis Ende Apr.
Täglich ab 16 Uhr, So. 11 bis 14 Uhr
Feiertage ab 11 Uhr, Kein Ruhetag

SCHÖN - SCHÖNER - WALKMÜHLE

Schon wenn man hinunter zur Walkmühle fährt, zieht einen das Ensemble in seinen Bann, wunderschön gelegen und liebevoll ausgebaut. Thomas Hüner hat rund um die Mühle einen kleinen Entertainment-Park geschaffen, mit Minigolf, Boule, Stockschießen, Wetterstation, Grill und vielen Wagen- und Mühlenrädern. Am besten hat uns die drehbare Speisekarte im Wagenrad gefallen – und die Hauszeitung namens „Bledla".

Sie sollten unbedingt im Fränkischen Museum Feuchtwangen vorbeischauen. Es lädt Sie ein auf einen kunterbunten Streifzug durch die fränkische Geschichte. Spezielle Sammlungen widmen sich zum Beispiel Liebesbriefen oder Steingut-Plagiaten, aber auch der eigene Museumsgarten und die funktionierende Hammerschmiede haben uns begeistert.

Ausflugs-Tipps

Feuchtwangen | 3 km

Walderlebnispfad

Ausgangspunkt: Parkplatz der Hochmeisterturnhalle
2,5 km lang; Dauer: 30 Min.
Web: www.feuchtwangen.de

Tipp: Zur Abkühlung lohnt sich ein Besuch im Frei- und Hallenbad der Stadt.

Feuchtwangen | 1,9 km

Fränkisches Museum

Museumsstr. 19
91555 Feuchtwangen
Tel. 09852-2575 o. 09852-615224
Web: www.fraenkisches-museum.de
Öffnungszeiten: siehe Website

Tipp: Interessant ist auch das nahegelegene Sängermuseum.

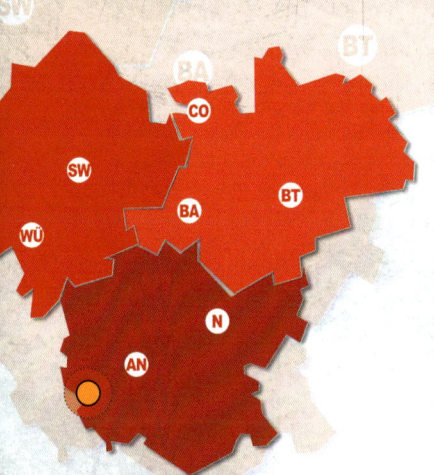

REISETIPP

Bus aus Ansbach

Die Regionallinie 805 bringt Sie aus Ansbach direkt zum Biergarten oder nach Feuchtwangen.

Wenn Sie möchten, können Sie hier auch noch weiter fahren bis nach Dinkelsbühl, das immer einen Ausflug wert ist.

Mehr siehe **www.vgn.de**

Forchheim

Schweizer Keller mit Hubertusstube

www.schweizer-keller.de — **Tipp: Die Edelbrände aus eigener Herstellung**

BIER
St. GeorgenBräu/Buttenheim: Kellerbier, Pils, Helles, Weißbier, Landbier (alles vom Fass), alkoholfreies Weizen, Alkoholfreies.

KÜCHE
Fränkische Brotzeiten. Täglich mittelgroße Karte mit warmen Gerichten. Spezialitäten: Fisch vom Grill (auch verschiedene Seefische - Fr., bei schönem Wetter), ofenfrische Braten (So.), saisonale Gerichte, Kellerplatte.

PLÄTZE (außen/regensicher)
600/160

ANSCHRIFT
Am Schwedengraben 7
91301 Forchheim-Reuth
Tel.: 09191-621821

ÖFFNUNGSZEITEN
Anfang Apr. bis Ende Sep.:
Mo. bis Fr. ab 15.30 Uhr
Sa., So. und Feiertage ab 11.30 Uhr
Kein Ruhetag
Anfang Okt. bis Ende Mär.:
Di. bis Fr. ab 16.30 Uhr
Sa., So. und Feiertage ab 11.30 Uhr
Montag Ruhetag

ECHTE HANDARBEIT: DER SCHWEIZER KELLER

Die Gewölbe dieses Kellers sind für die Inhaber etwas ganz Besonderes: Ihre Vorfahren haben sie um 1900 selbst aus der Wand gehauen. Unter Kennern gilt der Schweizer Keller als einer der schönsten überhaupt, wohl einer der Gründe, warum er sich trotz der Lage eher abseits vom Kellerberg so gut halten kann.

Forchheims neueste Attraktion und unser Freizeittipp liegt mitten in der Stadt: Das Königsbad. 2010 erbaut, lässt es keine Wünsche offen: Sieben verschiedene Becken, drei Erlebnisrutschen, Wasserspielplatz, Saunalandschaft und eine echte Feinschmecker-Gastronomie – das Steakhouse Konrads. Einem echten Wohlfühltag steht also nichts entgegen.

Ausflugs-Tipps

Forchheim | 5,5 km

Königsbad Forchheim

Käsröthe 4
91301 Forchheim
Tel. 09191-3415660
Web: www.koenigsbad-forchheim.de
Öffnungszeiten: siehe Website

Tipp: Mit 20.000 m² besitzt das Königsbad auch eine der größten Freianlagen der Region.

Forchheim | 4,4 km (zum Start)

Bierkeller-Radrunde

Ausgangspunkt: Bahnhof Forchheim
ca. 31 km lang, Dauer: 2 Std.
Web: www.fraenkische-schweiz.by

Tipp: Die Promille-Grenze gilt auch für Radfahrer!

REISETIPP

Mit Bus oder Fahrrad

Vom Forchheimer Bahnhof sind es immerhin knapp 5 Kilometer bis zum Schweizer Keller. Wenn danach noch der Kellerberg oder das Königsbad lockt, sollte schon ein Fahrrad dabei sein.

Alternativ fahren auch die Buslinien 223 und 262 in die Nähe des Biergartens.

Mehr siehe **www.vgn.de**

Frensdorf

Museumsgasthof Schmaus

www.bier.by **Tipp: Die selbst gebackenen Kuchen & Torten**

BIER

Zehendner/Mönchsambach: Lager (vom Fass), Hefeweizen. Mahrs/Bamberg: U, Helles (beides vom Fass). Zusätzlich monatlich ein wechselndes Fassbier aus der Region.
Keesmann/Bamberg: Herrenpils. Maisel/Bayreuth: Alkoholfreies Weißbier, Kritzenthaler Alkoholfreies.

KÜCHE

Fränkische Brotzeiten. Täglich große Karte mit warmen Gerichten. So. und Feiertage Mittagstisch. Spezialitäten: Fränkische und wechselnde saisonale Gerichte, wechselnde Braten mit Klößen (So. und Feiertage), selbst gebackene Kuchen und Torten.

PLÄTZE (außen/regensicher)

120/60

ANSCHRIFT

Hauptstraße 3
96158 Frensdorf
Tel.: 0160-93825430

ÖFFNUNGSZEITEN

Täglich ab 16 Uhr
So. und Feiertage ab 11.30 Uhr
Montag Ruhetag

FRISCHER WIND

Die Wandlung vom kleinen Ortsmuseum zum Bauernmuseum Bamberger Land verhalf dem Gehöft in Frensdorf schon zu allerlei Popularität. Mit viel Engagement und professioneller Einstellung konnte hier ein echtes Vorzeigemuseum entstehen, das sich auch in gastronomischer Hinsicht nicht verstecken muss. Seit April 2016 ist der Museumsgasthof Schmaus neu verpachtet. Der gebürtige Frensdorfer Klaus Erhardt und sein Küchenteam legen viel Wert auf Regionalität, Spitzenprodukte und vor allem eigene Handarbeit. Alle Gerichte werden ohne Zusatzstoffe und Geschmacksverstärker und immer frisch zubereitet.

Zusätzlich zur fränkischen Standardspeisekarte gibt es monatlich wechselnd eine saisonale Zusatzkarte. Das Bauernmuseum, das vor allem eine imposante Trachtensammlung und einen liebevoll gepflegten Garten vorweisen kann, bietet auch ein umfangreiches Kinderprogramm an. Quasi nebenan lockt auch der Naturbadesee. Hier können Sie mit den Karpfen um die Wette schwimmen.

978, 983 Frensdorf Schule **Bus**

Ausflugs-Tipps

Frensdorf | 100 m

Bauernmuseum

Hauptstr. 3-5
96158 Frensdorf
Tel.: 09502-8308
Web: www.bauernmuseum-frensdorf.de
Öffnungszeiten: siehe Website

Tipp: Genießen Sie doch den Duft des Museumsgartens.

Frensdorf | 650 m

Naturbadesee

96158 Frensdorf
Web: www.naturbadesee-frensdorf.de
Öffnungszeiten: Frei zugänglich

Tipp: Dieser Spaß ist nur bei gutem Wetter zu empfehlen!

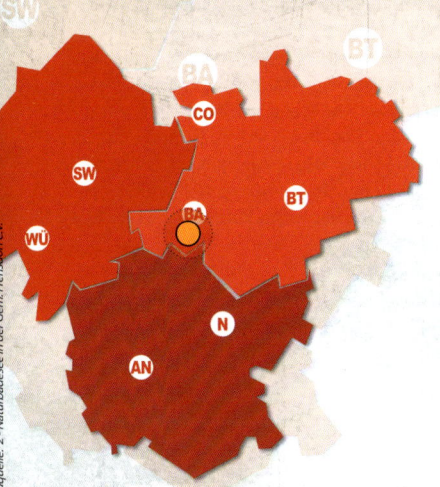

REISETIPP

**VGN Freizeitlinie 990
Der Steigerwald-Express**

Die Freizeitlinie 990 besteht aus zwei Linienästen, die von den Bahnhöfen Hirschaid und Bamberg an der R2/S1 bzw. S1 in den Steigerwald fahren, eine im Tal der Reichen Ebrach, eine im Tal der Rauhen bzw. Mittleren Ebrach. In Frensdorf treffen beide Linien zeitgleich aufeinander und ermöglichen somit einen problemlosen Umstieg. Fahrrad-Mitnahme möglich!

Mehr siehe **www.vgn.de**

Fuchsau

Fuchsau - das Gasthaus

www.bier.by — **Tipp: Die Krautwickel mit Röstkartoffeln**

BIER

Bürgerbräu/Hersbruck: Hefeweizen,
Pils, Kellerbier (im Sommer), Dampfsudbier (im Winter), Lager (alles vom Fass), leichtes Weizen, dunkles Weizen.

KÜCHE

Fränkische Brotzeiten.
Täglich mittelgroße Karte mit warmen Gerichten.
Spezialitäten: Krautwickel mit Röstkartoffeln, Sauerbraten, Karpfen (saisonal), Matjesfilet nach Hausfrauenart.

PLÄTZE (außen/regensicher)

120/110

ANSCHRIFT

Fuchsau 1
91217 Hersbruck
Tel.: 09151-6130
Fax: 09151-905422

ÖFFNUNGSZEITEN

Mi. bis Fr. ab 17 Uhr
Sa., So. und Feiertage ab 11 Uhr
Montag und Dienstag Ruhetag

SYMPATHISCHE FAMILIEN-IDYLLE

Von einem Bach durchlaufen und von Hopfen umgeben liegt die Fuchsau am Ende einer kleinen Zubringerstraße ins Nirgendwo. Wegen dieser Lage können sich gerade die Kleinen hier nach Lust und Laune austoben, genügend Spielmaterial ist vorhanden: Seilbahn, Schaukel, Sandkasten & Co. Die Erwachsenen können sich derweil mit ausreichendem Abstand dem gemütlichen Biergartenleben hingeben und sich von der feinen Küche von Sybille und Georg Rauh verwöhnen lassen.

Etwas nördlich liegt idyllisch an der Pegnitz die ehemalige Wasserburg Schloss Reichenschwand. Über 700 Jahre hat das Gemäuer auf dem Buckel, allerdings haben die jeweiligen Besitzer immer wieder um- und neu gebaut. Die vier imposanten Wassertürme aus dem 13. Jahrhundert stellen die ältesten Überreste dar.

Ausflugs-Tipps

Reichenschwand | 3,7 km

Generationengarten

Nürnberger Straße 20
91244 Reichenschwand
Tel.: 09151-86920

Web: www.reichenschwand.de

Öffnungszeiten: Frei zugänglich

Tipp: Packen Sie auch Oma und Opa mit ins Auto, hier gibt es für alle Besucher etwas zu erleben!

Reichenschwand | 3,7 km

Schloss Reichenschwand

Schlossweg 8
91244 Reichenschwand
Tel.: 09151-86938001

Web: www.reichenschwand.de

Öffnungszeiten: Park frei zugänglich

Tipp: Die Wanderung durch das Grün des Schlossparks.

REISETIPP

Muskelkraft ist gefragt

Die Fuchsau liegt so schön in der Natur. Da dürfen die knapp 3 Kilometer vom Hersbrucker Bahnhof auch gerne per Fahrrad oder zu Fuß zurückgelegt werden.

Wer etwas abkürzen will, nimmt den Bus Linie 361 und fährt bis zur Haltestelle Altensittenbach Eichenstraße. Von dort ist es nur noch ein knapper Kilometer.

Mehr siehe **www.vgn.de**

Bildquellen: 1 - Gemeinde Reichenschwand, 2 - VGN

Fuchsmühle

Landgasthof-Pension-Ferienwohnungen **Fuchsmühle**

www.fuchsmühle.de **Tipp: Die verschiedenen Karpfenfilets (saisonal)**

BIER
Hauff/Lichtenau: Pils, Helles, Schwarzbier (alles vom Fass). Gutmann/Titting: Helles Hefeweizen, dunkles Hefeweizen, leichtes Hefeweizen, alkoholfreies Hefeweizen.

KÜCHE
Hausmacher Brotzeiten. Täglich mittelgroße Karte mit warmen Gerichten. Spezialitäten: Krustenbraten, fränkisches Schäuferle, grobe fränkische Bratwürste, saisonale Gerichte (Spargel, Pfifferlinge, Karpfen), Wildgerichte aus eigenem Gehege, Schlachtschüssel (1 x im Monat).

PLÄTZE (außen/regensicher)
100/110

ANSCHRIFT
Fuchsmühle 1
91161 Hilpoltstein
Tel.: 09174-9385
Fax: 09174-491888

ÖFFNUNGSZEITEN
Täglich ab 11 Uhr
Apr. bis Okt.: Mo. Ruhetag
Nov. bis Mär.: Mo. und Di. Ruhetag
(an Feiertagen geöffnet)

SOMMERNACHTSTRAUM

Am Ende einer kleinen Straße, mitten im Wald, mit Wildgehege und Karpfenteich - liegt die Fuchsmühle. 1742 erbaute Abraham Wurm das Anwesen mit Getreide- und Sägemühle und einer kleinen Kapelle. Später wurde ein Ausflugslokal mit Badeweiher daraus. Seit 1. Juni 2011 führt Familie Schönfelder die Fuchsmühle. Wild und Karpfen stammen nach wie vor aus eigener Zucht, einmal im Monat gibt es Schlachtschüssel. Hobby-Musikanten sind hier außerdem jederzeit herzlich willkommen, einmal im Monat findet zudem ein Musikantentreffen statt.

Entdeckern empfehlen wir den Abstecher in die Burgruine Hilpoltstein, die auf einem Sandsteinfelsen über der Stadt thront. Ins Innere gelangen Sie über den mittelalterlichen Wehrgang mit einer anschließenden steilen Steintreppe in den Burghof.

611 Hofstetten (bei Hilpoltstein) Ortsmitte

Ausflugs-Tipps

Hilpoltstein | 3,8 km

Burgruine Hilpoltstein

91161 Hilpoltstein
Info-Telefon 09174-978505
Web: www.hilpoltstein.de
Öffnungszeiten: Apr. bis Okt.:
Sa., So. und Feiertagen von 10.30 bis 17 Uhr

Tipp: Nehmen Sie sich Zeit für einen Stadtrundgang und besuchen Sie das Stadtgeschichtliche Museum.

Hilpoltstein | 3,6 km

Museum Schwarzes Roß

Marktstraße 10, 91161 Hilpoltstein
Tel.: 09174 -978507
Web: www.hilpoltstein.de
Öffnungszeiten: Mai bis Okt.:
Di. bis So. und Feiertage von 13 bis 17 Uhr
Nov bis Apr.: So. und Feiertagen von
13.30 bis 16.30 Uhr o. nach Vereinbarung

Tipp: Auch Hilpoltsteins historische Hausfassaden sind sehr sehenswert.

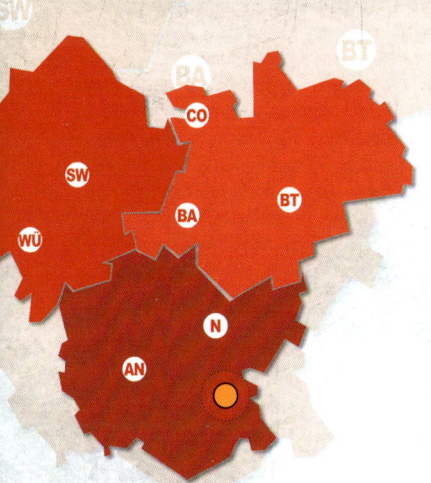

REISETIPP

Start am Bahnhof Hilpoltstein

Vom Bahnhof in Hilpoltstein ist die Fuchsmühle nur knapp 4 Kilometer entfernt.

Wer richtig plant, kann also den kompletten Ausflug zu Fuß oder entspannt mit dem Fahrrad zurücklegen. Die Ankunft in der Fuchsmühle belohnt für alle Mühen!

Mehr siehe **www.vgn.de**

Fürth

Obstgärtla - der Burgfarrnbacher Biergarten

www.obstgaertla.de Tipp: Die Biervielfalt

BIER
Biere aus über 15 fränkischen Brauereien. Viele Sorten vom Fass.

KÜCHE
Fränkische Brotzeiten. Täglich mittelgroße Karte mit warmen Gerichten. Spezialitäten: Ofenfrischer Schweinebraten, Schäuferle, Pfannenschnitzel mit hausgemachtem Kartoffelsalat, selbst gemachter Obatzter, Häckerbrotzeit, Holzfäller-Steak und fränkische Bratwürste vom Grill, saisonale Gerichte.

PLÄTZE (außen/regensicher)
950/80

ANSCHRIFT
Breiter Steig 6
90768 Fürth-Burgfarrnbach
Tel.: 0911-7568592

ÖFFNUNGSZEITEN
Täglich ab 11 Uhr
So. und Feiertage ab 10 Uhr
Mo. ab 17 Uhr, Kein Ruhetag
Bei schlechtem Wetter geschlossen

POWER-BIERGARTEN

Hier hat man wohl die größte Fassbiervielfalt in ganz Franken. Mehr als zehn verschiedene Biersorten freuen sich darauf, Ihren Durst zu stillen. Auch als Biergarten an sich ist das Obstgärtla eine echte Schau. Wie der Name schon sagt: Große Bäume überall, dazu ein schöner Spielplatz und viele Hüttchen für die unterschiedlichsten Platz-Bedürfnisse der Gäste. Übrigens kann man hier auch seine Familienfeier abhalten - zwei „Hopfenhäusle" garantieren das Vergnügen auch bei schlechtem Wetter.

Die für viele relativ unbekannte Denkmalstadt Fürth hat eine sehr spannende Museumslandschaft zu bieten. Ob als Hobby-Sherlock Holmes im Kriminalmuseum, auf den Spuren Ludwig Erhards oder des Fürther Kleeblatts im Stadtmuseum, Abwechslung und Entdeckerfreude sind garantiert. Wer dann noch Action sucht, ist in der Climbing Factory Nürnberg bestens aufgehoben.

125, 172 Burgfarrnbach Libellenweg

Ausflugs-Tipps

Nürnberg | 10 km

Climbing Factory Nürnberg

Fürther Straße 212
90429 Nürnberg
Tel.: 0911-3224596

Web: www.climbing-factory.de

Öffnungszeiten:
Mo. bis Fr. von 8 bis 22.30 Uhr
Sa., So. und Feiertage von 9 bis 21.30 Uhr

Tipp: Auch Kindergeburtstage können in der Kletterhalle veranstaltet werden.

Fürth | 6,4 km

Ludwig-Erhard Stadtmuseum

Ottostraße, 90762 Fürth
Tel.: 0911-97922290

Web: www.stadtmuseum-fuerth.de

Öffnungszeiten: siehe Website

Tipp: Jeden 1. Donnerstag im Monat hat das Museum bis 22 Uhr geöffnet. An diesen Tagen findet meist eine spannende Veranstaltung statt.

REISETIPP

Schnell erreichbar

Das Obstgärtla liegt nur knapp 800 Meter vom Burgfarnbacher Bahnhof entfernt. Der schnelle Besuch aus Nürnberg oder Fürth ist also kein Problem.

Alternativ kann auch per Bus mit den Linien 125 oder 172 angereist werden.

Mehr siehe **www.vgn.de**

Geisfeld

Griess-Keller

www.bier.by | Tipp: Der kalte Braten

FISCH VOM GRILL UND ANDERE FEINE SACHEN

Jeden Freitag ab 17 Uhr gibt es im Fischhäusla auf dem Griess-Keller Forellen, Makrelen und Heringe vom Grill. Allein schon der Duft zieht dann die zahlreichen Fans regelmäßig auf die Anhöhe. Doch auch an den anderen Tagen gilt die Lokalität alleine schon wegen ihrer traumhaften Aussicht als eine der schönsten der Region. Das Angebot wird durch ein kräftiges Kellerbier und delikate kalte Platten abgerundet.

Etwas außerhalb von Geisfeld liegt die Regnitztaler Alm. Hier regiert der Verein „Die Regnitztaler e.V.", der sich der Pflege der fränkischen Traditionen verschrieben hat. Dementsprechend gibt es zweimal im Jahr ein rauschendes Waldfest mit immer weit über 1000 Besuchern. Ansonsten kümmern sich die Vereinsmitglieder liebevoll um jeden, der einen Zwischenstopp auf der Alm einlegt. Alle Speisen sind selbst gemacht, insbesondere die Kuchen sind immer wieder eine – ausgesprochen positive – Überraschung.

BIER
Eigene Brauerei: Kellerbier (vom Fass). Wechselnde Brauereien: Alkoholfreies.

KÜCHE
Fränkische Brotzeiten. Täglich warme Kleinigkeiten. Spezialitäten: Rettich, Gerupfter, frischer Fisch vom Grill.

PLÄTZE (außen/regensicher)
200/0

ANSCHRIFT
Kellerweg 9
96129 Geisfeld
Tel.: 0160-7865972

ÖFFNUNGSZEITEN
Täglich ab 15 Uhr
Sa., So. und Feiertage ab 12 Uhr
Kein Ruhetag
Bei schlechtem Wetter geschlossen

Ausflugs-Tipps

Geisfeld | 1,6 km

Regnitztaler Alm

Geisfelder Straße
96129 Strullendorf-Geisfeld
Tel.: 0951-16994

Öffnungszeiten:
Sa. ab 14 Uhr, So. und Feiertage ab 9 Uhr
Montag bis Freitag geschlossen

Tipp: Die selbst gebackenen Kuchen.

Strullendorf | 5,2 km

Minigolfanlage Strullendorf

Hauptsmoorstraße
96129 Strullendorf
Tel.: 09543-851175

Web: www.fun-sports-germany.com

Öffnungszeiten: siehe Website

Tipp: Feiern Sie Geburtstag auf der Filzgolfanlage. Kuchen und Getränke dürfen gerne mitgebracht werden.

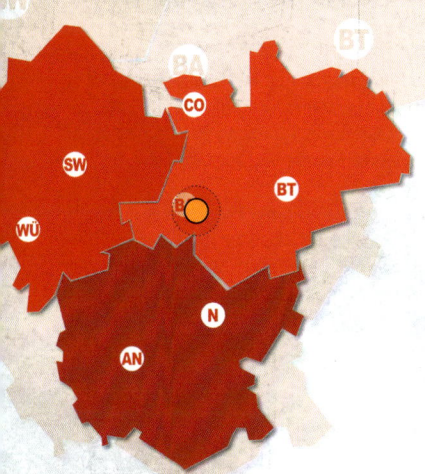

VGN REISETIPP

Herrlich mit dem Fahrrad

Vom Bamberger Bahnhof führt ein wunderbarer Radweg direkt an der Regnitztaler Alm vorbei nach Geisfeld. Auch die weitere Umgebung ist mit dem Fahrrad sehr schön zu erkunden.

Der Bus 970 nach Geisfeld fährt nicht so oft, ist aber auf jeden Fall eine Option.

Mehr siehe **www.vgn.de**

Gößweinstein

Sachsenmühle

www.bier.by — Tipp: Die Kanufahrt vor dem Bier

BIER

Ott/Oberleinleiter: Pils, Dunkles (beides vom Fass), Weizen, Export. Veldensteiner: Dunkles Landbier, Zwickl.

KÜCHE

Fränkische Brotzeiten. Keine warmen Gerichte. Spezialitäten: Wurstsalat, hausgemachter Obatzter, hausgemachter Ziebeleskäse.

PLÄTZE (außen/regensicher)

150/0

ANSCHRIFT

Sachsenmühle 1
91327 Gößweinstein
Tel.: 09242-740660
Fax: 09242-740660

ÖFFNUNGSZEITEN

Mitte Apr. bis Ende Sep.:
Täglich ab 11 Uhr, Kein Ruhetag
(geöffnet bei fast jedem Wetter)

WAS FÜR EINE LAGE

Fährt man von Westen Richtung Pottenstein oder Gößweinstein stößt man quasi automatisch auf sie - die Sachsenmühle. Aber nicht nur deswegen liegt sie perfekt. Denn hier führen auch mehrere Wanderwege vorbei und für alle Kanu-Fans bietet sich die perfekte Einstiegsgelegenheit in den Wiesent-Spaß. An der Mühle gibt es dann bei herrlichstem Fränkische-Schweiz-Panorama zur Stärkung fränkische Brotzeiten und Bier der Brauerei Ott aus Oberleinleiter.

Wasser und bizarre Felsformationen sind auch die prägenden Eindrücke bei allen Unternehmungen rund um den Sachsenmühle-Besuch. Bei schlechtem Wetter können Sie zudem ins Hallenbad Gößweinstein oder in die sehenswerten Museen und die Burg des Ortes ausweichen. Spirituell interessierten Besuchern sei noch ein Besuch in der berühmten Wallfahrtsbasilika empfohlen. Hier wurden seit 1511 Ablassbriefe für Sünden aller Art verkauft.

Ausflugs-Tipps

Gößweinstein | 2,2 km

Burg Gößweinstein

Burgstraße 30
91327 Gößweinstein
Tel.: 09242-2999891

Web: www.burg-goessweinstein.de

Öffnungszeiten: Ostern - Ende Okt.:
Täglich 10 bis 18 Uhr, keine Führungen

Tipp: Für Abenteuerlustige lohnt sich ein kleiner Ausflug auf dem Gößweinsteiner Felsenweg.

Gößweinstein | 2,8 km

Kajak-Touren auf der Wiesent

91327 Gößweinstein
Mobil: 0170-7551943
(Täglich 8.30 bis 17 Uhr)

Web: www.leinen-los.de

Öffnungszeiten:
Kajaksaison: von 01. Mai bis 30. Sep.

Tipp: Wir empfehlen unbedingt Wechselkleidung mitzunehmen!

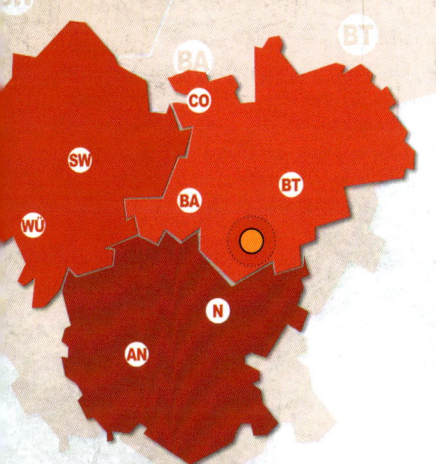

REISETIPP

**VGN Freizeitlinie 229
Trubachtal-Express**

Der Trubachtal-Express 229 bringt Sie vom Bahnhof Gräfenberg (R21) mitten in die Fränkische Schweiz. Die Linie verkehrt vom 1.5.-1.11. an Samstagen, Sonn- und Feiertagen.

Gruppen ab 6 Personen sollten Ihren Fahrtwunsch unbedingt beim zuständigen Verkehrsunternehmen anmelden!

Mehr siehe **www.vgn.de**

Großweingarten

Landgasthof Zum Schnapsbrenner

www.schnapsbrennerei.com　　　**Tipp: Die Schnäpse aller Art**

BIER
Felsenbräu/Thalmannsfeld: Pils, Bier (beides vom Fass), komplettes Flaschenbier-Sortiment. Spalter: Nr. 1 (Pils), Dunkles, Alkoholfreies.

KÜCHE
Fränkische Brotzeiten. Täglich große Karte mit warmen Gerichten. Spezialitäten: Steaks vom fränkischen Weiderind, Sauerbraten vom Weiderind, Hitzplootz.

PLÄTZE (außen/regensicher)
40/110

ANSCHRIFT
Dorfstraße 67
91174 Spalt-Großweingarten
Tel.: 09175-79780
Fax: 09175-797833

ÖFFNUNGSZEITEN
Täglich ab 17 Uhr
So. 11 bis 15 Uhr
Kein Ruhetag

WENN AUS HOPFEN SCHNAPS WIRD ...

... dann ist man beim Schnapsbrenner gelandet. Und damit im Paradies - zumindest, wenn man auf die hochprozentigen Genüsse steht. Womit wir der Küche des Hauses natürlich nicht unrecht tun wollen, die hat uns nicht minder geschmeckt. Das Highlight bleibt aber logischerweise die Schnapspalette von Familie Walther, die in einem speziellen Verkostungs- und Verkaufsraum auch ganz professionell probiert und für zu Hause eingekauft werden kann.

Ihre Ausflüge sollten in zwei verschiedene Richtungen gehen. Einmal nach Spalt ins nagelneue HopfenBierGut, wo Sie der Spalter Hopfenkultur weiter auf den Grund gehen können. Des Weiteren nach Georgensgemünd, wo das Jüdische Museum und vor allem der Jüdische Friedhof berührende Orte der Begegnung sind.

Ausflugs-Tipps

Spalt | 2,2 km

HopfenBierGut - Museum im Kornhaus

Gabrieliplatz 1, 91174 Spalt
Tel.: 09175-796550

Web: www.hopfenbiergut.de

Öffnungszeiten: Di. bis So. von 10 bis 17 Uhr

Tipp: Von 10.30 bis 11.30 Uhr findet sonntags eine Führung durch das Museum statt. Weitere Führungen sind auf Anfrage möglich.

Georgensgmünd | 6,6 km (zum Start)

Druidenweg

Ausgangspunkt:
Parkplatz am Wasserrad Georgensgmünd
ca. 14,5 km lang, Dauer: 3,5 Std.

Web: www.georgensgmuend.de

Tipp: Besichtigen Sie unbedingt den Druidenstein, auf den Sie während der Wanderung stoßen.

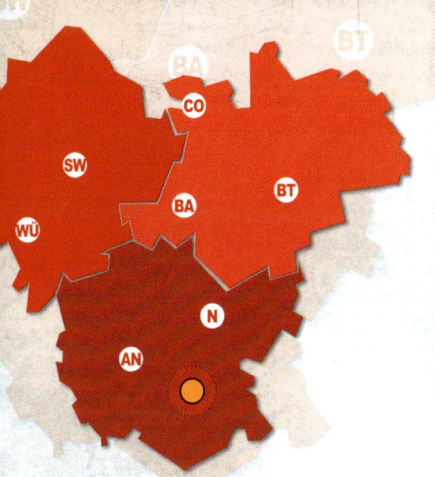

REISETIPP

VGN Freizeitlinie 605
Brombachsee-Express

Der Brombachsee-Express verkehrt das ganze Jahr von Roth (S2, R6) über Abenberg nach Spalt, vom 1.5.-1.11. an Samstagen, Sonn- und Feiertagen fährt er bis Enderndorf am Brombachsee und führt einen Fahrradanhänger mit.

Mehr siehe **www.vgn.de**

Gunzenhausen

Boothaus

www.das-boothaus.de   Tipp: Das Hochzeitsessen

BIER

Tucher/Fürth: Zirndorfer Hell, Zirndorfer Kellerbier, Tucher Urfränkisch Dunkel, Tucher Weizen Hell (alles vom Fass), Tucher Crown Pils, Sebaldus Weizen Dunkel, Weizen leicht, Weizen alkoholfrei, alkoholfreies Pils.

KÜCHE

Fränkische Brotzeiten. Täglich große Karte mit warmen Gerichten. Spezialitäten: Fränkisches Hochzeitsessen, frische Forellen (aus eigenem Bassin), ofenfrischer Schweinebraten, Schäuferle, fränkischer Brotzeitteller.

PLÄTZE (außen/regensicher)
260/260

ANSCHRIFT

Seestraße 19
91710 Gunzenhausen
Tel.: 09831-8848926
Fax: 09831-8848927

ÖFFNUNGSZEITEN

Apr. bis Okt.: Täglich ab 10 Uhr
Kein Ruhetag
Nov. bis Mär.: Sa und So ab 11 Uhr
Montag bis Freitag geschlossen

DIE LÄNGSTE STAUANLAGE DEUTSCHLANDS

Der Altmühlsee wurde 1985 fertiggestellt und ist etwa so groß wie der Königssee. Rund um das relativ flache Gewässer zieht sich die Staumauer, die damit die längste im Lande ist. Hier am Südostufer sitzt man im Boothaus bei Wolfgang Bauer und genießt die fränkischen Küchen-Klassiker, aber auch Besonderes wie das Hochzeitsessen oder frische Forellen aus dem hauseigenen Bassin. Wer mag, kann direkt nebenan eine Runde Minigolf spielen oder eines der Schiffe der Altmühlseeflotte für eine Rundfahrt entern.

Wissbegierige sollten sich entweder auf den Römerweg „Burgstallwald" oder in eines der örtlichen Museen begeben. Bierfans empfehlen wir einen Besuch im Ortsteil Oberasbach bei Georg Tscheuschner, der mit seiner Schorschbräu das stärkste Bier der Welt herstellt – immerhin mit 57% Alkohol.

Gunzenhausen Bahnhof

Ausflugs-Tipps

Gunzenhausen | 2,7 km

Fossilien- und Steindruck-Museum

Sonnenstr. 4
91710 Gunzenhausen
Tel.: 09831-882655

Web: www.gunzenhausen.info

Öffnungszeiten: siehe Website

Tipp: Wer immer noch nicht genug hat, sollte auf jeden Fall das Archäologische Museum besuchen

Gunzenhausen | 3,1 km

Indoorspielplatz

Spieloase JOLA, Schützenstr. 9
91710 Gunzenhausen
Tel. 09831-9339

Web: www.spieloase-jola.de

Öffnungszeiten: siehe Website

Tipp: Squash und Badminton gibt es die erste halbe Stunde gratis! Achten Sie außerdem darauf, dass ihre Kinder Socken anhaben!

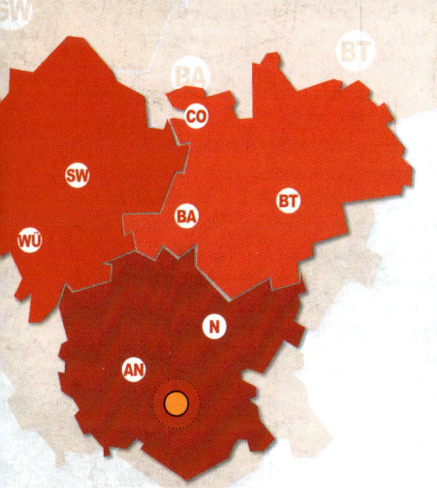

REISETIPP

**VGN Freizeitlinie 689
Altmühlsee-Express**

Der Altmühlsee-Express bringt Sie vom Bahnhof in Gunzenhausen (R8, R62) zu den einzelnen Seezentren, zur Umweltstation des LBV, nach Muhr am See (R8) und zur historischen Kulisse der Altstadt von Ornbau. Auch der Raetische Limes kann von hier aus über den Limesweg erwandert werden.

Mehr siehe **www.vgn.de**

Hallerndorf

Brauhaus am Kreuzberg

www.brauhaus-am-kreuzberg.de   **Tipp: Das Schäuferla**

BIER

Eigene Brauerei: Zwickel, Edelhopf, Hefeweizen, Schlotfegerla (leichte Rauchnote), gesegneter Kreuzberger Pilgertrunk, Roggenbier, Dampfbier, Zoiglbier, Whiskeybier, Whiskeybock, viele saisonale Biere (alles vom Fass).

KÜCHE

Hausmacher Brotzeiten. Täglich mittelgroße Karte mit warmen Gerichten. Spezialitäten: Schäuferla, Krustenbraten, Bohnenkerne, Biergerichte.

PLÄTZE (außen/regensicher)

500/350

ANSCHRIFT

Kreuzberg 1
91352 Hallerndorf
Tel.: 09545-4736 o. 09543-850625
Fax: 09545-440625

ÖFFNUNGSZEITEN

4. Okt. bis Ende Mär.: Fr. bis So. und Feiertage ab 10 Uhr, Mo. bis Do. nur auf Bestellung geöffnet
Anfang Apr. bis 3. Okt.:
Täglich ab 10 Uhr, Kein Ruhetag
Bei schönem Wetter auch im Mär. und im Okt. täglich ab 11 Uhr geöffnet, Jan. und Feb. geschlossen

WALLFAHRT MIT SCHUSS IN FÜNF DIMENSIONEN

Als im 16. Jahrhundert der Kreuzberg zum Wallfahrtsort am Jakobsweg avancierte, kam man bei Familie Friedel, die mindestens seit 1461 die Gaststätte in Schnaid betreibt, auf die Idee, eine Imbissstation für die Gläubigen einzurichten. Der Friedel's Keller, heute das Brauhaus am Kreuzberg, war geboren. Nach wie vor ist die Anlage im Wald ein großer Besuchermagnet. Kein Wunder, denn die feinen Speisen aus der Küche von Koch, Metzger, Brauer, Brenner und Mehrfach-Sommelier Norbert Winkelmann sowie die genialen Biere, die er im Sudhaus zaubert, überzeugten bisher noch jeden Gast. Spätestens beim Abschluss-Schnaps (hier hat man aus über 100 selbst gebrannten Edelbränden die Wahl) gibt es nur noch eines: Glückliches Lächeln!

Seit 2015 gibt es mit dem 5D-Kino noch ein weiteres Highlight im Brauhaus. In einer rasanten Fahrt begleiten Sie Martin Malz und Heiner Hopfen auf einem spannenden, fünfdimensionalen Rennen durch den Kreuzberg.

Ausflugs-Tipps

Hallerndorf | 2,2 km

Rittmayer's Gartenkeller

Am Gartenkeller 2
91352 Hallerndorf
Tel.: 0175-8381367

Web: www.rittmayer.de

Öffnungszeiten:
Sommer: Mo. bis Fr. ab 16 Uhr,
Sa. ab 15 Uhr, So. und Feiertage ab 14 Uhr
Tipp: Die tolle Naturkegelbahn!

Hallerndorf | 0 km

VGN-Wanderweg
Zu den Kellern am Kreuzberg rund um Hallerndorf

Ausgangspunkt der Wanderung:
Buttenheim Bahnhof

Web: www.vgn.de

Tipp: Wir empfehlen unbedingt gutes Schuhwerk!

REISETIPP

**VGN Freizeitlinie 265
Hallerndorfer-Keller-Express**

Für eine schöne Anreise und vor allem eine sichere Heimreise bringt Sie der Hallerndorfer-Keller-Express 265 vom Bahnhof in Forchheim (S1, R2/S1, R22) in den unteren Aischgrund.

Erwandern Sie auf kurzen oder langen Touren die Gegend rund um den Kreuzberg.

Mehr siehe **www.vgn.de**

Info

Neues Kino-Erlebnis auf dem Bierkeller!

www.brauhaus-am-kreuzberg.de

Das Brauhaus am Kreuzberg können die Gäste jetzt in fünf Dimensionen erleben. Brauerei und Brennerei mit Sprühnebel, Hitze, Wind, Bewegung und natürlich in 3D. Zusammen ist das mindestens „5D"!

Für die Winkelmanns die perfekte Lösung, um dem Erlebnisbierkeller mit Brauerei, Brennerei, Felsenkellern, Riesen-Teppichrutsche und Waldspielplatz ein weiteres, neues Highlight hinzuzufügen. Freuen Sie sich auf ein etwa 15-minütiges Erlebnis, vollgepackt mit Effekten wie Blitz und Regen, Hitze und Dampf.

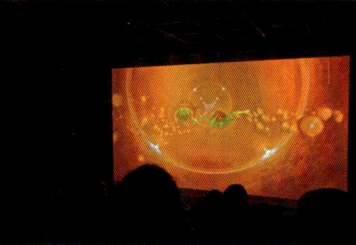

Mit dem Kino zusammen haben die Winkelmanns auch die Kreuzberg-Taler eingeführt. Drei echte Münzen, von denen jeder Kinobesucher vier Stück erhält. Die goldene für den Eintritt, Silber für ein Hauptgericht nach Wahl und zweimal Bronze für je ein Getränk. Die Münzen können natürlich gesammelt, verschenkt und übertragen werden.

Weitere Infos:

Das Paket aus den vier Münzen kostet 19,90.
Vorstellungen täglich um 20 Uhr
Sa., So. & Feiertage auch um 16 Uhr
Für Gruppen jederzeit auf Vorbestellung

Alle Daten des Bierkellers siehe Seite 96
oder auf www.brauhaus-am-kreuzberg.de

Happurg

Café Restaurant Seeterrassen

www.seeterrassen.com   Tipp: Das Schäuferla

BIER

Bürgerbräu/Hersbruck: Hersbrucker Lager, Hersbrucker Dampfsud (beides vom Fass). Erdinger: Urweisse (vom Fass), verschiedene Weizenbiere, alkoholfreies Weizen. Glossner/Neumarkt: Pils (vom Fass), Alkoholfreies.

KÜCHE

Fränkische Brotzeiten. Täglich große Karte mit warmen Gerichten. Spezialitäten: Schäuferla, deftige Bratwürste, verschiedene Salate, fränkischer Spargel (saisonal), Pfiffer (saisonal), Karpfen (saisonal), hausgemachte Torten, verschiedene Eisbecher.

PLÄTZE (außen/regensicher)

200/75

ANSCHRIFT

Seepromenade 1
91230 Happurg
Tel.: 09151-817441
Fax: 09151-817445

ÖFFNUNGSZEITEN

Täglich ab 10 Uhr, Kein Ruhetag

DAS GOLDENE SCHÄUFELE

Seit 1958 gewinnt man mit dem Happurger Stausee, der von Rohr- und Kainsbach gespeist wird, elektrische Energie. Und Touristen, denn der See hat sich schnell zu einem echten Naherholungsgebiet gemausert. Natürlich gehört auch eine echte Vorzeigegastronomie dazu: Die Seeterrassen. Hier gibt es eine ausgezeichnete fränkische Küche mit ofenfrischen Braten (sonn- und feiertags) und natürlich die Grundzutaten für einen Sommernachmittag auf der Seeterrasse: Eisbecher, Eiskaffee und Kuchen. Übrigens: Schwimmer pilgern zum etwas nördlich gelegenen Badesee. Hier am Stausee empfehlen sich Angeln, Surfen, Segeln und Tretbootfahren.

Wer sich am See gut entspannt hat, kann anschließend mit dem Lama auf Tour gehen. Ulli und Klaus Meier haben ihre Leidenschaft fürs Lamatrekking zum Beruf gemacht. Von ihrem Meierhof in Haunritz aus gibt es verschieden lange Touren, jeweils an der Leine – mit einem Lama am anderen Ende. Eine eindrucksvolle Erfahrung!

Ausflugs-Tipps

Happburg | 2,8 km

Baggersee Happurg
Nördlich von Happurg an der B14 (Ausfahrt Happurg) gelegen

Web: www.seen.de

Öffnungszeiten:
Jederzeit zugänglich

Tipp: Der Zugang ist kostenfrei, der Parkplatz jedoch kostenpflichtig.

Weigendorf-Haunritz | 9,3 km

Lama-Trekking
Dorfplatz 11
91249 Weigendorf-Haunritz
Tel.: 09154-946546

Web: www.lamatrekking-hersbruckeralb.de

Öffnungszeiten:
Nach telefonischer Vereinbarung

Tipp: Die Kamera nicht vergessen, witzige Motive garantiert!

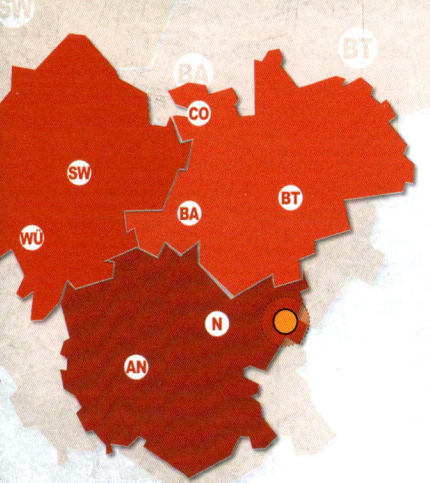

REISETIPP

S-Bahn und Fahrrad

Das ist die perfekte Kombination für diesen Ausflug. Die S-Bahn-Haltestelle Happurg liegt nur etwa 2,5 Kilometer von Badesee und Seeterrassen entfernt.

Auch die Stadt Hersbruck mit vielen weiteren möglichen Zwischenstopps ist mit dem Rad gut erreichbar.

Mehr siehe **www.vgn.de**

Hersbruck

Gasthaus und Metzgerei Michelmühle

www.michelmuehle.de   Tipp: Die Filetsteaks

BIER

Bürgerbräu/Hersbruck: Lager, Hersbrucker Albweizen (beides vom Fass), Dampfsud.
Franziskaner: Alkoholfreies Weizen.
Tucher/Fürth: Reifbräu alkoholfreies.

KÜCHE

Hausmacher Brotzeiten.
Täglich mittelgroße Karte mit warmen Gerichten.
Spezialitäten: Schlachtplatte, Kesselfleisch, Schnitzel, Salzknöchla, Bratwürste, saure Stadtwurst, Rinderfilet (auf Bestellung).

PLÄTZE (außen/regensicher)

65/35

ANSCHRIFT

Obermühlweg 30
91217 Hersbruck
Tel.: 09151-1500

ÖFFNUNGSZEITEN

Täglich ab 9 Uhr, Sa. 10 bis 15 Uhr
So. ab 17 Uhr, Mittwoch Ruhetag

FEINER BIERGARTEN-SCHLAUCH AM WASSER

Von außen betrachtet vermutet man nicht, dass sich hinter der eher unschuldigen Fassade der Michelmühle so ein sympathischer Biergarten versteckt. Der liegt dann - zumindest an seinem Ende - direkt am Wasser, durch einen Jägerzaun von der Pegnitz getrennt. Hier finden sich vor allem viele Einheimische und Stammgäste ein, die dann beherzt zu den Leckereien aus der hauseigenen Metzgerei greifen. Dazu gehören auch herausragende Wurstvarianten, wie beispielsweise die saure Stadtwurst oder die leckeren Bratwürste. Für Steakfreunde bietet sich die Vorbestellung eines Rinderfilets an - ein Traummmmhmmm.

Freunde des Löyly können vorher in der Fackelmann Therme nach Herzenslust entspannen – Löyly ist das finnische Wort für den Wasserdampf, der beim Sauna-Aufguss für mehr Power in den Schwitzhüttchen sorgt.

363 Hersbruck Scharfes Eck Bus

Ausflugs-Tipps

Hersbruck | 500 m

Deutsches Hirtenmuseum

Eisenhüttlein 7
91217 Hersbruck
Tel.: 09151-2161

Web: www.deutsches-hirtenmuseum.de

Öffnungszeiten:
Mi. bis So. von 10 bis 16 Uhr

Tipp: Testen Sie den Audioguide, der von dortigen Schülern entwickelt wurde!

Hersbruck | 750 m

Fackelmann Therme

Badstr. 16
91217 Hersbruck
Tel.: 09151-83930

Web: www.fackelmanntherme.de

Öffnungszeiten:
Kein Ruhetag, mehr siehe Website

Tipp: Probieren Sie die neu eröffnete Panoramasauna aus! Außerdem gibt es einen Saunagarten.

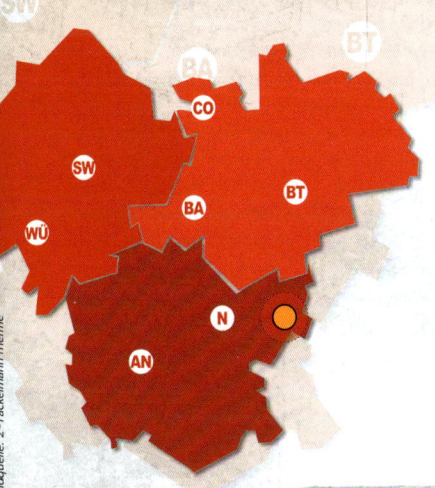

REISETIPP

Mit Zug zum Ausflug

Alle Ausflugsziele sind fußläufig vom Hersbrucker Bahnhof (rechts der Pegnitz) aus erreichbar.

Die Buslinie 363 bringt Sie noch näher an den Biergarten heran.

Mehr siehe **www.vgn.de**

Hirschaid

Häschaadä Keller

www.bier.by — Tipp: Der Presssack

BIER

Kraus/Hirschaid: Lager (vom Fass). Hübner/Steinfeld: Vollbier (vom Fass). Gutmann/Titting: Weizen. Jever: Alkoholfreies.

KÜCHE

Hausmacher Brotzeiten. Spezialitäten: Hausmacher Sülze, Presssack, Göttinger, selbst gemachter Gerupfter.

PLÄTZE (außen/regensicher)

400/0

ANSCHRIFT

Maximilianstraße gegenüber der Autobahnmeisterei
96114 Hirschaid
Tel.: 09543-3758

ÖFFNUNGSZEITEN

Anfang Apr. bis Okt.:
Täglich ab 15 Uhr, Kein Ruhetag
Bei schlechtem Wetter geschlossen
Nov. bis Ende Mär.: Mi. bis Fr. und So. ab 16 Uhr, Mo. und Di. Ruhetag
Sa ganzjährig nach Reservierung für Familienfeiern geöffnet

KELLER OHNE FRITEUSE

Der Häschaadä Keller ist für die Hirschaider ein echter Dauerbrenner. Hat man gerade Zeit und will mit der Familie etwas unternehmen, dann geht man eben dorthin. Insbesondere die Sülze ist einen Test wert – sie wird selbst hergestellt und hat immer wieder eine ureigene Note. Wanderfreunde können von hier aus auf den VGN Wanderweg zum Senftenberger und Kopfeld-Keller starten, oder zu den beiden Museen in Hirschaid (Alte Schule) und Sassanfahrt (Tropfhaus) starten.

Ein anderer Freizeit-Klassiker ist die Frankenlagune, das Hirschaider Spaßbad, das nicht nur mit vielen Attraktionen für die Kleinen aufwarten kann, sondern auch einen großen und abwechslungsreichen Saunapark bietet.

Hirschaid Bahnhof

Ausflugs-Tipps

Hirschaid | 2 km

Brauerei-Gasthof Kraus
Luitpoldstraße 11
96114 Hirschaid
Tel.: 09543-84440
Web: www.brauerei-kraus.de

Öffnungszeiten:
Täglich ab 6.30 Uhr
Dienstag Ruhetag,
bei schönem Wetter geöffnet

Tipp: Der Hirschentrunk.

Hirschaid | 1,1 km (zur Strecke)

Regnitzradweg
Start z.B. in Bischberg möglich
Web: www.regnitzradweg.de

Tipp: Machen Sie doch einen Zwischenstopp im Museum Tropfhaus Sassanfahrt.

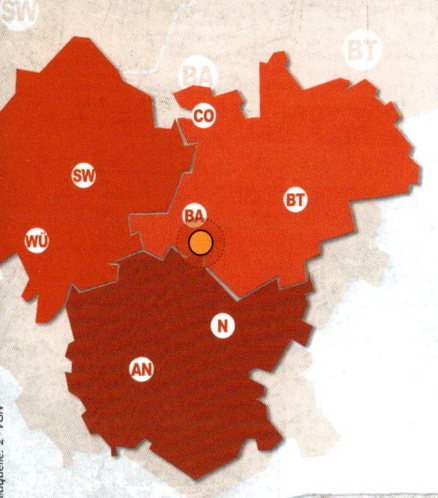

REISETIPP

Radtour oder Spaziergang

Wer gerne radelt, kann aus Bamberg mit dem Fahrrad über den sehr schönen Regnitzradweg nach Hirschaid reisen.

Zu Fuß kann der Häschaadä Keller vom dortigen Bahnhof aus in knapp 30 Minuten erreicht werden.

Mehr siehe **www.vgn.de**

Höchstadt a. d. Aisch

Weber's Keller

www.weberskeller.de **Tipp: Die Karpfen aller Art**

BIER

Brauhaus/Höchstadt: Vollbier, Pils, Keller (alles vom Fass), Bockbier (saisonal). Spezial/Bamberg: Rauchbier (vom Fass). Grasser/Huppendorf: Vollbier, Josephibock (saisonal), Märzen (saisonal) (beides vom Fass). Wechselnde Brauerei: Immer zusätzl. ein Aktionsbier (vom Fass). Gutmann/Titting: Dunkles Weizen, helles Weizen, leichtes Weizen, alkoholfreies Weizen. Maisel/Bayreuth: Kritzenthaler Alkoholfreies.

KÜCHE

Fränkische Brotzeiten. Täglich große Karte mit warmen Gerichten. Spezialitäten: Bratwürste, Karpfenspezereien, Kellerschmaus.

PLÄTZE (außen/regensicher)

70/194

ANSCHRIFT

Kellerberg 22
91315 Höchstadt an der Aisch
Tel.: 09193-8395

ÖFFNUNGSZEITEN

Mo., Di. und Mi. ab 17 Uhr
Fr., Sa., So. und Feiertage 11 bis 14 und ab 17 Uhr, Do. Ruhetag
(oder nach Vereinbarung geöffn.)

KARPFEN-MANNI-FEST

Bei Manfred „Manni" Linsner in Höchstadt dreht sich (fast) alles um den Karpfen. In seinem Bassin finden sich das ganze Jahr über Prachtexemplare - nicht nur in den Monaten mit „r". Der Keller an sich ist schon über 400 Jahre alt, kurz vor 1800 ist der Besitzer Weber erstmals dokumentiert. Vom Vornamen Balthasar (einer der Vorfahren) leitet sich der zweite, eher den Einheimischen bekannte Name Balthä's Keller ab. Nachdem Mannis Frau noch eine gebürtige Weber war, wird wohl mit ihren beiden Söhnen die Dynastie weitergeführt werden. Sensationell ist auch die Aussicht - an guten Tagen mindestens bis nach Neustadt!

Und wenn Sie schon mal im Karpfenland sind, sollten sie auch noch bei „Fridolin" vorbeischauen, dem wohl größten Karpfen der Welt. Er steht in einem Kreisverkehr am Ortsausgang in Richtung Neustadt.

Ausflugs-Tipps

Höchstadt a. d. Aisch | 2,4 km

Wellenbad

Kieferndorfer Weg 77
91315 Höchstadt an der Aisch
Tel.: 09193-2895 (Freibad direkt)

Web: www.hoechstadt.de

Öffnungszeiten: Mai bis Sep.:
Mo. bis So. von 9 bis 20 Uhr, Mi. ab 7 Uhr

Tipp: Besuchen Sie im Winter doch stattdessen das Hallenbad in Höchstadt an der Aisch.

Höchstadt | 1,2 km (zur Strecke)

Radweg - Karpfen, Kräuter,... (1)

Ausgangspunkt der Radtour
Neustadt a. d. Aisch Bahnhof
ca. 71 km lang

Web: www.vgn.de

Tipp: Wir empfehlen einen kurzen Stopp bei „Fridolin, der Karpfen im Kreis" in Höchstadt an der Aisch.

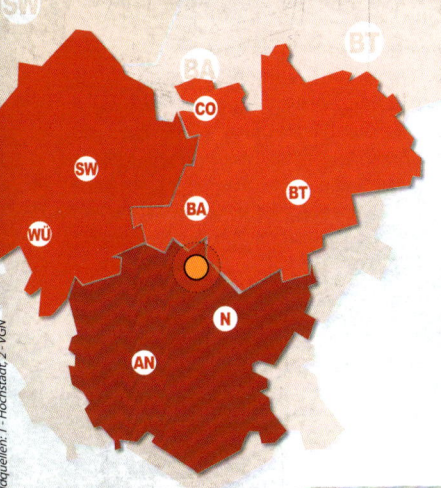

REISETIPP

VGN Freizeitlinie 127
Aischgründer Bier-Express

Mit der VGN-Freizeitlinie 127, dem Aischgründer-Bier-Express, geht es vom 1.5.–1.11 an Sonn- und Feiertagen zwischen Neustadt und Höchstadt an der Aisch bequem in die beschauliche Landschaft, mit schönen Wanderwegen und der imposanten Weiherlandschaft. Aber auch von Mo.–Sa. besteht mit der Linie 127 ein gutes Verkehrsangebot.

Mehr siehe **www.vgn.de**

Höfen

Gasthaus Melber

www.bier.by   **Tipp: Das Höfener Schnitzel**

BIER

Keesmann/Bamberg: Herren Pils, Weiße (beides vom Fass).
Fässla/Bamberg: Lager, Zwergla (beides vom Fass).
Spezial/Bamberg: Rauchbier (vom Fass).
Erdinger: Hefeweizen (vom Fass).

KÜCHE

Fränkische Brotzeiten. Täglich große Karte mit warmen Gerichten. So. und Feiertage Mittagstisch. Spezialitäten: Selbst gespießte Schaschlik, hausgemachte Bratwürste, Sülze mit Röstkartoffeln, Höfener Schnitzel aus der Pfanne, verschiedene Salate, selbst gemachte Melbertorte, selbst gebackener Streuselkuchen.

PLÄTZE (außen/regensicher)

300/150

ANSCHRIFT

Höfener Hauptstraße 18
96135 Stegaurach
Tel.: 0951-29127

ÖFFNUNGSZEITEN

Di. bis Fr. ab 14 Uhr
(bei schönem Wetter ab 12 Uhr)
Sa., So. und Feiertage ab 10 Uhr
Montag Ruhetag

BROTZEIT VOM ERZENGEL

Der Melber in Höfen hat schon viele Bamberger Ausflugsgenerationen begleitet. Leicht durch den Bruderwald oder vom Campingplatz Bug (Start am Bierkrugweg!) aus mit einer schönen Wanderung zu erreichen, ist der von großen Kastanien und Linden bewachsene Biergarten ein belohnendes Ziel. Schon in der fünften Generation betreibt Matthias Melber das Gasthaus. Die Schwester des Inhabers und Kochs, Gabriele, nennen die Stammgäste nur „Erzengel". Von der Gründung 1885 bis ins Jahr 1940 braute man hier in Höfen noch selbst, seitdem liefern die Bamberger Brauereien den Stoff zum selig werden.

Erwähnt sei noch, dass hier die Schnitzel aus der Pfanne, Kuchen selbstgebacken und das urige Flair eines ehemaligen Brauerei-Biergartens erhalten sind - eine echte grüne Biergartenlunge am Rande der Weltkulturerbestadt. Kleiner Nachtischtipp: Der Melbi!

Ausflugs-Tipps

Waizendorf | 1,6 km

Waizendorfer Keller

Kellerberg
96135 Waizendorf
Tel.: 0951-9921075

Öffnungszeiten:
Täglich ab 16 Uhr, Dienstag Ruhetag

Tipp: Die hausmacher Brotzeiten.

Strullendorf | 3,7 km

Wanderung - Strullendorf - Pettstadt - Bamberg

Ausgangspunkt des Wanderwegs: Bahnhof Strullendorf
ca. 12,5 km lang, Dauer: 3,5 Std.

Web: www.outdooractive.com

Tipp: Testen Sie unbedingt die Fähre bei Pettstadt.

REISETIPP

Mit dem Fahrrad aus Bamberg

Höfen erreicht man mit dem Fahrrad optimal vom Bamberger Bahnhof über den Ortsteil Bug in Richtung Pettstadt.

Alternativ können die knapp 7,5 Kilometer auch gewandert werden.

Mehr siehe **www.vgn.de**

Kalchreuth

Felsenkeller Kalchreuth

www.landgasthof-sussner-kalchreuth.de **Tipp: Der Presssack**

BIER

Kitzmann/Erlangen: Keller, Dunkles, Helles, Weizen (alles vom Fass), leichtes Weizen, alkoholfreies Weizen, alkoholfreies Kellerbier. Gutmann/Titting: Dunkles Weizen.

KÜCHE

Hausmacher Brotzeiten. Täglich warme Kleinigkeiten. Spezialitäten: Stadtwurst, Presssack, hausgebackene Kuchen, verschiedene Kaffeespezialitäten.

PLÄTZE (außen/regensicher)

500/70

ANSCHRIFT

Einfahrt Feldweg
gegenüber Sportheim
90562 Kalchreuth
Tel.: 0911-5180868

ÖFFNUNGSZEITEN

Ostern bis Okt.: Do. und Fr. ab 13 Uhr
Sa., So. und Feiertage ab 10 Uhr
Montag bis Mittwoch Ruhetag
Im Winter: an So. und Feiertagen
ab 13 Uhr geöffnet

DIE BIERSCHLUCHT

Man stelle sich eine etwa 20 Meter tiefe felsige Schlucht in einem Wald vor und denke sich auf halber Tiefe ein kleines Häuschen, drunter und drüber Terrassen mit Bierbänken, dazu am oberen Ende eine große Wiese mit noch mehr Bierbänken und einem Parkplatz - fertig ist der Felsenkeller Kalchreuth. Als Bierlagerstätte datiert er bis ins Jahr 1850 zurück, seit den 1960er Jahren wird er bewirtschaftet. Geöffnet ist immer, wenn die Kitzmann-Fahne weht. Für Naturfreunde ein absolutes Muss! Übrigens sollten Sie auf helle Hosen verzichten - man sitzt auf echten Naturholzbänken. Das Essen stammt aus der hauseigenen Metzgerei und wird nach Gewicht bezahlt.

Beim Spaziergang nach Kalchreuth lohnt ein Besuch von Schloss mit Biergarten, Zehntscheune und Kirche: Aber auch der kleine Biergarten des Gasthauses Drei Linden kann sich sehen lassen.

Ausflugs-Tipps

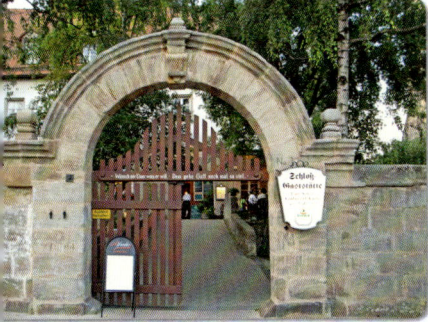

Kalchreuth | 1,4 km

Hallerschloss in Kalchreuth

Schlossplatz 4
90562 Kalchreuth

Web: www.kalchreuth.de

Tipp: Das Schloss kann momentan nur von außen besichtigt werden. Daher empfehlen wir eine Besichtigung der Kirche und der Zehntscheune in Kalchreuth.

Igensdorf | 17 km (zum Start)

VGN Wanderweg: Zum Kirschendorf

Ausgangspunkt der Wanderung: Igensdorf
ca. 17 km lang, Dauer: 4,5 Std.

Web: www.vgn.de

Tipp: Diese Wanderung führt abwechselnd durch Kirschgärten, Wälder und Fluren, aber auch über einige Bergrücken, von Igensdorf zum Kirschendorf Kalchreuth.

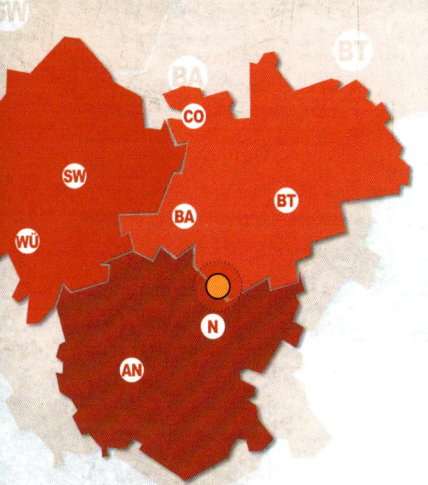

REISETIPP

Mit der Bahn aus Nürnberg

Vom Nürnberger Nordostbahnhof gelangen Sie mit der R21 in 15 Minuten nach Kalchreuth. Ein Fahrrad vor Ort lohnt sich, aber auch zu Fuß kann viel Natur entdeckt werden.

Mehr siehe **www.vgn.de**

Kemmern

Wagner-Bräu Keller

www.bier.by — Tipp: Die Käseplatte

GEÖFFNET? „NAJA, BIS NIEMAND MEHR DA IS!"

Das ist die lapidare Antwort von Klaus Pflaum auf die Frage nach den Öffnungszeiten seines Wagner Kellers. Und es kann des öfteren auch mal später werden, schließlich liegt der Keller mitten im Wald, und es muss ein kleiner Berg erklommen werden, um sich dem fränkisch-kulinarischen Müßiggang hingeben zu können. Überwiegend handelt es sich hier aber um einen Familienkeller, dank des schönen Spielplatzes und der ruhigen Lage. Den weiteren Teil Ihres Besuches können Sie dann nebenan verbringen, auf dem Leicht's Keller. Hier liegt der Schwerpunkt auf den klassischen Biergartengerichten rund um Bratwürste und Ziebeleskäse. Hervorheben möchten wir das Brot von einer kleinen Bäckerei aus der Gegend, das für jede Brotzeitplatte eine schmackhafte Grundlage darstellt. Sehr schön ist auch, dass man hier das ganze Jahr über einkehren kann - in der kalten Jahreszeit lädt der gemütliche Gastraum mit Holzofen ein.

Wasserratten können im Baggersee links neben der Brücke zu den Kellern baden. Geheimtipp für Verliebte: Die vielen kleinen Buchten, die vom Rundweg aus erreicht werden können, oder auch die schönen Strände auf der Insel zwischen Baggersee und Main.

BIER
Eigene Brauerei: Lager, Pils, Keller, Weizen (alles vom Fass).
Wechselnde Brauerei: Alkoholfreies.

KÜCHE
Fränkische Brotzeiten. Täglich kleine Karte mit warmen Gerichten. So. und Feiertage Mittagstisch. Spezialitäten: Kellerplatte, Pfannenschnitzel, selbst gebackene Kuchen.

PLÄTZE (außen/regensicher)
400/60

ANSCHRIFT
Am Waldhang 2
96164 Kemmern
Tel.: 0173-9114718

ÖFFNUNGSZEITEN
Täglich ab 14 Uhr
So. und Feiertage ab 9.30 Uhr
Kein Ruhetag
Bei schlechtem Wetter geschlossen

940 Kemmern Kirche Bus

Ausflugs-Tipps

Kemmern | 400 m

Leicht´s Keller

Im Kessel
96164 Kemmern
Tel.: 0152-09895754

Öffnungszeiten: Täglich ab 14 Uhr
So. und Feiertage ab 10 Uhr
Apr. bis Okt.: Mo.Ruhetag
Nov. bis Mär.: Mo. und Di. Ruhetag

Tipp: Der hausgemachte „Gerupfte".

Kemmern | 0 km (zur Strecke)

Mainradweg

Ausgangspunkt der Radtour:
Bamberger Tor, Lichtenfels
ca. 44 km lang, Dauer: 2,5 Std.

Web: www.mainradweg.com

Tipp: Auf der Website finden Sie viele Informationen rund um den Mainradweg.

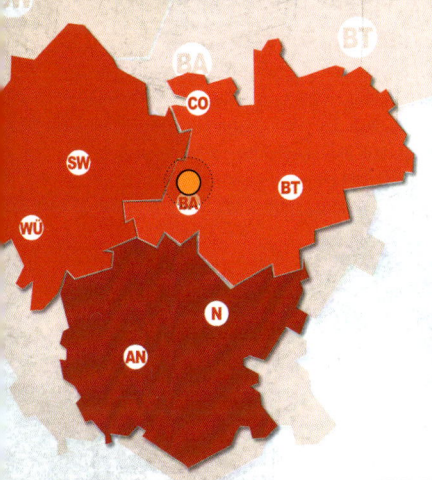

REISETIPP

Bus oder Rad aus Bamberg

Der Ort Kemmern ist vom Bahnhof in Bamberg sehr gut mit dem Fahrrad oder mit der Buslinie 940 zu erreichen.

Von Kemmern aus, kann der Mainradweg in Richtung Norden oder Süden befahren werden.

Mehr siehe **www.vgn.de**

Kirchehrenbach

Lindenkeller

www.gasthaus-sponsel.de　　　　　　　　　　　Tipp: Die Kellerplatte

IDYLLE AM WALBERLA

BIER

Winkler/Lengenfeld: Kupfer spezial (vom Fass).
Leikeim/Altenkunstadt: Pils, Weizen (beides vom Fass), Alkoholfreies.

KÜCHE

Hausmacher Brotzeiten. Täglich ein wechselndes warmes Gericht. Sa., So. und Feiertage Mittagstisch. Spezialitäten: Kellerplatte mit selbst gebackenem Brot, Spanferkel (auf Bestellung), Grillspezialitäten (auf Bestellung), Haxen (auf Bestellung).

PLÄTZE (außen/regensicher)

400/0

ANSCHRIFT

Hauptstraße 45
91356 Kirchehrenbach
Tel.: 09191-94448
Fax: 09191-616768

ÖFFNUNGSZEITEN

Mo. bis Fr. ab 16 Uhr
Sa., So. und Feiertage ab 12 Uhr
Kein Ruhetag
Bei schlechtem Wetter geschlossen

Wie der Name schon vermuten lässt: Man hat es unter anderem mit Bäumen zu tun. Der Lindenkeller liegt am Waldrand, am Fuß des Walberla – einem der „heiligen Hügel" der Franken. Eine Fahne zeigt von weitem an, ob geöffnet ist. Manchmal werden in dem ehemaligen Bierlager sogar ganze Schweine gegrillt. Doch auch wer dieses atavistische Ritual (gibt's nur auf Bestellung) verpasst, wird von den hausmacher Brotzeiten entschädigt. Das passende Brot wird selbst gebacken.

Hobby-Archäologen sollten Hammer und Meißel nicht vergessen. Ansonsten können Sie die auch auf dem Steinklopfplatz in Schlehenmühle ausleihen. Es gibt zwar keine Garantie, aber kaum ein Besucher kommt hier ohne eine kleine Versteinerung oder ein Fossil nach Hause. Ansonsten packen Sie Ihre sieben Sachen und marschieren auf das Walberla.

222 Kirchehrenbach Mitte

Ausflugs-Tipps

Kirchehrenbach | 1,8 km (zum Start)

VGN Wanderweg: Übers Walberla nach Gräfenberg

Ausgangspunkt der Wanderung:
Kirchehrenbach Bahnhof
ca. 22 km, Dauer: ca. 6 Std.

Web: www.vgn.de

Tipp: Auf dem Weg hinein ins Gräfenberger Land heißt es des öfteren: einfach mal stehen bleiben, sich umdrehen und das Landschaftsbild aufnehmen.

Egloffstein | 11 km

Burg Egloffstein

91349 Egloffstein
Tel.: 09197-8780

Web: www.burg-egloffstein.de
Öffnungszeiten: siehe Website

Tipp: Für Kindergeburtstage führt Burgfrau Ehrengard die kleinen Prinzessinnen und die kleinen Ritter durch die Burg. Dazu dürfen sich die Kinder gerne auch verkleiden.

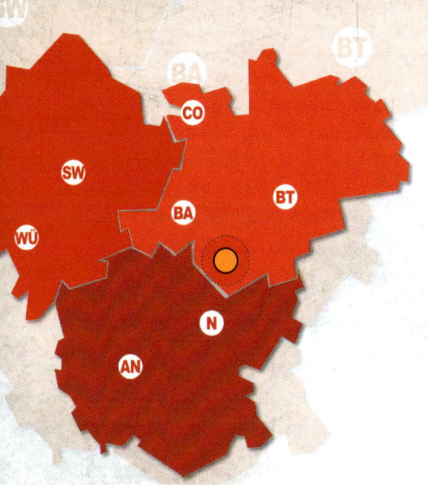

REISETIPP

Forchheimer Bahnhof in Reichweite

Der Lindenkeller bei Kirchehrenbach liegt nur etwa 6 Kilometer vom Bahnhof in Forchheim entfernt.

Wer möchte, kann auch mit dem Bus Linie 222 bis in den Ort Kirchehrenbach fahren und das Stück bis zum Keller zu Fuß zurücklegen.

Mehr siehe **www.vgn.de**

Krickelsdorf

Gasthaus zur Linde

www.bier.by   **Tipp: Die geräucherte Platte**

BEI DER KIRWA-KORYPHÄE

Sieglinde Wittmann zeichnet seit mehr als 30 Jahren schon für die Krickelsdorfer Kirwa (Mitte Mai) verantwortlich. Sie ist untrennbar mit ihrem Namen und ihrem nicht minder kultigen Wirtshaus verbunden. Selbst dieses heißt nicht, wie man vielleicht meinen mag, nach einem Baum vor dem Haus, sondern schlicht und einfach nach der Wirtin, die von jedem nur „Linde" genannt wird. Sie ist die Urenkelin von Martin Dotzler, der vor über 100 Jahren das Haus erbauen ließ. Es versteht sich von selbst, dass bei so viel Kult auch die Speisenpalette vollends überzeugt, Sieglinde ist eben auch die Chefin hinter dem Herd - in jeder Hinsicht!

Und auch die Freizeitfreunde kommen hier voll auf ihre Kosten. Der „Monte Kaolino" ist ein künstlicher Berg aus Resten des Kaolinabbaus. Eine spektakuläre Sommerrodelbahn nebst Märchenspielplatz, Freibad und Sandski- und Snowboardpiste garantieren ganz großes Urlaubsvergnügen.

BIER

Dorfner/Hirschau: Bier (vom Fass), Dunkles, Hefeweizen, dunkles Weizen, Kristallweizen, alkoholfreies Weizen.

KÜCHE

Brotzeiten.
Warmes Essen nur auf Bestellung.
Spezialitäten: Geräucherte Platte, Brotzeitplatte, Wurstsalat.

PLÄTZE (außen/regensicher)

30/25

ANSCHRIFT

Krickelsdorf 5
92242 Hirschau
Tel.: 09622-2130

ÖFFNUNGSZEITEN

Täglich ab 12 Uhr
Mittwoch Ruhetag

Ausflugs-Tipps

Hirschau | 7,5 km

Freizeitpark Monte Kaolino

Dienhof 26
92242 Hirschau
Tel.: 09622-81530
Web: www.montekaolino.eu
Öffnungszeiten: siehe Website
Tipp: Bringen Sie auf jeden Fall genug Zeit mit, hier gibt es so viel zu erleben!

Schnaittenbach | 9,4 km

Industrielehrpfad Geopark

Rosenbühlstraße 1
92253 Schnaittenbach
Tel.: 09622-70250
Ausgangspunkt:
Parkplatz Monte Kaolino, Dauer: 2 Std.
Web: www.geopark-kaolinrevier.de
Tipp: Viel Wissen und Ruhe nach der Action im Freizeitpark.

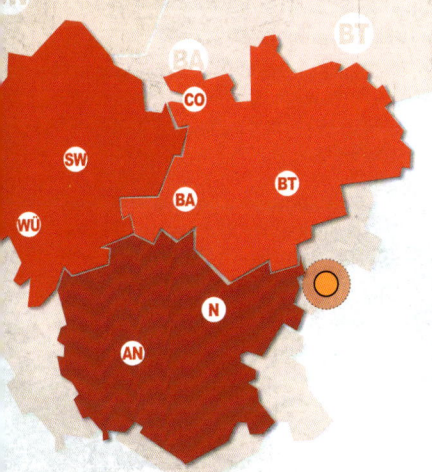

REISETIPP

Bus und Fußmarsch

Der Nachbarort von Krickelsdorf, Atzmannsricht, ist mit den Buslinien 449 oder 453 von Amberg aus erreichbar.

Von Atzmannsricht sind es noch etwa 1,6 Kilometer Fußweg bis Krickelsdorf.

Mehr siehe **www.vgn.de**

Leesten

Waldstübla

www.waldstübla.de — **Tipp: Die geschnittenen Hasen**

PURE NATUR

Zwischen Leesten und Geisfeld liegt am Waldrand ein kleines Häuschen. Bei genauerem Hinsehen entdeckt man einen urgemütlichen Biergarten mit Tiergehege. Ziegen, Meerschweinchen, Hasen und verschiedene Vögel dürfen hier gerne gefüttert werden. Für die Besucher gibt es neben fränkischen Bierkellergerichten auch selbstgebackene Kuchen und geschnittene Hasen, eines der Lieblingsgebäcke fränkischer Kinder.

Von hier aus bietet sich die schöne Radtour zum Schloss Greifenstein an, dem Wohnsitz der Familie von Stauffenberg, deren Sproß Claus Schenk Graf von Stauffenberg 1944 das bekannte und zwischenzeitlich verfilmte Hitler-Attentat verübte. Glücklicherweise konnte der Racheakt, das Niederbrennen des Schlosses, verhindert werden. Daher können Sie bei einer Führung Waffen, Jagdtrophäen und den 90 Meter tiefen Brunnen besichtigen.

BIER

Löwenbräu/Buttenheim: Lager (vom Fass), Alkoholfreies.
Ott/Oberleinleiter: Weizen, Dunkles (beides vom Fass), Pils.

KÜCHE

Fränkische Brotzeiten.
So. und Feiertage Mittagstisch.
Täglich mittelgroße Karte mit warmen Gerichten.
Spezialitäten: Schnitzelsandwich, selbst gebackene Kuchen, geschnittene Hasen.

PLÄTZE (außen/regensicher)

500/100

ANSCHRIFT

zwischen Geisfeld und Leesten
96129 Strullendorf-Leesten
Tel.: 09505-1240
Fax: 09543-4422627

ÖFFNUNGSZEITEN

Täglich ab 15 Uhr
(bei schönem Wetter)
So. und Feiertage ab 10.30 Uhr
Montag Ruhetag

Ausflugs-Tipps

Heiligenstadt | 12,9 km

Schloss Greifenstein

91332 Heiligenstadt
Tel.: 09198-423

Web: www.schloss-greifenstein.de

Öffnungszeiten: Mai bis Okt.:
Täglich Führungen von 9 bis 11.20 Uhr
und von 13.30 bis 16.45 Uhr

Tipp: Von Leesten erreicht man das Schloss am schönsten über eine Radtour.

Heiligenstadt | 13 km

Judenfriedhof

91332 Heiligenstadt
Tel.: 09198-92990

Web: www.markt-heiligenstadt.de

Der Friedhof liegt im Waldstück „Kühlich" östlich oberhalb von Heiligenstadt (Zugang ist beschildert).

Tipp: Nehmen Sie sich Zeit für einen Spaziergang durch Heiligenstadt.

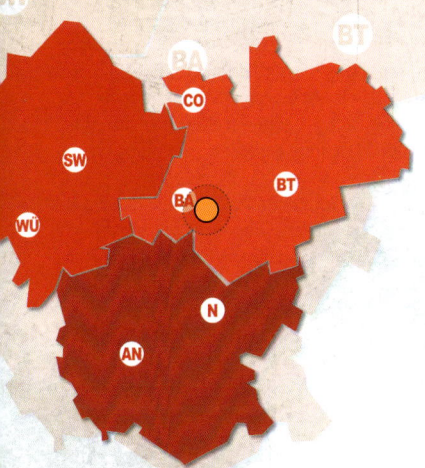

REISETIPP

Entspannt mit dem Fahrrad

Vom Bamberger Bahnhof führt ein wunderbarer Radweg über Geisfeld nach Leesten. Der Biergarten liegt vor dem Ort linker Hand am Waldrand. Auch die weitere Umgebung ist mit dem Fahrrad sehr schön zu erkunden.

Der Bus 975 nach Leesten fährt nicht so oft, ist aber auf jeden Fall eine Option.

Mehr siehe **www.vgn.de**

Memmelsdorf

Höhnskeller

www.gasthof-hoehn-memmelsdorf.de　　　　　　Tipp: Der Ziebeleskäse

KELLERBIER UND SPIRITUOSEN

BIER

Eigene Brauerei: Görchla (vom Fass).
Erdinger: Urweisse, alkoholfreies Weizen.

KÜCHE

Fränkische Brotzeiten.
Wechselnde warme Tagesgerichte.
Spezialitäten: Kalter Schweinebraten, hausgemachter Gerupfter, verschiedene Flammkuchen.

PLÄTZE (außen/regensicher)

250/50

ANSCHRIFT

Meedensdorfer Straße
96117 Memmelsdorf
Tel.: 0171-1552122

ÖFFNUNGSZEITEN

Täglich ab 16 Uhr, Kein Ruhetag
Bei schlechtem Wetter geschlossen

Der Höhnskeller befindet sich seit 2011 wieder unter der Ägide der Brauerei Höhn und wurde seitdem von Grund auf renoviert und modernisiert. Setzten die vorigen Pächter interessanterweise auf eine breite Weinpalette, laden nun wieder die frisch gezapften Höhn-Biere zum Verkosten unter den alten Bäumen ein. Die werden nach wie vor traditionell unter Holzbefeuerung und mit Offengärung in Memmelsdorf gebraut. Als „Absacker" sollte man nicht den sonst üblichen Schnitt, sondern eher einen der edlen Brände (Görchlabrand!) genießen.

Nach dem Mahl lohnt der kurze Spaziergang zum Schloss Seehof, einem wunderschön erhaltenen viertürmigen Bau mit Wasserspielen und Lustgarten. Anschließend empfehlen wir noch einen Besuch in Frankens Feinschmeckerbrauerei, den „Drei Kronen" in Memmelsdorf. Hier hat 2016 Tochter und Braumeisterin Isabella das Ruder übernommen und kreiert neben Stöffla & Co. auch ihre Frauenbier-Spezialität HolladieBierfee.

Ausflugs-Tipps

Memmelsdorf | 350 m

Hotel & Brauereigasthof Drei Kronen

Hauptstraße 19
96117 Memmelsdorf
Tel.: 0951-944330

Web: www.drei-kronen.de

Öffnungszeiten: Täglich ab 9 Uhr
So 9 bis 15 Uhr, Mo. ab 17 Uhr

Tipp: Das Braumeisterschnitzel mit Bierbrotbröseln.

Memmelsdorf | 2,1 km

Schloss Seehof

96117 Memmelsdorf
Tel.: 0951-409571

Web: www.schloesser.bayern.de

Öffnungszeiten:
25. bis 31. Mär.: 10 bis 16 Uhr
Apr. bis Okt.: 9 bis 18 Uhr
Montags geschlossen

Tipp: Von Mai bis Okt. finden jede volle Stunde 10 bis 17 Uhr Wasserspiele statt.

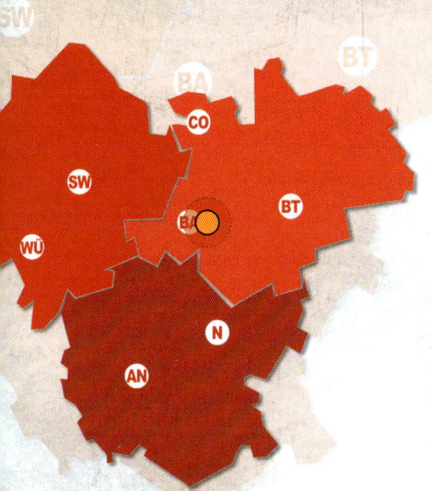

REISETIPP

Alle Möglichkeiten aus Bamberg

Memmelsdorf ist von Bamberg aus perfekt erschlossen. So steht einer kleinen Radtour oder auch einer Wanderung durch den Hauptsmoorwald nichts mehr im Wege.

Die Stadtbus-Linie 907 fährt zusätzlich regelmäßig in die Ortsmitte von Memmelsdorf.

Mehr siehe **www.vgn.de**

Merkendorf

Hummels Keller

www.bier.by | Tipp: Der eingelegte Schafskäse

DIE EICHE UNTER DEN BIERKELLERN, ...

BIER
Eigene Brauerei: Keller, Weizen, Rauchbier (alles vom Fass). Kulmbacher: Alkoholfreies.

KÜCHE
Hausmacher Brotzeiten. Täglich kleine Karte mit warmen Gerichten. Spezialitäten: Heißer Schinken, marinierte Heringe (Fr.), Salate, eingelegter Schafskäse.

PLÄTZE (außen/regensicher)
120/40

ANSCHRIFT
Austraße 12
96117 Memmelsdorf-Merkendorf
Tel.: 09542-7992

ÖFFNUNGSZEITEN
Mo., Di., Do. und Fr. ab 17 Uhr
So. und Feiertage ab 15 Uhr
Mittwoch und Samstag Ruhetag
Bei schlechtem Wetter geschlossen

... der Hummelskeller. Wo hat man schon einen Bierkeller, von dessen Baumbestand es allein zwei Bäume zusammen auf fast 500 Lebensjahre bringen? Einer davon, eine 300-jährige Eiche hat einen Großteil der Familientradition in Merkendorf miterlebt, auf die die heutige Pächterin Maria Hummel auch mächtig stolz ist. Neben der eigenen Hausschlachtung setzt man auf Salate und weitere vegetarische Kellergerichte vom Ziebeleskäs über Limburger bis zum Gerupften. Bei schönem Wetter gibt es freitags marinierte Heringe mit Kartoffeln. Nach einem feinen „Räucherla" empfehlen wir die bierige Weiterreise zur nächsten Station, der Brauerei Wagner.

Die bietet nicht nur traditionelle fränkische Küche, sondern auch frisches Wild aus heimischen Gefilden. Mitten im Brauereihof, also quasi direkt an der Quelle, findet man schon ab neun Uhr morgens ein schönes Plätzchen für den passenden Start in den Tag. Jährlicher Höhepunkt für die Freunde der über 200-jährigen Traditionsgaststätte ist der Bockbieranstich am Freitag vor dem Buß- und Bettag.

Ausflugs-Tipps

Merkendorf | 220 m

Brauerei Wagner

Pointstraße 1
96117 Memmelsdorf-Merkendorf
Tel.: 09542-620

Web: www.wagner-merkendorf.de

Öffnungszeiten: Tägl. ab 9 Uhr
Mo. Ruhetag, 1. bis einschließlich
3. Woche im August Betriebsurlaub

Tipp: Die Wildgerichte.

Drosendorf | 2,6 km

Brauerei-Gasthof Göller

Scheßlitzer Straße 7
96117 Memmelsdorf-Drosendorf
Tel.: 09505-1745

Web: www.goeller-brauerei.de

Öffnungszeiten: siehe Website

*Tipp: Der frisch gebackene Leberkäse
(zur Sommersaison ab und zu freitags).*

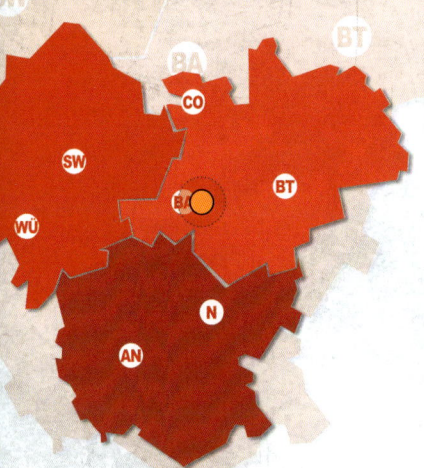

REISETIPP

Radtour aus Bamberg

Nach Merkendorf und Drosendorf führen von Bamberg aus schöne und große Radwege. Von dort aus kann dann auch der Weg in Richtung Fränkische Schweiz fortgesetzt werden.

Außerdem fahren aus Bamberg noch die Buslinien 917 und 953 in den Ort Merkendorf.

Mehr siehe **www.vgn.de**

Info

Oberfranken – Genießen mit allen Sinnen

www.oberfranken.de; www.genussregion-oberfranken.de

In Oberfranken vereint sich Bildung mit Brauchtum, Tradition mit Technik und Kultur mit Kulinarik. Mit Musikerlebnissen wie den weltberühmten Wagner-Festspielen in Bayreuth, den Bamberger und Hofer Symphonikern, mit Theaterkunst wie dem Landestheater Coburg und den Luisenburgfestspielen, mit seinen Weltkulturerbestätten, Museen, Burgen, Schlössern und architektonischen Glanzlichtern ist Oberfranken eine einzigartige Kunst- und Kulturlandschaft.

Klettern in der Fränkischen Schweiz, Wandern im Frankenwald, Kanufahren im Oberen Maintal oder Skisport und Mountainbiken im Fichtelgebirge – hier ist für jeden Naturbegeisterten das Richtige dabei. In einem der 99 Naturschutzgebiete durchatmen und ankommen oder einfach das Leben genießen – ob im Biergarten oder in einer unserer Thermen.

In Sachen Genuss macht uns keiner etwas vor: In der Genussregion Oberfranken gibt es weltweit die meisten Bäckereien und Konditoreien, Metzgereien und Brauereien. Und das ist noch längst nicht alles. Oberfranken hat auch die meisten Brennereien und Mühlen, das größte Süßkirschen- und Meerrettich-Anbaugebiet Europas, die meisten Teichwirte, den ältesten Brauereifund Deutschlands, die erste Kartoffel in Deutschland angebaut – und wohl auch den Kloß erfunden. In einer Spezialitätendatenbank sind über 300 verschiedene regionale kulinarische Köstlichkeiten aufgelistet. Kein Wunder also, dass die Genussregion Oberfranken auf Vorschlag der deutschen UNESCO-Kommission in das „deutsche Register guter Praxisbeispiele für die Erhaltung des immateriellen Kulturerbes" aufgenommen wurde.

Haben Sie Lust auf mehr?

Dann gehen Sie doch auf Entdeckungsreise durch Oberfranken! Lassen Sie sich von den alten Städten und Dörfern beeindrucken, bewundern Sie die herrliche Landschaft, nehmen Sie teil an einer unverwechselbaren Kultur und lassen Sie es sich schmecken in unseren echt oberfränkischen Gasthäusern.

www.oberfranken.de; www.genussregion-oberfranken.de

Echt. Stark. Oberfranken!

Michelau

Kellerwirtschaft

www.kellerwirtschaft.com **Tipp: Das XXL-Schaschlik**

BIER
Leikeim/Altenkunstadt: Landbier, Pils, Hefeweizen, Kellerbier (alles vom Fass), Steinbier, Schwarzbier, alkoholfreies Weizen, Alkoholfreies.

KÜCHE
Fränkische Brotzeiten.
Täglich mittelgroße Karte mit warmen Gerichten.
So und Feiertage Mittagstisch.
Spezialitäten: Jeden Freitag ein wechselndes, besonderes Gericht, z. B. XXL-Schaschlik, Grillente, Pfefferhaxe, etc.

PLÄTZE (außen/regensicher)
300/90

ANSCHRIFT
Kellerfuhre 1
96247 Michelau
Tel.: 09571-896886

ÖFFNUNGSZEITEN
Täglich ab 13.30 Uhr
So. und Feiertage ab 9.30 Uhr
Montag Ruhetag

SCHASCHLIK XXL

Mitten in Michelau und trotzdem halb im Wald liegt der über 100 Jahre alte historische Bierkeller. Er wird allerdings nicht mehr als solcher genutzt. Doch die Bewirtungstradition hat sich glücklicherweise erhalten. Die vielen Bäume und der schöne, jenseits jeder Durchgangsstraße gelegene Spielplatz ziehen besonders Kinder an – für Papa gibt's freitags auch die große Portion: Schaschlik XXL. Mama und Oma dürfen die feinen selbst gebackenen Kuchen genießen. Auf der Wiese hinter dem Biergarten können Abenteurer gratis übernachten, praktisch für die vielen Motorradfahrer, die dann den Bolidenschlüssel gegen den Bierkrug tauschen.

Ein echter Hingucker im Ort ist das Deutsche Korbmuseum in Michelau, das nicht nur von außen sehenswert ist, sondern auch teils über 100 Jahre alte Exponate aus aller Welt zu bieten hat. Fans der Handarbeit können hier sogar selbst das Flechten lernen.

Ausflugs-Tipps

Michelau i. OFr. | 3,2 km

Deutsches Korbmuseum
Bismarckstraße 4
96247 Michelau in Oberfranken
Tel.: 09571-83548
Web: www.gemeinde-michelau.de
Öffnungszeiten: siehe Website
Tipp: Es werden Körbe aus aller Welt ausgestellt.

Michelau i. OFr. | 4,4 km

Rudufersee
96247 Michelau in Oberfranken
Web: www.gemeinde-michelau.de
Öffnungszeiten: Frei zugänglich
Tipp: In den Wintermonaten können Sie das Hallenbad in Michelau nutzen.

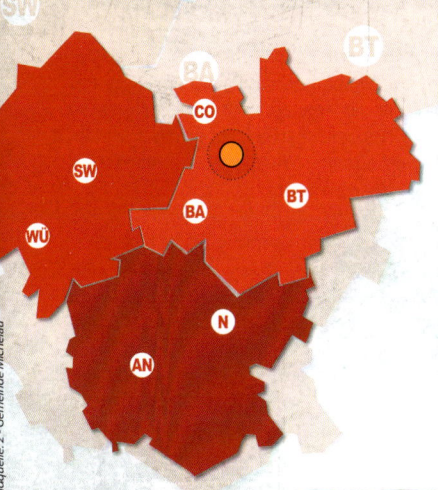

REISETIPP

Von Bahnhöfen aus erreichbar

Der Ort Michelau hat einen eigenen Bahnhof. Von dort sind es noch etwa 3 Kilometer bis zur Kellerwirtschaft.

Wer lieber vom Lichtenfelser Bahnhof abfährt, der Weg von hier zum Biergarten ist auch nur etwa 3,5 Kilometer lang.

Mehr siehe **www.vgn.de**

Mönchsambach

Brauerei-Gasthof Zehendner

www.moenchsambacher.de **Tipp: Die Bratwürste**

BIER
Eigene Brauerei: Ungespundetes Lager, Export (beides vom Fass), Hefeweizen.
Maisel/Bayreuth: Alkoholfreies Weizen, Kritzenthaler alkoholfreies.

KÜCHE
Hausmacher Brotzeiten.
Spezialitäten: Selbst gemachte Sülze, Strammer Max, Gerupfter, Ziebeleskäse (vom Bio-Bauern), selbst gebackenes Brot.

PLÄTZE (außen/regensicher)
70/50

ANSCHRIFT
Mönchsambach 18
96138 Burgebrach
Tel.: 09546 -380
Fax: 09546-921227

ÖFFNUNGSZEITEN
Di. bis Do. ab 14 Uhr
Fr. bis So. ab 10 Uhr
Montag Ruhetag

HEUTE BACK ICH, MORGEN BRAU ICH

Beim „Zehendner" wird diese alte Brauer-Weisheit noch gelebt - dort teilen sich Bier und selbst gebackenes Brot den guten Ruf. Und das zu Recht. Am besten allerdings, so schwören die Kenner und Stammgäste, schmeckt beides zusammen. Zum Beispiel mit der berühmten hausmacher Bratwurst und Senf oder für die Vegetarier mit Ziebeleskäse vom Biobauern. Kinder können sich auf dem kleinen Kinderspielplatz austoben. Weinliebhaber sollten auch die guten Frankenweine kosten.

Zwei Kilometer westlich, entlang der Mittelebrach, liegt der Markt Burgwindheim mit seinem wunderschönen Schloss. Seit 1465 wurde der Ort zum Wallfahrtsort, denn hier ereignete sich ein Hostienwunder. Eine auf den Boden gefallene Hostie ließ sich erst nach acht Tagen Gebet wieder lösen, später entsprang hier noch eine Quelle, der Gläubige große Heilkraft zusprechen.

Ausflugs-Tipps

Burgwindheim | 6 km

Schloss Burgwindheim

Hauptstraße 8
96154 Burgwindheim
Tel.: 09551-1050 o. 09551-1052
Web: www.burgwindheim.de
Öffnungszeiten:
Termine für Führungen nur nach tel. Vereinbarung siehe oben
Tipp: Die Historische Ortsführung mit Schloss Burgwindheim.

Pommersfelden | 13,6 km

Schloß Weißenstein

96178 Pommersfelden
Tel.: 09548-98180
Web: www.schoenborn.de
Öffnungszeiten: siehe Website
Tipp: Die Themenführungen.

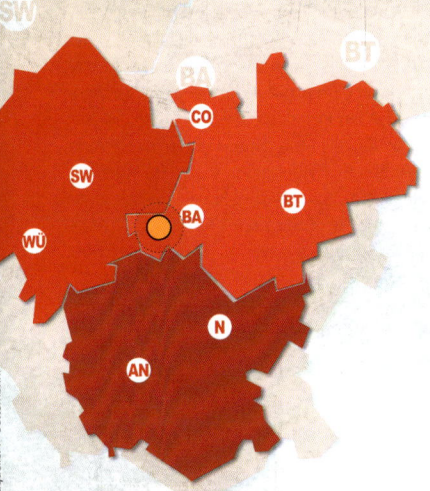

REISETIPP

**VGN Freizeitlinie 990
Der Steigerwald-Express**

Die Freizeitlinie 990 besteht aus zwei Linienästen, die von den Bahnhöfen Hirschaid und Bamberg an der R2/S1 bzw. S1 in den Steigerwald fahren, eine im Tal der Reichen Ebrach, eine im Tal der Rauhen bzw. Mittleren Ebrach. In Frensdorf treffen beide Linien zeitgleich aufeinander und ermöglichen somit einen problemlosen Umstieg.

Mehr siehe **www.vgn.de**

Muggendorf

Kohlmannsgarten

www.kohlmannsgarten.de — Tipp: Das Schinkenbrot

BIER

Glossner/Neumarkt: Pils, Dunkles, Weizen (alles vom Fass).
Leikeim/Altenkunstadt: Premium Pils.
Maisel/Bayreuth: Kritzenthaler alkoholfreies.

KÜCHE

Fränkische Brotzeiten.
Keine warmen Gerichte.
Spezialitäten: Schinkenbrot, Bratwürste.

PLÄTZE (außen/regensicher)

60/80

ANSCHRIFT

Lindenberg 2
91346 Wiesenttal-Muggendorf
Tel.: 09196-201
Fax: 09196-201

ÖFFNUNGSZEITEN

Täglich ab 8 Uhr
Di. 8 bis 14 Uhr und ab 18 Uhr
Kein Ruhetag

UNTER DER RICHARD-WAGNER-LINDE

Auf den hohen Besuch Richard Wagners aus Bayreuth ist man in Muggendorf heute noch stolz und zeigt gerne die Linde, unter der der Komponist an seinem „Ring" und anderen Werken arbeitete. Der Kohlmannsgarten weiß auch immer noch gut zu überzeugen, weniger mit einem eigenen Bier, dafür aber mit guten Brotzeiten und Bratwürsten. Muggendorf ist der ideale Ausgangspunkt zu einer Wanderung in die umgebende Karstlandschaft. Auf dem Weg geht es über das „Quakenschloss", eine Felsformation mit kleiner Höhle, und den Aussichtspunkt „Adlerstein" nach Engelhardsberg und von dort zur „Riesenburg", einer imposanten Höhlenruine. Auf dem Rückweg steht dann noch die Oswaldhöhle auf dem Programm, für deren Besichtigung Sie unbedingt eine Taschenlampe einpacken sollten.

Weniger Wanderfreudige sind auf dem schönen Minigolfplatz des Ortes ebenfalls bestens aufgehoben.

Ausflugs-Tipps

Muggendorf | 450 m

Minigolf

Forchheimer Straße 8 (am Rathaus),
91346 Wiesenttal-Muggendorf
Tel.: 09196-929931
Web: www.naturerlebnis-fs.de
Öffnungszeiten:
Mai bis Ende Okt.: 8 bis 21 Uhr

Tipp: Anlage bis am Abend nutzbar, aber nicht beleuchtet. Schläger sind auch in der Tourist Information im Rathaus erhältlich.

Muggendorf | 800 m

Oswaldhöhle

Oswaldhöhle östlich von Muggendorf.
Web: www.fraenkische-schweiz.by
Öffnungszeiten: Frei zugänglich
Tipp: Taschenlampe nicht vergessen!

REISETIPP

**VGN Freizeitlinie 389
Wiesenttal-Express**

Der Wiesenttal-Express 389 verkehrt vom 1.5.-1.11. an Samstagen sowie Sonn- und Feiertagen. An Werktagen und in der Wintersaison gilt ein reduziertes Fahrtenangebot.

Mehr siehe **www.vgn.de**

Neuhaus

Löwenbräu Felsenkeller

www.zum-loewenbraeu.de   **Tipp: Der Bratwurstsalat**

BIER

Eigene Brauerei: Kellerbier, Aischgründer Karpfenweisse, dunkles Kellerbier, Bockbier (saisonal) (alles vom Fass), Leichtes. Maisel/Bayreuth: Alkoholfreies Weizen, Kritzenthaler alkoholfreies.

KÜCHE

Hausmacher Brotzeiten. Täglich zwei warme Gerichte. Spezialitäten: Hausgemachte Bierbratensülze, Bratwurstschaschlik, Bratwurstsalat, fränkischer Flammkuchen.

PLÄTZE (außen/regensicher)

500/100

ANSCHRIFT

Neuhauser Hauptstraße 3
91325 Adelsdorf-Neuhaus
(Keller etwa 1 km entfernt im Wald)
Tel.: 09195-923310
Fax: 09195-9233180

ÖFFNUNGSZEITEN

Mo. bis Fr. ab 17 Uhr, Sa. ab 16 Uhr
So. und Feiertage ab 11 Uhr
Kein Ruhetag
Bei schlechtem Wetter (bis 20°)
geschlossen. Bei zweifelhaftem
Wetter bitte anrufen

BIER MIT BARON

Mit dem Löwenbräu Felsenkeller präsentieren wir einen weiteren Geheimtipp in diesem Buch. Heute noch im Besitz von Stammgast Baron von Crailsheim und mitten im Wald gelegen, bietet er den Kellerfans 150% Bierkellerkultur. Das süffige Kellerbier (mehrfach ausgezeichnet) läuft und läuft und läuft. Brauer Benno Wirth gab 2005 dem Drängen seiner Frau Monika nach und versuchte sich an einem Weißbier. Die Aischgründer Karpfenweisse war geboren und wurde mittlerweile mehrmals mit dem Gold-Award beim European Beer Star ausgezeichnet. Sogar der Bier-Härtetest wurde mit Bravour bestanden, als Sohn Hans-Günter zur Feier seines Braumeister-Examens die gesamte Abschlussklasse der Doemens-Akademie mitbrachte. Papa und Sohn bieten mittlerweile in der komplett umgebauten Brauerei neben den Klassikern auch eine feine Craft Bier Palette an. Übrigens: Auch Schnaps und Brot werden hier selbst hergestellt!

Sehr sehenswert ist auch das Jagd- und Fischereimuseum am Ortseingang, das nach einem Anruf beim Museumschef besichtigt werden kann.

Ausflugs-Tipps

Neuhaus | 350 m

Jagd- und Fischereimuseum

91325 Neuhaus Gem. Adelsdorf
Web: www.fischereimuseum-unterer-aischgrund.de
Öffnungszeiten: 1. Mai bis 31. Okt.: jeden So. von 13 bis 17 Uhr

Tipp: Wer Lust auf mehr hat, kann sich auf dem 2 Kilometer langen Wanderweg mit Hilfe von 11 Schautafeln informieren.

Neuhaus | 120 m (zur Strecke)

Karpfenradweg: Nördlicher Streckenabschnitt

Ausgangspunkt: Großparkplatz am Westausgang des Erlanger Bahnhofs
Von Erlangen nach Neuhaus: 27 km
Web: www.franken-tour.de

Tipp: Der Rückweg kann mit dem Zug bestritten werden.

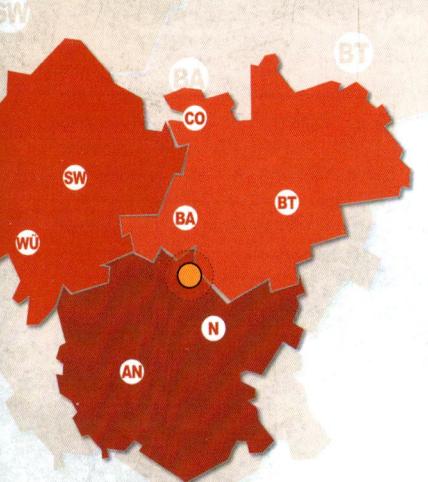

REISETIPP

Mit dem Bus aus Erlangen

Die Anreise nach Neuhaus klappt bestens mit der Buslinie 205 aus Erlangen.

Vor Ort lohnt es sich jedoch auch, ein Fahrrad bereit zu haben, denn vor allem der Weg in Richtung Hallerndorf und der Karpfenradweg sind sehr interessant.

Mehr siehe **www.vgn.de**

Neustadt a. d. Aisch

Hausbrauerei-Gasthof Kohlenmühle

www.kohlenmuehle.de   Tipp: Der Kohlenmühle-Teller

SENSATION IN NEUSTADT

Was früher noch eine trostlos-baufällige alte Getreidemühle war, erstrahlt seit 10. Januar 2005 in neuem Glanz als Gasthausbrauerei allererster Qualität. Inhaber und gelernter Braumeister Lothar Hufnagel und seine langjährige Partnerin Inge Eberlein haben ein Kleinod geschaffen. Das leckere Landbier oder das Eiszeit-Weizen genießt man entweder im Innenhof der hufeisenförmigen Mühle oder im verpachteten Biergarten auf der Aischinsel hinter dem Haus. Für geschlossene Gesellschaften bietet sich auch die Scheune zwischen den Braukesseln an.

Vor oder nach dem Besuch sollten Sie in den Ort selbst hineinpilgern und neben Altem und Neuem Schloss vor allem das Aischgründer Karpfenmuseum besuchen.

BIER

Eigene Brauerei: Moggerla (vom Fass), Rabenschwarz, Eiszeit-Weizen, Koksbock (dunkler Bock, saisonal). Maisel/Bayreuth: Alkoholfreie Weisse, Kritzenthaler Alkoholfreies. Distelhäuser: Alkoholfreies Radler. Paulaner/München: Paulaner Russe.

KÜCHE

Fränkische Brotzeiten.
Täglich mittelgroße Karte mit warmen Gerichten. Spezialitäten: Stadtwurst aus dem Wurstkessel, Bändel-Bratwürste, Turbinensteak vom Grill, Schäuferle, saisonale Gerichte.

PLÄTZE (außen/regensicher)

100/235

ANSCHRIFT

Bamberger Straße 53
91413 Neustadt an der Aisch
Tel.: 09161-662270
Fax: 09161-6622777

ÖFFNUNGSZEITEN

Täglich ab 11 Uhr, Montag Ruhetag

Ausflugs-Tipps

Neustadt an der Aisch | 1,7 km

Waldbad Neustadt

Eilersweg 5
91413 Neustadt an der Aisch
Tel.: 09161-2416

Web: www.neustadt-aisch.de

Öffnungszeiten: siehe Website

Tipp: Ein selbständiger Stadtrundgang Neustadt an der Aisch oder die Stadtführung.

Neustadt an der Aisch | 800 m

Altes Schloss

Untere Schlossgasse 8
91413 Neustadt an der Aisch
Tel.: 09161-6620905

Web: www.karpfenmuseum.de

Öffnungszeiten: *Mi., Fr., Sa. und So. von 14 bis 17 Uhr und nach Vereinbarung*

Tipp: Im ersten Stock des Turmes befindet sich die Ausstellung Kinder-SpielWelten.

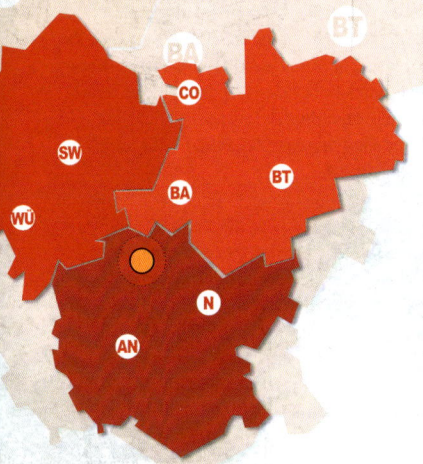

REISETIPP

**VGN Freizeitlinie 127
Aischgründer Bier-Express**

Mit der VGN-Freizeitlinie 127, dem Aischgründer-Bier-Express, geht es vom 1.5.–1.11 an Sonn- und Feiertagen zwischen Neustadt und Höchstadt an der Aisch bequem in die beschauliche Landschaft, mit schönen Wanderwegen und der imposanten Weiherlandschaft. Aber auch von Mo.–Sa. besteht mit der Linie 127 ein gutes Verkehrsangebot.

Mehr siehe **www.vgn.de**

Nürnberg

Biergarten Zollhaus Erlebnispark

www.biergarten-zollhaus.de **Tipp: Die saftigen Rindersteaks vom Grill**

EIN KNAPPER HEKTAR BIERGARTEN

BIER

Veldensteiner: Weizen, Dunkles, Helles (alles vom Fass), Radler, komplettes Flaschenbier-Sortiment.

KÜCHE

Täglich große Karte mit warmen Gerichten.
Spezialitäten: Verschiedene Salate, diverse Steinofen-Pizzen, Schäufele mit Kloß.

PLÄTZE (außen/regensicher)

1200/100

ANSCHRIFT

Am Zollhaus 150
90471 Nürnberg
Tel.: 0911-9808089

ÖFFNUNGSZEITEN

Biergarten (bei schönem Wetter):
Täglich ab 11 Uhr, Kein Ruhetag
Gaststätte (bei schlechtem Wetter):
Täglich ab 11.30 Uhr, Kein Ruhetag

Auf über 9.000 Quadratmetern erstreckt sich das Biergarten-Erlebniszentrum Zollhaus. Hier ist man eigentlich immer richtig, wenn es um angenehme Freizeitgestaltung geht. Mit Streichelzoo, Spielplatz, und Bungee-Trampolinspringen kommen vor allem Kinder auf ihre Kosten. Für echte Helden stehen aber auch viele Grillspezialitäten und das komplette Veldensteiner-Sortiment auf dem Programm. Abgerundet wird das Ganze durch regelmäßige Livekonzerte und DJ-Abende, so dass auch die Generation iPhone und iPad genügend Spielraum für Tanz- und Balzvergnügen hat.

Letzteres lässt sich auch prima beobachten, wenn Sie den Nürnberger Tiergarten besuchen. In weitläufigem Gelände sind Tiere aus aller Welt zu bestaunen, besonders das Delphinarium hat sich mittlerweile große Anerkennung erworben. Wer lieber hoch hinaus will, sollte die Kaiserburg besteigen und besichtigen. Eigentlich sind es sogar zwei Burgen, aber die Details erfahren Sie ja dann dort.

Ausflugs-Tipps

Nürnberg | 8,2 km

Tiergarten Nürnberg

Am Tiergarten 30
90480 Nürnberg
Tel.: 0911-54546

Web: www.tiergarten.nuernberg.de

Öffnungszeiten: siehe Website

Tipp: Die Vorführungen in der Delphinlagune um 11, 12.30, 14 und 15.30 Uhr.

Nürnberg | 9,4 km

Kaiserburg

Auf der Burg
90403 Nürnberg
Tel.: 0911-244659115

Web: www.kaiserburg-nuernberg.de

Öffnungszeiten: Apr. bis Sep.: 9 bis 18 Uhr
Okt.-Mär.: 10 bis 16 Uhr

Tipp: Die Kinderführung „Achtung! Späher und Spione auf der Burg".

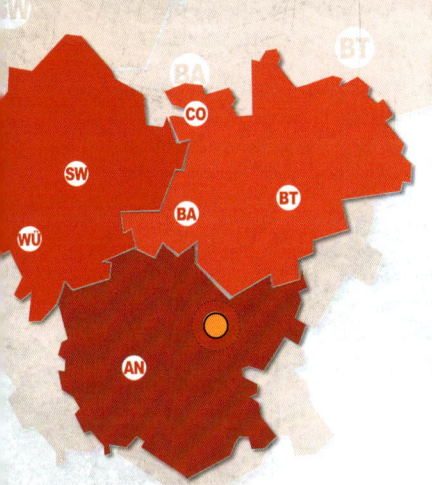

REISETIPP

Alle Möglichkeiten

Das Zollhaus ist etwa 8 Kilometer vom Nürnberger Hauptbahnhof entfernt. Das ist mit dem Fahrrad gut zu bewältigen.

Zusätzlich fahren die Buslinien 602 und 603 die Gaststätte direkt an.

Mehr siehe **www.vgn.de**

Nürnberg

Gutmann am Dutzendteich

www.gutmann-am-dutzendteich.de — Tipp: Die Krautwickel mit Bier-Specksoße

BIER

Gutmann/Titting: Untergäriges Vollbier (vom Fass), helles Weizen, dunkles Weizen, leichtes Weizen, alkoholfreies Weizen.

KÜCHE

Fränkische Brotzeiten. Täglich große Karte mit warmen Gerichten. Spezialitäten: Braumeister Salat, Nürnberger Rostbratwürste, Krautwickel mit Bier-Specksoße, Krustenschäuferle, umfangreiche Saisonkarte.

PLÄTZE (außen/regensicher)

1030/260

ANSCHRIFT

Bayernstraße 150
90478 Nürnberg
Tel.: 0911-988187710
Fax: 0911-988187750

ÖFFNUNGSZEITEN

Täglich ab 10 Uhr, Kein Ruhetag

BEACH-GLUBB

Der Clubfan an sich hat es schwer, das war schon immer so und wird wohl auch so bleiben, besonders wenn man die Entwicklung der Jahre 2007/2008 bedenkt, als der 1.FCN nach dem Pokalsieg direkt absteigen musste. Doch damit das Leben für den Clubberer leichter wird, serviert man hier am Dutzendteich zur regelmäßigen Live-Übertragung der Spiele die Weizenspezialitäten von Gutmann aus Titting, das früher einmal fränkisch war und seit 1972 oberbayerisch ist. Das nur am Rande, sehr lecker auch die Cocktails, die am besten auf den Liegestühlen im Beach-Bereich schmecken.

Und wenn Sie schon dabei sind, sollten Sie noch einen Abstecher ins Spielzeugmuseum machen. Dort gibt es zwar „nur" Tischfußball, aber dafür auch viele andere Spiele zum Ausprobieren und Mitmachen – und natürlich jede Menge Wissenswertes drumherum. Zu guter Letzt raten wir Ihnen dann noch zum Abstieg: In die düsteren Felsengänge unterhalb der Kaiserburg.

2 Nürnberg Dutzendteich Bahnhof

Ausflugs-Tipps

Nürnberg | 4,2 km

Spielzeugmuseum

Karlstraße 13-15
90403 Nürnberg
Tel.: 0911-2313164
Web: www.museen.nuernberg.de
Öffnungszeiten:
Di. bis Fr. von 10 bis 17 Uhr
Sa., So. und Feiertage von 10 bis 18 Uhr

Tipp: Gerade die Geschichten hinter den Spielzeugen sind sehr aufschlußreich.

Nürnberg | 4,4 km

Historische Felsengänge

Bergstraße 19
90403 Nürnberg
Tel.: 0911-2449859
Web: www.historische-felsengaenge.de
Öffnungszeiten: siehe Website
Tipp: Festes Schuhwerk ist von Vorteil.

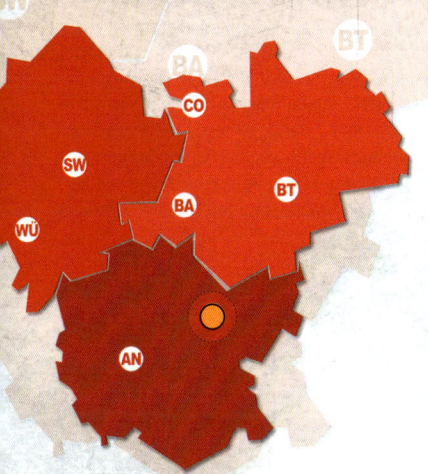

REISETIPP

Nicht weit von der Innenstadt

Der Dutzendteich ist nur etwa 3,3 Kilometer vom Nürnberger Hauptbahnhof entfernt. Das ist mit dem Fahrrad gut zu bewältigen.

Zusätzlich fährt die S-Bahn 2 direkt zum Dutzendteich.

Mehr siehe **www.vgn.de**

Nürnberg

Kopernikus Biergarten im Krakauer Haus

www.restauration-kopernikus.de   Tipp: Die Piroggen

BIER

Meister/Unterzaunsbach: Landbier (vom Fass). Krug/Breitenlesau: Landbier (vom Fass). Penning/Hetzelsdorf: Landbier (vom Fass). Spalter: Dunkles, Helles (beides vom Fass). Lindenbräu/Gräfenberg: Landbier. Gutmann/Titting: Helles Weizen, dunkles Weizen, leichtes Weizen, alkoholfreies Weizen.

KÜCHE

Fränkische Brotzeiten. Täglich große Karte mit warmen Gerichten. Spezialitäten: Saisonale Gerichte (Spargel, Pfifferlinge), Piroggen, polnische Gerichte.

PLÄTZE (außen/regensicher)

150/35

ANSCHRIFT

Hintere Insel Schütt 34
90403 Nürnberg
Tel.: 0911-2427740
Fax: 0911-2427739

ÖFFNUNGSZEITEN

Mitte Apr. bis Mitte Sep.:
Mo. bis Fr. ab 16 Uhr
Sa., So. und Feiertage ab 12 Uhr
Mitte Sep. bis Mitte Apr.:
Mo. bis Fr. ab 17 Uhr
Sa., So. und Feiertage ab 12 Uhr
(Biergarten offen, dann Restaurant geschlossen und umgekehrt)

DIE POLNISCHE ENKLAVE

Der mittelalterliche Kopernikus Biergarten ist gar nicht so einfach zu finden. Man muss nämlich erst die Stufen im Krakauer Haus emporsteigen, bevor es dann zum Biergarten direkt an der Burgmauer geht. Das Gebäude an sich schenkte die Stadt Nürnberg ihrer Partnerstadt Krakau, weswegen neben einer guten Auswahl fränkischer Landbiere vor allem polnische Gerichte auf der Speisekarte stehen. Besonders spannend fanden wir die Piroggen, eine Art polnische Maultasche mit unterschiedlichen Füllungen, die als Vor-, Haupt- und Nachspeise genossen werden kann.

Anschließend können Sie sich entscheiden, zwischen Bewusstseinserweiterung im Turm der Sinne, oder dem Wandeln auf den Spuren des bekannten Nürnberger Malers Albrecht Dürer. Sein Wohnhaus unterhalb der Burg ist erhalten und beherbergt ein kreativ und spannend aufgemachtes Museum.

Nürnberg Wöhrder Wiese

Ausflugs-Tipps

Nürnberg | 1,2 km

Albrecht-Dürer-Haus

Albrecht-Dürer-Straße 39
90403 Nürnberg
Tel.: 0911-2312568
Web: museen.nuernberg.de/duererhaus
Öffnungszeiten: siehe Website

Tipp: Beachten Sie die Sonderöffnungszeiten an Feiertagen.

Nürnberg | 1,3 km

Turm der Sinne

Spittlertorgraben/Ecke Mohrengasse
Westtor, 90429 Nürnberg
Tel.: 0911-9443281
Web: www.turmdersinne.de
Öffnungszeiten:
Di. bis Fr. 13 bis 17 Uhr
Sa., So., Feiertage 11 bis 17 Uhr
Schulferien täglich 11 bis 17 Uhr

Tipp: Auch toll für Geburtstage geeignet.

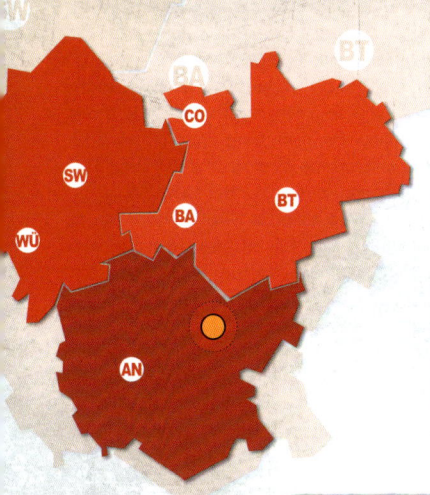

REISETIPP

Direkt an der Stadtmauer

Der Fußweg vom Hauptbahnhof zum Biergarten ist nur einen knappen Kilometer lang. Auch aus der Innenstadt ist man sehr schnell zu Fuß hier.

Die U-Bahn Haltestelle Wöhrder Wiese liegt in direkter Nähe.

Mehr siehe **www.vgn.de**

Nürnberg

Lederer Kulturbrauerei

www.erlebnisgastronomie-nuernberg.de   **Tipp: Der selbst gemachte Obatzte**

BIER
Tucher/Fürth: Lederer Kroko-Hausbier, Tucher Pils, Tucher Weizen (alles vom Fass), Kroko Sommer, Tucher frei.

KÜCHE
Fränkische Brotzeiten. Täglich mittelgroße Auswahl an warmen Gerichten. Spezialitäten: Selbst gemachter Obatzter, ofenfrisches Schäuferle, fränkischer Sauerbraten mit Lebkuchensoße, frische Pfifferlinge in Rahm.

PLÄTZE (außen/regensicher)
1000/500

ANSCHRIFT
Sielstraße 12
90429 Nürnberg
Tel.: 0911-80100
Fax: 0911-801027

ÖFFNUNGSZEITEN
Bedienungsbereich:
Täglich ab 11 Uhr, Kein Ruhetag

Selbstbedienungsbereich
(bei schönem Wetter):
Mo. bis Fr. ab 16 Uhr
Sa., So. und Feiertage ab 13 Uhr
Kein Ruhetag

DAS KROKODIL ÜBER DEM TANK

Wo bis 1995 noch das Lederer Bier das Licht der Welt erblickte, einst die älteste Brauerei der Stadt, die schon vor der Entdeckung Amerikas leckeren Gerstensaft köchelte, liegt heute die Kulturbrauerei. Mit vielen Exponaten aus der langen Lederer-Geschichte bieten die Innenräume auch eine gute Gelegenheit, sich über Braukunst und Braukultur der freien Reichsstadt zu informieren. Insbesondere die riesigen alten Sudpfannen und die originale Dampfmaschine, die der Chef auf Anfrage vorführt, sind beeindruckend. Heute schenken Karl Krestel und sein Team Tucher Bier aus und als Reminiszenz ein Kroko-Hausbier, das nach einem großen Krokodil benannt ist, das über der Theke hängt. Der riesige Biergarten mit eigener U-Bahn-Station um die Ecke erfreut sich jedenfalls zu Recht ungebrochener Beliebtheit bei den Einheimischen.

Im Anschluss empfehlen wir eine weitere Zeitreise, entweder zum nahe gelegenen Memorium Nürnberger Prozesse oder zum Dokumentationszentrum Reichsparteitagsgelände mit seiner großen Ausstellung in der Kongresshalle der Nationalsozialisten am Dutzendteich.

1 Nürnberg Bärenschanze U

Ausflugs-Tipps

Nürnberg | 300 m

Memorium Nürnberger Prozesse

Bärenschanzstraße 72
90429 Nürnberg
Tel.: 0911-32179372

Web: www.museen.nuernberg.de

Öffnungszeiten:
Mi. bis Mo. 10 bis 18 Uhr

Tipp: Beachten Sie die aktuellen Veranstaltungsreihen.

Nürnberg | 5,9 km

Dokumentationszentrum Reichsparteitagsgelände

Bayernstraße 110, 90478 Nürnberg
Tel.: 0911-2315666

Web: www.museen.nuernberg.de

Öffnungszeiten:
Mo. bis Fr. von 9 bis 18 Uhr
Sa. und So. von 10 bis 18 Uhr

Tipp: Schon die Architektur des Gebäudes ist sehenswert!

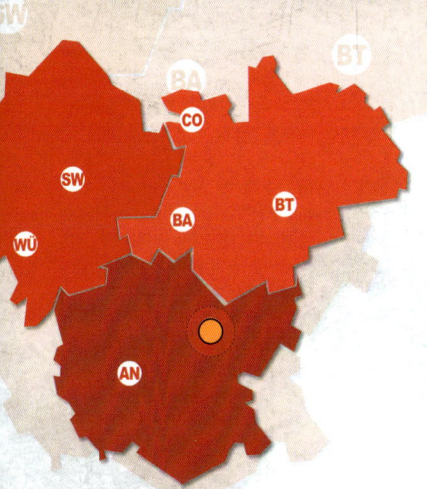

REISETIPP

Nicht weit von der Innenstadt

Die Kulturbrauerei ist nur etwa 3 Kilometer vom Nürnberger Hauptbahnhof entfernt. Das ist mit dem Fahrrad gut zu bewältigen.

Zusätzlich fährt die U-Bahn 1 ganz in die Nähe (Haltestelle Bärenschanze).

Mehr siehe **www.vgn.de**

Nürnberg

KulturGarten Nürnberg

www.k4-kulturgarten.de   **Tipp: Jeden Montag ab 20 Uhr Live-Bands**

BIER

Nickl/Pretzfeld: Zwickl (vom Fass). Meister/Unterzaunsbach: Dunkles Vollbier (vom Fass). Klosterbrauerei/Weißenohe: Weißenoher Bio Classic (vom Fass), Pils. Spalter: Helles (vom Fass), Alkoholfreies. Unertl/Haag in Oberbayern: Dunkles Hefeweizen, leichtes Hefeweizen, alkoholfreies Hefeweizen.

KÜCHE

Fränkische Brotzeiten. Täglich mittelgroße Karte mit warmen Gerichten. Spezialitäten: Weltkulturburger, klassische fränkische Brotzeiten.

PLÄTZE (außen/regensicher)

600/300

ANSCHRIFT

Königstraße 93 (Zugang über Bauhof 3 / Königstormauer)
90402 Nürnberg
Tel.: 0911-4199701

ÖFFNUNGSZEITEN

Anfang Mai bis Ende Sep.:
Täglich ab 11 Uhr, Kein Ruhetag

VEREINTER BIERGARTEN

Bis 2005 ging es hier ein bisschen zu wie einst in Berlin. Mitten durch den Innenhof verlief ein Zaun, der die Glücklichen von den Durstigen trennte. Mittlerweile erinnert nur der unterschiedliche Bodenbelag an die alte Zeit, und die Gäste sitzen kreuz und quer. Besonders montags pulsiert hier das Leben, wenn Live-Bands das Publikum ordentlich rocken. Zu der einzigartigen Atmosphäre direkt an der Stadtmauer gehört auch der Grill, dem ab 18 Uhr ebenfalls kräftig eingeheizt wird. Das Künstlerhaus selbst bietet ein umfassendes Kulturprogramm, unter anderem mit Programmkino, Ausstellungen und offenen Werkstätten.

Die hohe Kultur finden Sie ein paar Häuser weiter im Germanischen Nationalmuseum. In den über 150 Jahren seines Bestehens hat das größte kulturhistorische Museum Deutschlands mehr als eine Million Exponate angehäuft. Von Dürer-Bildern bis zum Behaim-Globus können Sie hier der Deutschen Geschichte auf den Grund gehen. Als kleine Stärkung empfehlen wir entweder das Café des Hauses oder den Handwerkerhof, wo Sie die echten kleinen Nürnberger Rostbratwürste auf ihr Brötchen kriegen – oder wie der Nürnberger sagt: "Drei im Weggla."

Hauptbahnhof Nürnberg

Ausflugs-Tipps

Nürnberg | 600 m

Germanisches Nationalmuseum

Kartäusergasse 1
90402 Nürnberg
Tel.: 0911-13310
Web: www.gnm.de
Öffnungszeiten: siehe Website

Tipp: Für Rollstuhlfahrer sind die Ausstellungshallen zugänglich.

Nürnberg | 60 m

Handwerkerhof

Königstor
90402 Nürnberg
Web: www.nuernberg.de
Öffnungszeiten:
Ladenöffnungszeiten beachten
Siehe Website

Tipp: Im Handwerkerhof können auch in perfektem Ambiente echte Nürnberger Bratwürste genossen werden.

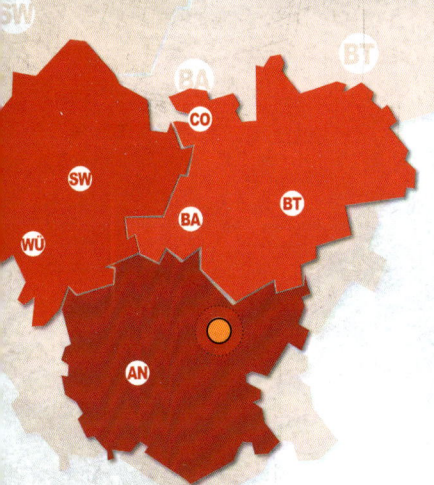

REISETIPP

Direkte Nähe zum Nürnberger Hauptbahnhof

Der Fußweg vom Hauptbahnhof zum Biergarten ist nur knapp 400 Meter lang. Auch aus der Innenstadt ist man sehr schnell zu Fuß hier.

Mehr siehe **www.vgn.de**

Kaiserburg

Oberhaid

Hannla Keller

www.brauerei-wagner-oberhaid.de   **Tipp: Die Hannla-Platte**

DAS MAINTAL IM BLICK

Vom Hannla Keller hat man einen zauberhaften Ausblick auf das Maintal. Gerade an heißen Tagen sitzt es sich unter den großen schattenspendenden Bäumen besonders schön. Kulinarisch ein Bierkeller wie er im Buche steht: Leckere fränkische Brotzeiten und Wagner Lagerbier vom Fass. Ein ordentlicher Kinderspielplatz komplettiert das Ensemble. Der Hannla Keller ist auch eine gute Anlaufstation für durstige Radfahrer auf dem Weinradweg am Main.

Im nächsten Ort Unterhaid können Sie noch ein bisschen tiefer in die fränkische Bierkellergeschichte einsteigen und die wiedererweckten historischen Keller am Ortseingang erkunden. Spannend ist auch ein Besuch im neugeschaffenen Zeiler Hexenturm, wo Sie die eher unrühmliche Geschichte des Fürstbistums Bamberg als eine der Hochburgen der Hexenverbrennung im Mittelalter am Originalschauplatz nachvollziehen können.

BIER

Eigene Brauerei: Lager (vom Fass), Kellerbier.
Kulmbacher: Scherdel Alkoholfreies.

KÜCHE

Fränkische Brotzeiten.
Keine warmen Gerichte.
Spezialitäten: Hannla-Platte, Käseplatte.

PLÄTZE (außen/regensicher)

200/0

ANSCHRIFT

An der Hauptstraße zwischen Oberhaid und Dörfleins
96173 Oberhaid
Tel.: 09503-8758 o. 09503-229

ÖFFNUNGSZEITEN

Täglich ab 14 Uhr, Kein Ruhetag
Bei schlechtem Wetter geschlossen

952, 953 Oberhaid Dr.-Hau-Platz

Ausflugs-Tipps

Zeil am Main | 21 km

Zeiler Hexenturm

Obere Torstraße 14
97475 Zeil am Main
Tel.: 09524-949861
Web: www.zeiler-hexenturm.de
Öffnungszeiten: siehe Website
Tipp: Der Stadtrundgang in Zeil.

Oberhaid | 0 km (zur Strecke)

Weinradweg am Main

Ausgangspunkt der Wanderung:
Mainbrücke Hallstadt
ca. 24 km lang, Dauer: ca. 1,5 h
Web: www.hallstadt.de

Tipp: Kombinierbar mit Tipp 1, Zeiler Hexenturm. Dieser liegt an der Wegstrecke.

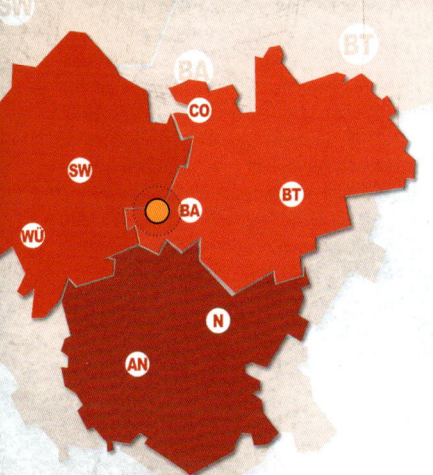

REISETIPP

Freie Auswahl aus Bamberg

Oberhaid ist aus Bamberg sehr schnell mit dem Zug zu erreichen. Auch per Fahrrad ist die Strecke von knapp 7 Kilometern über Hallstadt und Dörfleins gut zu bewältigen.

Die Buslinien 952 und 953 halten im Ort, man muss also noch ein paar hundert Meter zurück zum Bierkeller laufen.

Mehr siehe **www.vgn.de**

Oberreichenbach

Geyer's Felsenkeller

www.brauereigasthof-geyer.de **Tipp: Der Adlerhaxen**

KELLER MIT PFIFF

Der historische Felsenkeller - bis 1965 noch Lagerstätte für das süffige Bier der Brauerei Geyer - befindet sich erst seit einigen Jahren wieder in der Hand der Familie. Traumhaft mitten in einem Wäldchen gelegen, birgt er ein pikantes Geheimnis: Nur wenig entfernt liegt der Tanzenhaider Weiher, das Mekka der örtlichen FKK-Liebhaber. Und so legten schon viele einen Zwischenstopp auf dem Bierkeller ein, um sich Mut anzutrinken, die einen zum Baden, die anderen zum Zuschauen. Übrigens: Jedes Jahr am 1. Freitag im August wird das Kellerfest gefeiert.

Richtig große Badefreuden, allerdings mit Badehose, bietet das bei Herzogenaurach gelegene Erlebnisbad Atlantis, mit Wellenbad und Riesenrutschen kommen hier gerade die Kleinen auf ihre Kosten.

BIER
Eigene Brauerei: Keller, Weizen (beides vom Fass).

KÜCHE
Hausmacher Brotzeiten. Täglich kleine Karte mit warmen Gerichten. Spezialitäten: Grobe Bratwürste, Leberkäs, Weißwürste, Adlerhaxen.

PLÄTZE (außen/regensicher)
250/40

ANSCHRIFT
Tanzenhaider Weg 6
91097 Oberreichenbach
Tel.: 09104 -2802 o. 0179-6781408

ÖFFNUNGSZEITEN
Mo. bis Fr. ab 17 Uhr
Sa. ab 14 Uhr
So. und Feiertage ab 11 Uhr
Kein Ruhetag

Ausflugs-Tipps

Herzogenaurach | 8,3 km

Atlantis

Würzburger Straße 35
91074 Herzogenaurach
Tel.: 09132 -73850

Web: www.atlantis-bad.de

Öffnungszeiten: Täglich von 10 bis 22 Uhr
Sauna: Täglich von 10 bis 23 Uhr
(letzter Einlass jeweils um 21 Uhr)

Tipp: Im Wasserspielpark können sich Kinder austoben.

Herzogenaurach | 9,7 km

Flugplatz Herzogenaurach

Am Birkenbühl
91074 Herzogenaurach
Tel.: 09132-7415979

Web: www.flugplatz-herzogenaurach.de

Öffnungszeiten: Gebucht werden sollte immer im Vorfeld per Telefon.

Tipp: Lernen Sie fliegen (Preise und Flugstunden erfahren Sie per Telefon).

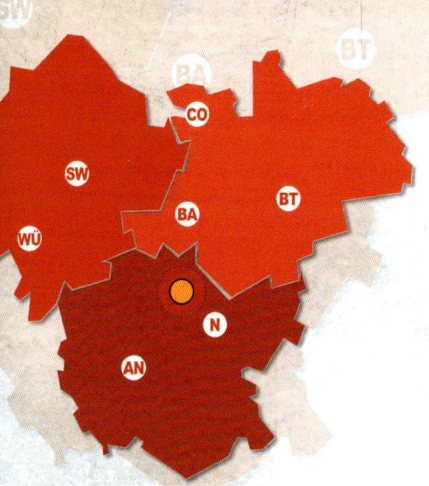

REISETIPP

Zwischen Erlangen und Neustadt/Aisch

Oberreichenbach liegt etwa 20 Kilometer vom Erlanger Bahnhof und 9 Kilometer von Herzogenaurach entfernt in Richtung Neustadt/Aisch.

Die Buslinien 201 und 241 halten unweit des Felsenkellers.

Mehr siehe **www.vgn.de**

Pettstadt

Schrauder-Keller

www.bier.by   **Tipp: Die Käseplatte**

ROMANTIK AUF MEHREREN EBENEN

BIER

Löwenbräu/Buttenheim: Lager (vom Fass), Weizen.
Löwenbräu/München: Alkoholfreies.

KÜCHE

Fränkische Brotzeiten.
Spezialitäten: Käseplatte, Kellerplatte, Heringe & Makrelen vom Grill (Do.), selbst gebackene Kuchen (So.).

PLÄTZE (außen/regensicher)

400/200

ANSCHRIFT

96175 Pettstadt-Neuhaus
Tel.: 0178-4121658

ÖFFNUNGSZEITEN

Täglich ab 15 Uhr
So. und Feiertage ab 10 Uhr
Kein Ruhetag
Bei schlechtem Wetter geschlossen

Der Schrauder-Keller liegt für alle Bamberger ideal an dem idyllischen Waldradweg nach Pettstadt. Man kann kaum vorbeifahren, ohne zumindest auf ein Seidla anzuhalten. Ob gerade geöffnet ist, zeigt schon von weitem die Fahne an. Dann herrscht eigentlich fast immer reger Betrieb an den Biertischen, romantisch unter den hohen alten Bäumen gelegen. Für die Kinder gibt es einen großen, gut ausgestatteten Spielplatz und für Fisch-Liebhaber jeden Donnerstag Heringe und Makrelen vom Grill.

Ein uriges Erlebnis bietet die an der Regnitz gelegene Pettstadter Fähre, wo auch heute noch ein Fährmann mit seiner Muskelkraft für die Überfahrt sorgt. Auf der anderen Seite bieten sich schöne Wege für eine kleine Wanderung, bevor Sie dann der Fährmann zurück zum Keller bringt.

Ausflugs-Tipps

Pettstadt | 0 km (zur Strecke)

Radweg von Bamberg nach Ebrach

Ausgangspunkt des Radweges: Bamberg (Schleuse)
ca. 47 km lang, Dauer: 2,5 Std.

Web: www.ebrach.de

Tipp: Gerade auch in Teilstrecken eine sehr familienfreundliche Tour.

Pettstadt | 1 km

Fähre Pettstadt

Fährmann Reinhold Schuhmann
Tel.: 09502-8331oder
Gemeindeverwaltung
Tel.: 09502-49060

Web: www.pettstadt.de

Öffnungszeiten: *Betrieb 1. Mär. bis 31. Okt.: Täglich 9 bis 19 Uhr, kein Ruhetag*

Tipp: Lassen Sie sich nicht stressen, der Fährmann tut es auf jeden Fall nicht.

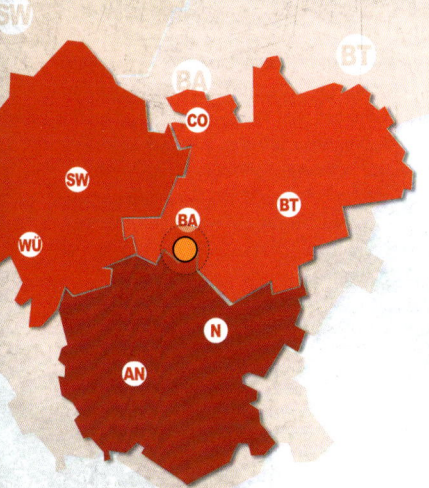

REISETIPP

Mit dem Fahrrad aus Bamberg

Pettstadt erreicht man mit dem Fahrrad optimal vom Bamberger Bahnhof über den Ortsteil Bug.

Alternativ können die knapp 10 Kilometer auch gewandert werden.

Mehr siehe **www.vgn.de**

Pettstadt (Kirchlauter)

Gutshof Andres

www.gutshof-andres.de   **Tipp: Die hausmacher Bauchfleischplatte**

BIER

Schroll/Reckendorf: Dunkles (vom Fass).
Göller/Zeil am Main: Pils (vom Fass).
Simon/Lauf: Weizen.
Spezial/Bamberg: Rauchbier.
Binkert/Breitengüßbach: Keller, Amber.

KÜCHE

Hausmacher Brotzeiten.
Täglich mittelgroße Karte mit warmen Gerichten.
Spezialitäten: Fischgerichte, Sülze, Bratwürste.

PLÄTZE (außen/regensicher)

120/100

ANSCHRIFT

Pettstadt Nr. 1
96166 Kirchlauter
Tel.: 09536-221
Fax: 09536-1622

ÖFFNUNGSZEITEN

Täglich ab 12 Uhr
Dienstag und Mittwoch Ruhetag

BILDERBUCH-BIERGARTEN

Der Biergarten des Gutshofs liegt im Innenhof und am hauseigenen Weiher – drumrum Fachwerkgebälk, alter Baumbestand und der Geruch der Geschichte. Besonders schön sind die Lage unmittelbar am Wasser und die Möglichkeit, direkt um die Baumstämme zu sitzen. Mitte des 18. Jahrhunderts erbaut, erhielt Familie Andres nur etwa 100 Jahre später auch die Schankerlaubnis. Die Zukunft als sozialer Mittelpunkt der näheren Umgebung war begründet. In der Küche finden sich ausschließlich Produkte aus der Region oder aus eigener Landwirtschaft. In jedem Fall sollten Sie auch einen der hauseigenen Brände versuchen. Georg Andres destilliert hier insbesondere heimische Schätze wie die Hutzelbirne oder Apfelweinhefe.

Gleich eine ganze Museumsstadt erwartet den Reisenden im nahegelegenen Königsberg, wo wir Ihnen vor allem die Burgruine mit ihrem einzigartigen Panorama-Blick und den wunderschönen Kunsthandwerkerhof ans Herz legen wollen.

Ausflugs-Tipps

Königsberg | 11,5 km

Burgruine Königsberg

Schlossberg 14
97486 Königsberg in Bayern
Tel.: 09525-9819443 (Gaststätte)

Web: www.schlossberg-koenigsberg.de
oder www.hassberge-tourismus.de

Öffnungszeiten: Frei zugänglich

Tipp: Das Mittelalterfest und die Rosenmesse sind in der Atmosphäre der Burgruine absolut einzigartig.

Königsberg | 12 km

Kunsthandwerkerhof Königsberg

Altes Brauhaus 4
97486 Königsberg
Tel: 09525-1863

Web: www.kunst-handwerkerhof.de

Öffnungszeiten: Mi. bis So. ab 14 Uhr

Tipp: Hier können nach Herzenslust ganz besondere Geschenke eingekauft werden.

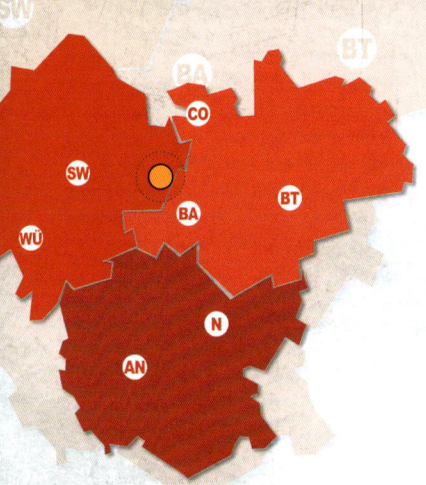

REISETIPP

Vom Zeiler Bahnhof

Nur etwa 10 Kilometer (bergige) Strecke trennen den Radfahrer vom Bahnhof in Zeil am Main und dem Gutsgasthof Andres.

In größeren Abständen fährt auch die Buslinie 945 direkt nach Pettstadt.

Mehr siehe **www.vgn.de**

Pfofeld

Gasthof Metzgerei Kleemann

www.gasthof-kleemann.de **Tipp: Die Schlachtschüssel (jeden Do.)**

BIER
Strauß/Wettelsheim: Pils, Märzen, Helles (alles vom Fass), Wet (Premium Pils). Gutmann/Titting: Weizen, leichtes Weizen, dunkles Weizen, alkoholfreies Weizen. Erdinger: Weizen, alkoholfreies Weizen. Clausthaler: Alkoholfreies. Jever: Jever Fun.

KÜCHE
Hausmacher Brotzeiten. Täglich mittelgroße Karte mit warmen Gerichten. Spezialitäten: Karpfen (saisonal), Schäuferle, Brotzeiten, Krenfleisch.

PLÄTZE (außen/regensicher)
50/100

ANSCHRIFT
Ringstraße 17 und 19
91738 Pfofeld
Tel.: 09834-239
Fax: 09834-1051

ÖFFNUNGSZEITEN
Do. bis Sa. ab 10 Uhr
So. ab 11 Uhr
Montag bis Mittwoch Ruhetag, außer Oster-, Pfingst- und Kirchweihmontag (Anfang Oktober)

GEHEIMTIPP UM DIE ECKE

Hierher zum Gasthof Kleemann finden Seenland-Touristen bisher eher selten, dafür die Einheimischen umso öfter. Und das ist gut so, es ist ja ein Geheimtipp. Schließlich gibt es jede Menge Leckereien aus der hauseigenen Metzgerei, die man am besten im schönen Biergarten genießt. Heidi Kleemann wirft auch gerne mal den Grill an, und ein rustikaler Sommerabend kann in der Scheune ausklingen. Nicht verpassen sollten Sie den interaktiven „Hochfrengisch-Kurs", den Sie hier mit den Mitarbeitern oder auf der Internetseite vom Kleemann absolvieren können. Beispiel gefällig? Lasst uns noch eins trinken = Aahns baggmernu…

Zur weiteren Erbauung lohnt die kleine Fahrt nach Stopfenheim, wo Helmut und Franz-Josef Bittner eine liebevoll arrangierte Kleinwagensammlung aufgebaut haben. Ob Isetta oder Kabinenroller, Mopetta oder Goggo-Coupé – hier werden Männerträume wahr.

Ausflugs-Tipps

Stopfenheim (Bayern) | 6 km

Fränkische Kleinwagensammlung Bittner

In der Türkei 5
91792 Stopfenheim (Bayern)
Telefon: 09141 7 23 83

Öffnungszeiten:
Geöffnet nach tel. Vereinbarung

Tipp: Mit Helmut oder Franz-Josef macht der Rundgang viel Spaß - sie können zu jeder Schraube eine Geschichte erzählen.

Gunzenhausen | 6,1 km

Waldbad am Limes

Leonhardsruhstraße 46
91710 Gunzenhausen
Telefon: 09831-8004141

Web: www.swg-gun.de

Öffnungszeiten: siehe Website

Tipp: Besuchen Sie doch bei schlechtem Wetter das Juramare Hallenbad.

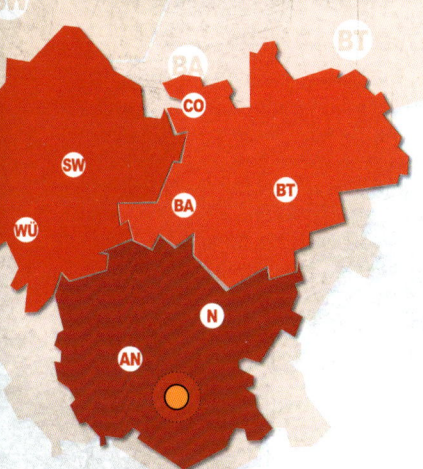

REISETIPP

Busreisen verbindet

Die Buslinie 621 verbindet Gunzenhausen über Pfofeld mit Spalt.

Von Gunzenhausen sind es aber nur 9 Kilometer zum Biergarten, eine Strecke, für die sich auch das Fahrrad anbietet.

Mehr siehe **www.vgn.de**

Pottenstein

Bruckmayer's Biergarten

www.hotel-bruckmayer.de **Tipp: Die Feierabendvesper**

BIER
Püls/Weismain: Höhlentrunk (nach eigenem Rezept), Kellertrunk, Landbier (alles vom Fass). Wechselnde Brauereien: Alkoholfreies.

KÜCHE
Fränkische Brotzeiten. Täglich mittelgroße Karte mit warmen Gerichten. Spezialitäten: Grobe Bratwürste, Feierabendvesper, Schäuferle (So.), zusätzlich täglich wechselnde Spezialgerichte.

PLÄTZE (außen/regensicher)
150/30

ANSCHRIFT
Am Stadtgraben 1-3
91278 Pottenstein
Tel.: 09243-924450
Fax: 09243-924414

ÖFFNUNGSZEITEN
Täglich ab 12 Uhr
(bei schönem Wetter)
Dienstag Ruhetag

BIERGARTEN MIT SCHWIMMBADBLICK

Man kann hier vom Biergarten aus direkt ins Juramar-Erlebnisbad schauen oder nach einem Besuch desselben bei einem gemütlichen Bierchen entspannen. Der weitläufige Biergarten am Minigolfplatz mit seinen großen, schattenspendenden Bäumen und runden sowie traditionellen Biertischen macht allerdings auch Lust auf Bier Nummer zwei, drei, vier, ... Der süffige Höhlentrunk wird übrigens nach eigenem, alten bruckmayerschen Rezept in Weismain bei Püls gebraut. Ihn kann man nicht nur im Biergarten, sondern auch im historischen, etwa 100 Meter entfernten, „Bruckmayers Urbräu" genießen. Mitten zwischen den Felsen finden Sie hier eine Fülle von Attraktionen: Während die Sommerrodelbahn Geschwindigkeitsfetischisten glücklich macht, sollten Naturforscher lieber die Teufelshöhle erkunden. Die größte Höhle der Fränkischen Schweiz bietet spektakuläre Tropfstein-Formationen aus Stalagmiten (vom Boden wachsend) und Stalagtiten (von der Decke wachsend). Für Abkühlung sorgt anschließend das wunderschöne Felsenschwimmbad.

Ausflugs-Tipps

Pottenstein | 1,2 km

Felsenbad Pottenstein

Pegnitzer Straße 35
91278 Pottenstein
Tel.: 09243-700592

Web: www.felsenbad.eu

Öffnungszeiten: Mai bis Okt.: Täglich von 9.30 bis 19 Uhr bei gutem Wetter

Tipp: Viele weitere Infos zur bewegten Geschichte des Bades finden Sie auf der Website.

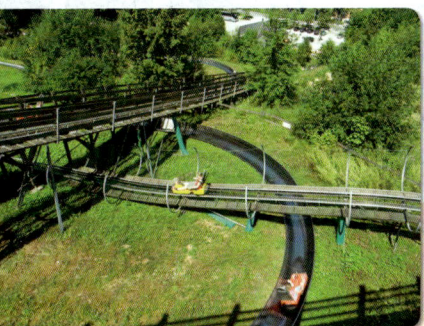

Pottenstein | 1,2 km

Sommerrodelbahn

An der B 470 (gegenüber dem Felsenbad)
91278 Pottenstein
Tel.: 09243-92200

Web: www.sommerrodelbahnen-pottenstein.de

Öffnungszeiten: Mär. bis Anfang Nov.: Täglich von 10 bis 17 Uhr

Tipp: Die Allwetterrodelbahn auf Schienen ist auch bei Regen und Schnee befahrbar.

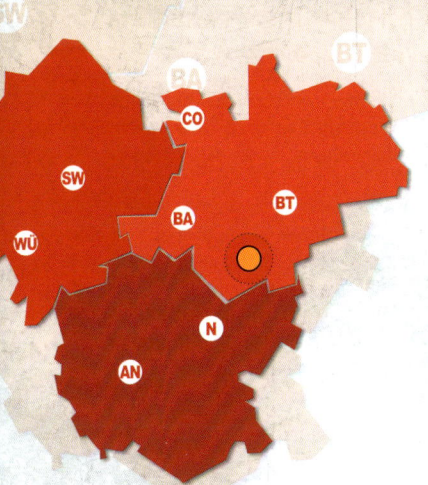

REISETIPP

**VGN Freizeitlinie 343
Bier-, Brotzeit und Burgen-Express**

Der Bier-, Brotzeit- und Burgen-Express 343 fährt über Plech, Betzenstein und Pottenstein weiter ins Ailsbachtal zur Burg Rabenstein und zur Sophienhöhle sowie ins romantische Waischenfeld.

Mehr siehe **www.vgn.de**

Pretzfeld

Pretzfelder Keller

www.pretzfelderkeller.de   Tipp: Das Schäuferle

BIER

Kulmbacher: Helles, Kellerbier, Radler (alles vom Fass), Kapuziner Weißbier.

KÜCHE

Fränkische Brotzeiten. Täglich kleine Karte mit warmen Gerichten. So und Feiertage Mittagstisch. Spezialitäten: Schäuferle, verschiedene Braten (an So. und Feiertagen), Gyros.

PLÄTZE (außen/regensicher)

300/80

ANSCHRIFT

Kirschenfestgelände zwischen Pretzfeld und Ebermannstadt
91362 Pretzfeld
Tel.: 0175-1645863

ÖFFNUNGSZEITEN

Do. und Fr. ab 16 Uhr
Sa., So. und Feiertage ab 11 Uhr
Mo., Di. und Mi. Ruhetag

DAS WIESENTTAL IM BLICK

Seit 2006 ist es wieder geöffnet, das Bierkeller-Urgestein auf dem Kirschenfest-Gelände. Hier sitzen Sie mitten in Europas größtem Kirschenanbaugebiet und können im Sommer die süßen Rotlinge von den Ästen pflücken. Natürlich passt sich auch das Speisenangebot an diese Saison an. Aber auch ohne Kirschen schmecken Schäuferla, Braten & Co. – nicht zuletzt wegen der einmaligen Aussicht auf das Wiesenttal. Spaß macht auch die Erkundung der vielen alten Kellergewölbe unter dem Biergarten.

Ein weiterer Bierkellertipp hier ist der Reifenberger Keller in Weilersbach. Der Weg dorthin ist nicht ohne, er liegt von Bäumen umsäumt mitten auf dem Berg. Ist man allerdings angekommen, hat man unter dem Schatten der alten Laubbäume einen abenso schönen Blick ins Wiesenttal, auf die Vexierkapelle und das Walberla gegenüber. Von hier können Sie auch schön in die VGN-Wanderung „Über die Rettener Kanzel zum Reifenberger Keller" einsteigen oder zumindest den kurzen Weg zur Rettener Kanzel einplanen.

Ausflugs-Tipps

Reifenberg | 4 km

Reifenberger Keller

Reifenberg 73
91365 Weilersbach
Tel.: 0157-86939455

Öffnungszeiten:
Mo. bis Fr .ab 16 Uhr
Sa., So. und Feiertage ab 14 Uhr
Kein Ruhetag

Tipp: Die Kellerplatte.

Pretzfeld | 2,9 km (zur Strecke)

VGN Wanderweg: Über die Rettener Kanzel zum Reifenberger Keller

Ausgangspunkt der Wanderung:
Forchheim Bahnhof

ca. 14,5 - 16,1 km, Dauer: ca. 4,5 Std.

Web: www.vgn.de

Tipp: Wir empfehlen einen Abstecher zur „Rettener Kanzel". Wunderbare Aussicht vor allem an Sonnentagen!

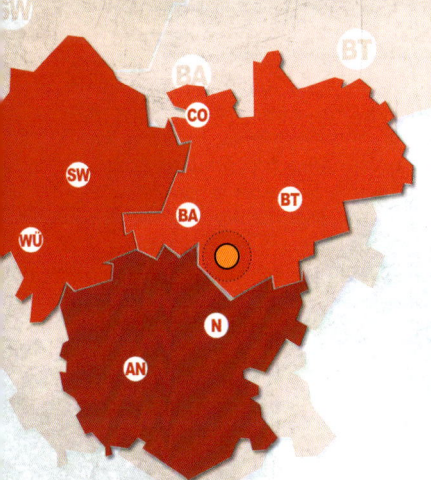

REISETIPP

Bahn oder Fahrrad

Vom Forchheimer Bahnhof sind es knapp 10 Kilometer Fahrrad-Strecke bis zum Pretzfelder Keller. Vom Bierkeller nach Ebermannstadt gerade einmal 3,5 Kilometer.

Direkt von Forchheim nach Pretzfeld fährt die Buslinie 222.

Mehr siehe **www.vgn.de**

Prölsdorf

Gasthaus Goldener Stern

www.bier.by — Tipp: Die Gartenplatte

SOSSE Á LA MIRACULIX

Von der Straße aus gesehen bemerkt der Unwissende nicht, was für ein schöner Biergarten sich auf der Rückseite des Gasthauses Goldener Stern befindet. Ein Traumblick auf die Rauhe Ebrach und den dahinterliegenden Wald, ein kleiner gepflegter Spielplatz und eine phantastische Küche erwarten den Gast. Ein weiterer Tipp in dieser Ecke ist der Brauerei-Gasthof Zum Grünen Baum in Theinheim. Dort werkelt Michael Bayer überaus erfolgreich und braut einen sensationell süffigen Gerstensaft. Im kleinen Innenhof sitzt man im Angesicht des Braukessels und möchte eigentlich nie wieder aufstehen - solange der flüssige Nachschub rollt. Mit dem Bier werden auch die Spezialitäten des Hauses verfeinert - von der Bierhaxe bis zum Bierschnitzel.

Hier bietet sich zudem die Gelegenheit, die neueste Attraktion des Steigerwaldes zu erkunden. Bei Ebrach ist in den letzten Jahren ein Baumwipfelpfad entstanden, der darauf wartet, von Ihnen erklommen zu werden.

BIER
Püls/Weismain: Landbier, Pils (beides vom Fass), Weizen. Schneider/Kelheim: Weißbier.

KÜCHE
Hausmacher Brotzeiten. Täglich mittelgroße Karte mit warmen Gerichten. Spezialitäten: Wechselndes Sonntagsmenü, Cordon Bleu, Schnitzel, Gartenplatte.

PLÄTZE (außen/regensicher)
120/135

ANSCHRIFT
Marktstraße 28
96181 Prölsdorf
Tel.: 09554-387
Fax: 09554-925171

ÖFFNUNGSZEITEN
Täglich ab 10 Uhr
Di., Mi. und Do. Ruhetag

Ausflugs-Tipps

Theinheim | 3,3 km

Brauerei-Gasthof „Zum Grünen Baum"

Schulterbachstraße 15
96181 Rauhenebrach-Theinheim
Tel.: 09554-293

Web: www.bayer-theinheim.de

Öffnungszeiten:
Täglich ab 9 Uhr, Montag Ruhetag
(wenn Mo. Feiertag, dann Di. Ruhetag)

Tipp: Der Wildschweinschinken.

Ebrach | 13,9 km

Baumwipfelpfad Steigerwald

Radstein 2
96157 Ebrach
Tel.: 09553-98980102

Web: www.baumwipfelpfad-ebrach.de

Öffnungszeiten: 1. Apr. bis 31. Okt. von 9 bis 18 Uhr; 1. Nov. bis 31. März von 10 bis 16 Uhr

Tipp: Ein wenig schwindelfrei sollte man schon sein. Es geht hoch hinaus!

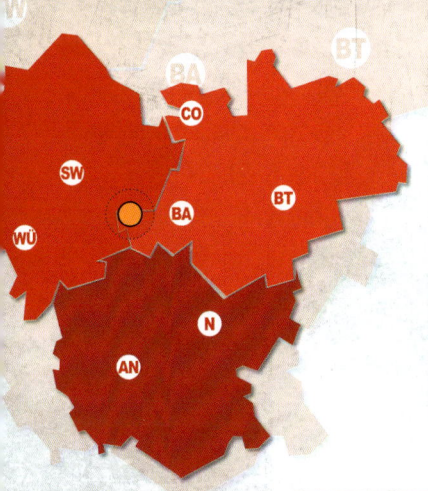

REISETIPP

Mit dem Fahrrad aus Ebrach

Prölsdorf liegt etwa 12 Kilometer von Ebrach und dem Baumwipfelpfad entfernt.

Die Strecke ist gut mit dem Fahrrad zu bewältigen, im Steigerwald muss natürlich immer auch mit Steigungen gerechnet werden.

Nach Ebrach fährt von Bamberg aus auch der Regionalbus 991.

Mehr siehe **www.vgn.de**

Pyrbaum

Waldschänke Straßmühle

www.strassmuehle.de   **Tipp: Das Wildschwein vom Asado-Kreuz**

EXOT AM FRANKENRAND

BIER
Lammsbräu/Neumarkt: Dunkles, Helles, Weizen (alles vom Fass), komplettes Flaschenbier-Sortiment.

KÜCHE
Fränkische Brotzeiten. Täglich kleine Karte mit warmen Gerichten. Spezialitäten: Verschiedene Wildgerichte, geräucherte Forellen, Wildschwein vom Asado-Kreuz.

PLÄTZE (außen/regensicher)
200/48

ANSCHRIFT
Straßmühle 21
90602 Pyrbaum
Tel.: 0157-76137502

ÖFFNUNGSZEITEN
Mo., Do. und Fr. ab 14 Uhr
Sa., So. und Feiertage ab 11 Uhr
Dienstag und Mittwoch Ruhetag

Eigentlich liegt die Straßmühle in Pyrbaum und damit in der Oberpfalz. Wir konnten es uns trotzdem nicht verkneifen, diesen wunderschönen Ort in unser Buch aufzunehmen. Schließlich ist es ja nur ein Katzensprung nach Allersberg, und ein solches Kleinod hat einfach verdient, hier empfohlen zu werden. Das urige Sandsteinhaus der alten Mühle schmiegt sich an Straße und Waldrand an, im Garten sitzt es sich traumhaft, und auch Kinder kommen dank Fußballfeld und kleinem Spielplatz auf ihre Kosten. Pächterin Tanja Sippl legt großen Wert auf Aktualität und Regionalität und hält dafür lieber die Speisekarte etwas kleiner.

Hier empfehlen wir gleich drei Abstecher: Einen zum Zeidelmuseum nach Feucht. Hier lernen Sie alles über die fleißigen Helfer aus dem Immenstock. Den zweiten zum Raumfahrtmuseum, ebenfalls in Feucht, mit faszinierenden Exponaten. Schließlich für Naturliebhaber die Fahrt mit dem Treidelschiff Elfriede. Perfekter kann man einen Tag nicht verbringen!

Ausflugs-Tipps

Burgthann | 13 km

Treidelschiff Elfriede

Dammweg 8
90559 Burgthann
Tel.: 09183-250

Web: www.burgthann.de

Öffnungszeiten: Termine siehe Website. Fahrbeginn jeweils 13, 14, 15 und 16 Uhr

Tipp: Das Treidelschiff legt in Schwarzenbach an der Gaststätte „Zum Ludwigskanal" ab.

Feucht | 10,1 km

Raumfahrtmuseum

Pfinzingstraße 12-14
90537 Feucht
Tel.: 09128-3502

Web: www.oberth-museum.org

Öffnungszeiten: Sa. und So. von 14 bis 17 Uhr oder nach Vereinbarung

Tipp: Schauen Sie auch auf den Veranstaltungskalender der Website.

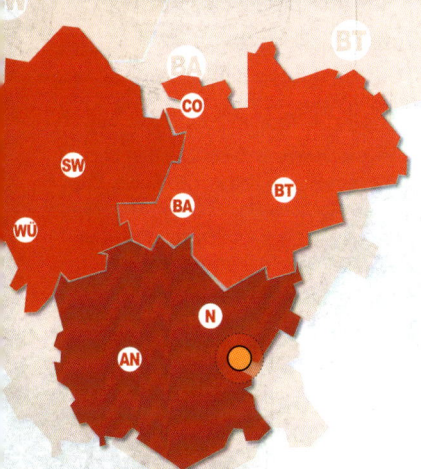

REISETIPP

Mit dem Fahrrad aus Feucht

Mit der Bahn oder S-Bahn nach Feucht und dann mit dem Fahrrad die knapp 12 Kilometer zur idyllischen Straßmühle zurücklegen - so kann ein entspannter Ausflug beginnen.

Alternativ fährt die Buslinie 601 direkt bis zur Waldschänke.

Mehr siehe **www.vgn.de**

Rattelsdorf

Obere Mühle

www.bier.by Tipp: Die Mühlenplatte

SCOTLAND YARD MIT DER MÜHLE

Etwas Spürsinn braucht man schon, um den traumhaften, aber gut versteckten Biergarten an der Itz zu finden. Doch es lohnt sich: Direkt am Fluss steht das alte Sandsteinhaus mit einem prachtvollen Garten-Blütenmeer und einem riesigen Mühlrad. Wuchtig und schwer dreht es immer noch wie seit Jahrhunderten seine Runden. In diesem malerischen Ambiente bietet Chef Werner Schmitt eine kleine, aber feine Palette von hausmacher Brotzeiten und Salaten, dazu frisches Mönchsambacher Lager vom Fass.

Fast das genaue Gegenteil dieses naturhistorischen Ensembles finden Sie am anderen Ende des Ortes, dafür aber pures Abenteuer in nur einem Wort: Monsterbaggerpark! Bagger aller Größen, vom Kindergerät bis zum 200-Tonnen-Boliden, auf Raupen und Rädern, hier schlagen Väter- und Söhne-Herzen höher.

Mama kann es sich so lange im Aquarena gemütlich machen. Das Schwimmbad mit seiner riesigen 26.000 Quadratmeter-Liegewiese lädt neben dem Wasser- auch zum Sonnebaden ein.

BIER

Zehendner/Mönchsambach: Lager (vom Fass), Weizen.

KÜCHE

Hausmacher Brotzeiten.
Spezialitäten: Mühlenplatte, Salate, Zwetschgenbames.

PLÄTZE (außen/regensicher)

100/50

ANSCHRIFT

An der Itz 11
96179 Rattelsdorf
Tel.: 09547-7627

ÖFFNUNGSZEITEN

Fr. und Sa. ab 16 Uhr
So. und Feiertage ab 10 Uhr
Tag vor einem Feiertag ab 16 Uhr
Montag bis Donnerstag Ruhetag
(die Saison endet Anfang August)

957 Rattelsdorf Abzweigung Höfen Bus

Ausflugs-Tipps

Rattelsdorf | 1,2 km

Monsterbaggerpark

Im Stock 11
96179 Rattelsdorf
Tel.: 09547-304 o. 09547-8735540
Handy: 0151-14002619

Web: www.monsterpark.de

Öffnungszeiten:
Sa., So. und Feiertage von 10 bis 17 Uhr
Unter der Woche nur auf Anfrage.

Tipp: Auch für kleinere Kinder ein Spaß.

Zapfendorf | 5,1 km

Aquarena Zapfendorf

Laufer Str. 49
96199 Zapfendorf
Tel.: 09547-8671

Web: www.zapfendorf.de

Öffnungszeiten: siehe Website

Tipp: Wir empfehlen den neu gestalteten Wellnessbereich zur Entspannung.

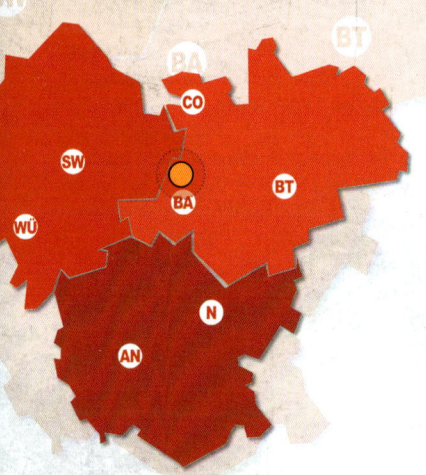

REISETIPP

Aus Zapfendorf

Vom Zapfendorfer Bahnhof sind es nur knapp 4,5 Kilometer bis zur Oberen Mühle und zum Monsterpark. Dank der vielen Flurbereinigungswege kann die ebene Strecke recht frei befahren werden.

Die Buslinie 957 hält zusätzlich in der Nähe des Biergartens.

Mehr siehe **www.vgn.de**

Rennhofen

Baumhaus

www.baumhaus-rennhofen.de **Tipp: Die Pizza zum Selbstbelegen**

VON DER SCHULE ZUM BIERGARTEN

So mancher Einheimische hätte sich das nie träumen lassen: Wo er ehemals im Pausenhof spielte, kann er jetzt gemütlich sein Bierchen trinken und den ehemaligen Oberlehrer einen guten Mann sein lassen. 1997 kaufte die Familie Holzwarth das alte Schulhaus und gestaltete nach und nach ein Biergarten-Juwel. Der Boden ist mit Rindenmulch ausgelegt, es reihen sich viele urige Holzgarnituren um eine ovale Schanktheke, überall stehen zwischen den Obstbäumen mehr oder weniger sinnvolle Klein- und Großodien, und am Rande kann man an der Bauerntheke die persönlichen kulinarischen Favoriten mit nach Hause nehmen. Für Kinder ein Erlebnis: Ritterburg, Kletterwand, Hüpfkissen und Seilbahn.

Der Biergarten ist ein günstiger Einstiegspunkt in die VGN-Wanderung „Von der Aurach zur Aisch". Entweder gehen Sie nach Osten in Richtung Emskirchen, oder – unsere Empfehlung – nach Westen nach Neustadt an der Aisch. Dort lassen Sie sich am besten von einem Stadtführer die Sehenswürdigkeiten zeigen.

BIER
Hofmann/Pahres: Lager, Hefeweizen, Hopfengold, altbayerisches Dunkel (alles vom Fass), Alkoholfreies.

KÜCHE
Hausmacher Brotzeiten.
Täglich mittelgroße Karte mit warmen Gerichten.
Spezialitäten: Grobe Bratwürste, Pizza zum Selbstbelegen, Krustenbrot aus dem Holzbackofen (gelegentlich).

PLÄTZE (außen/regensicher)
600/200

ANSCHRIFT
Rennhofen 23
91448 Emskirchen
Tel.: 09161-61996

ÖFFNUNGSZEITEN
Mai bis Okt.: Täglich ab 10 Uhr
Kein Ruhetag
Nov. bis Apr.: geschlossen
(bei schönem Wetter schon im April unregelmäßig geöffnet)

Ausflugs-Tipps

Emskirchen | 4,6 km

VGN Wanderweg: Von der Aurach zur Aisch

Ausgangspunkt der Wanderung:
Emskirchen Bahnhof
ca. 14 km lang, Dauer: 3,5 Std.

Web: www.vgn.de

Tipp: Planen Sie ein Karpfenessen ein.

Neustadt/Aisch | 6,2 km

Stadtführung Neustadt an der Aisch

Tourist-Information, Marktplatz 5
91413 Neustadt an der Aisch
Tel.: 09161-66614

Web: www.neustadt-aisch.de

Öffnungszeiten: Ostern bis Oktober jeden Samstag, um 11 Uhr am Rathaus

Tipp: Buchen Sie doch eine der Themenführungen!

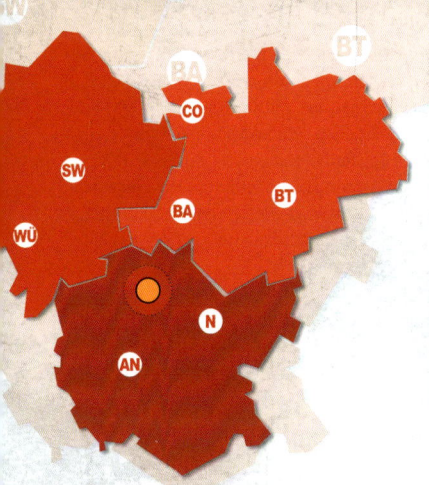

REISETIPP

Mit dem Fahrrad aus Neustadt/Aisch

Vom Neustadter Bahnhof ist das Baumhaus nur knapp 7 Kilometer entfernt. Eine schön Strecke für eine kleine Radtour.

Die Buslinie 132 fährt direkt nach Rennhofen.

Mehr siehe **www.vgn.de**

Reundorf

Schmausenkeller

www.schmausenkeller.de Tipp: Der Ziebeleskäse

BIER
Eigene Brauerei: Kellerbier (vom Fass). Maisel/Bayreuth: Kritzenthaler alkoholfreies.

KÜCHE
Fränkische Brotzeiten. Täglich kleine Karte mit warmen Gerichten. So. und Feiertage Mittagstisch. Spezialitäten: Hähnchen, Ziebeleskäse mit Salzkartoffeln, geschnittene Hasen, Torte im Glas.

PLÄTZE (außen/regensicher)
650/120

ANSCHRIFT
Am Bahnhof 13
96158 Reundorf
Tel.: 09502-608
Fax: 09502-924732

ÖFFNUNGSZEITEN
Mo. bis Fr. ab 16 Uhr, Sa. ab 15 Uhr
So. und Feiertage ab 11 Uhr
Mitte Mär. bis 4. Wo.-Ende im Okt.:
Bei schlechtem Wetter Do Ruhetag
Anfang Dez. bis Ende Jan.:
Mi. und Do. Ruhetag

EVOLUTION EINES KELLERS

Vor Jahren noch der unscheinbare Geheimtipp und nur von Leuten aus maximal zehn Kilometern Entfernung besucht, hat sich der Schmausenkeller in Rekordzeit gemausert. Mittlerweile ist an der wunderschön gelegenen Lichtung hinter Reundorf sogar ein großes Gasthaus entstanden - ein Geheimtipp ist die Ausflugslichtung nun allerdings nicht mehr. Man hat wirklich alles, was das Besucherherz begehrt: Gutes Bier, warme und kalte Küche, Kuchen und einen sehr großen Spielplatz.

Bierwanderfreunde sollten sich in Richtung Hirschaid aufmachen. Nach etwa zwei Stunden landschaftlich schönen Weges zwischen Rauher und Reicher Ebrach können bei der urigen Brauerei Kraus im Ort einkehren.

978, 983, 991 Reundorf Kirche Bus

Ausflugs-Tipps

Frensdorf | 2,9 km

Wanderung - Ein Fest für Bierfreunde:

Von Frensdorf ü. Reundorf n. Hirschaid
Ausgangspunkt der Wanderung:
Bauernmuseum Frensdorf
ca. 15 km lang, Dauer: 3,5 Std.

Web: www.landkreis-bamberg.de

Tipp: Planen Sie unbedingt einen Besuch in der Klosteranlage von Schlüsselau mit ein!

Hirschaid | 7,6 km

Franken Lagune Wellnesscenter Hirschaid

Georg-Kügel-Ring 6
96114 Hirschaid
Tel.: 09543-9559

Web: www.frankenlagune.de

Öffnungszeiten: Mo. bis Fr. von 12 bis 21 Uhr, Sa. von 13 bis 21 Uhr, So., Feiertage und Schulferien von 10 bis 21 Uhr

Tipp: Donnerstags gibt es Ermäßigungen.

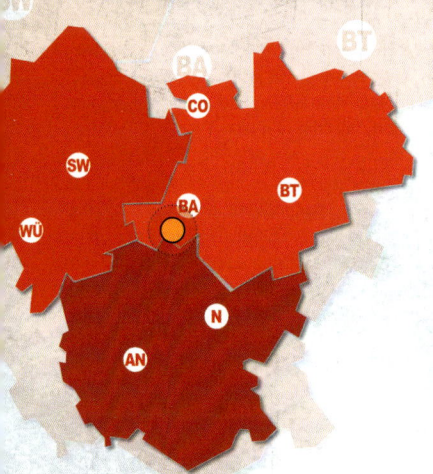

REISETIPP

**VGN Freizeitlinie 990
Der Steigerwald-Express**

Die Freizeitlinie 990 besteht aus zwei Linienästen, die von den Bahnhöfen Hirschaid und Bamberg an der R2/S1 bzw. S1 in den Steigerwald fahren, eine im Tal der Reichen Ebrach, eine im Tal der Rauhen bzw. Mittleren Ebrach. In Frensdorf treffen beide Linien zeitgleich aufeinander. Beide Busse führen einen Fahrradanhänger mit sich.

Mehr siehe **www.vgn.de**

Rothenburg o. d. T.

Unter den Linden

www.unter-den-linden-rothenburg.de   Tipp: Der Salatteller mit Schafskäse

BIER

Landwehr/Reichelshofen: Helles, Altfränkisch Dunkles, Kellerbier (alles vom Fass), Toppler-Pils. Herrenbräu/Ingolstadt: Weizen (vom Fass).
Gutmann/Titting: Dunkles Weizen, helles Weizen, alkoholfreies Weizen.

KÜCHE

Brotzeiten. Täglich kleine Karte mit warmen Gerichten. Spezialitäten: Backsteinkäse, Schafskäse, Schnittlauchbrot, Salatteller mit Schafskäse, Frühstücksbuffet (ab 1. Mai an So. und Feiertagen von 10 bis 12 Uhr).

PLÄTZE (außen/regensicher)

300/80

ANSCHRIFT

Kurze Steige 7b
91541 Rothenburg ob der Tauber
Tel.: 09861-5909

ÖFFNUNGSZEITEN

Frühlingsanfang bis Ende Okt.:
Mo. und Di. ab 14 Uhr
Mi. bis So. ab 10 Uhr, Kein Ruhetag
26.12. bis 6.1.: Täglich 14 bis 19 Uhr

DER NAME IST PROGRAMM

Etwa zehn Minuten Fußmarsch von der Rothenburger Innenstadt entfernt, sitzt man unter den Linden und am Fluss im wunderschönen Biergarten. Abseits der großen Touristenströmeliegt hier eine Oase der Ruhe und Entspannung. Wenn man mag, kann man neben der Seele auch die Füße in der Tauber baumeln und bei einem kühlen Bier die lieben Japaner in der Stadt gute Leute sein lassen.

Sie sollten anschließend auch die Mittelalterstadt selbst erkunden. Spannend ist ein Blick ins Kriminalmuseum und anschließend ins Historiengewölbe mit dem Staatsverlies. Der ideale Zeitpunkt für den Besuch ist allerdings das Pfingstwochenende, wenn das historische Festspiel „Der Meistertrunk" aufgeführt wird. Rund um das Festspiel findet ein großer Handwerkermarkt statt, und Gaukler aller Art geben ihre Künste zum Besten. Mehr Infos finden Sie auf der Website www.meistertrunk.de.

Ausflugs-Tipps

Rothenburg o. d. T. | 1,3 km

Mittelalterliches Kriminalmuseum

Burggasse 3
91541 Rothenburg ob der Tauber
Tel.: 09861-5359

Web: www.kriminalmuseum.eu

Öffnungszeiten: siehe Website

Tipp: Mit etwa 50.000 Exponaten zählt das Museum zu den bedeutendsten und beliebtesten Museen seiner Art.

Rothenburg o. d. T. | 2,5 km

Waldschwimmbad

Nördlinger Straße 20
91541 Rothenburg
Tel.: 09861-4565

Web: www.stadtwerke-rothenburg.de

Öffnungszeiten: siehe Website

Tipp: Das Rothenburger Waldschwimmbad liegt oberhalb des Taubertales mit wunderschönem Blick auf die Kulisse der Altstadt.

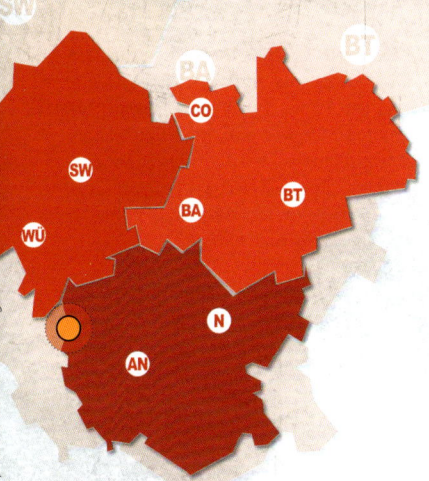

REISETIPP

Speziergang vom Rothenburger Bahnhof

Der Rothenburger Bahnhof liegt nur knapp 2 Kilometer vom Biergarten Unter den Linden entfernt. Eine Strecke, die gut zu Fuß bewältigt werden kann.

Unterwegs können auch gut die schönsten Ecken der Stadt erkundet werden.

Mehr siehe **www.vgn.de**

Schederndorf

Brauerei-Gasthaus Will

www.schederndorfer.de **Tipp: Der Ziebeleskäse**

BIER
Eigene Brauerei: Dunkles, Hefeweizen, Helles (ab Mai), Bock (saisonal), Rauchbier (ab Okt.)(alles vom Fass).

KÜCHE
Hausmacher Brotzeiten.
Spezialitäten: Ziebeleskäs, Hausmacherplatte.

PLÄTZE (außen/regensicher)
300/140

ANSCHRIFT
Schederndorf 19
96187 Stadelhofen-Schederndorf
Tel.: 09504-262
Fax: 09504-9239091

ÖFFNUNGSZEITEN
Täglich ab 11 Uhr
So. und Feiertage ab 10 Uhr
Dienstag Ruhetag

FORMEL 1-THEATER

Die Brauerei Will steht für vollmundige Biere vom Land- bis zum Weißbier, feine fränkische Brotzeiten und jede Menge Events. Egal ob Großleinwand-Übertragung der Formel 1-Rennen, Kirchweih (am zweiten Sonntag im September), Wald- und Wiesenfest oder Theatersommer - es ist immer etwas geboten. Kein Wunder also, dass der „Will-Fanclub" einer der wenigen Vereine ist, um dessen Zukunft man sich keine Gedanken machen muss.

Eine Viertelstunde Autofahrt entfernt liegt ein weiteres Theaterschmankerl:
Der Felsengarten Sanspareil mit der integrierten Burg Zwernitz. Das gesamte Ensemble steht unter Denkmalschutz und ist nach wie vor „ohnegleichen". Der Besuch ist übrigens ganzjährig erlaubt und kostenlos.

Ausflugs-Tipps

Schederndorf | 220 m (zur Strecke)

VGN Wanderweg: Durchs Paradiestal

Ausgangspunkt der Wanderung:
Treunitz Ortsmitte
ca. 11,7 km lang; Dauer: ca. 3 Std.

Web: www.vgn.de

Tipp: Die zahlreichen Felsen laden zu einem kleinen Kletterabenteuer ein. Teilweise nur für geübte Kletterer!

Wonsees | 13,9 km

Burg Zwernitz mit Sanspareil Felsengarten

Sanspareil 29
96197 Wonsees
Tel.: 09274-80890911

Web: www.schloesser.bayern.de

Öffnungszeiten: Apr. bis Sep.: 9 bis 18 Uhr
1.-15. Okt.: 10 bis 16 Uhr, Mo. geschl.

Tipp: Besuchen Sie auch die Dauerausstellung des Schlosses.

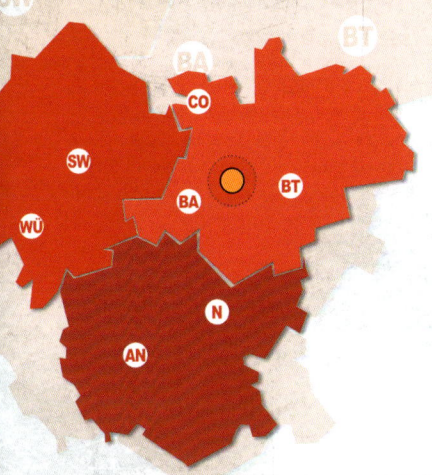

REISETIPP

Mit dem Fahrrad aus Scheßlitz

Vom Ausgangspunkt Scheßlitz eröffnen sich viele Möglichkeiten für Wanderungen und Radtouren. Nach Schederndorf sind es von hier knapp 11 Kilometer.

Die Buslinie 969 fährt direkt zur Brauerei Will.

Mehr siehe **www.vgn.de**

Scheßlitz

Gaststätte Giechburg

www.giechburg-gaststaette.de **Tipp: Die Diplomatentorte**

BIER

St. GeorgenBräu/Buttenheim: Keller, Pils (beides vom Fass), Weizen, leichtes Weizen.
Erdinger: Weißbier, alkoholfreies Weißbier.

KÜCHE

Fränkische Brotzeiten.
Täglich mittelgroße Karte mit warmen Gerichten.
Spezialitäten: Wildgerichte, Flugentenbrust, Giechburgplatte, selbst gebackene Torten und Kuchen, z. B. Diplomatentorte, Kaffee-Sahne-Torte usw.

PLÄTZE (außen/regensicher)

160/150

ANSCHRIFT

Giechburg 1
96110 Scheßlitz
Tel.: 09542-424

ÖFFNUNGSZEITEN

Mai bis Okt.: Tägl. 10 bis 18 Uhr
Montag und Dienstag Ruhetag
Nov. bis Apr.: Tägl. 10 bis 17 Uhr
Montag und Dienstag Ruhetag
(nach Anmeldung für Gruppen ab 15 Pers. auch länger geöffnet)

ZU GAST BEIM STAAT

Von der Giechburg aus hat man nicht nur einen sensationellen Ausblick auf Bamberg und seine Umgebung, bei Pächterin Elisabeth Rösch lässt es sich auch hervorragend einkehren - und das seit jetzt schon über 20 Jahren. Sie bietet neben typischer Hausmannskost vor allem ihre selbst gebackenen Kuchen und Torten, bei denen sich so mancher gelernte Konditor gerne eine Scheibe abschneidet. Sehenswert sind zudem die wechselnden Kunstausstellungen im Bergfried, der genauso wie die Gaststätte dem Landkreis Bamberg gehört.

Von hier aus sollten Sie ersteinmal die Giechburg unter die Lupe nehmen – eigentlich eine Ruine, gibt es doch eine Menge zu sehen. Anschließend besuchen Sie die gegenüberliegende Wehrkirche namens Gügel. Der imposante Bau wird gerne für Hochzeiten genutzt und bietet auch eine kleine Gastronomie.

970, 972 Zeckendorf Bus

Ausflugs-Tipps

Scheßlitz | 0 km

Giechburg

96110 Scheßlitz
Tel.: 09542-424
Web: www.giechburg-gaststaette.de
Öffnungszeiten: Frei zugänglich

Tipp: Genießen Sie den Ausblick, der sich Ihnen von der Giechburg aus bietet!

Scheßlitz | 2,9 km

Gaststätte Gügel

Gügelweg
96110 Scheßlitz
Tel.: 09542-1221

Öffnungszeiten:
Täglich 10 bis 18 Uhr
Nach 18 Uhr nur auf Anfrage
Mittwoch Ruhetag

Tipp: Das Dosenfleisch.

REISETIPP

Wanderung aus Scheßlitz

Vom Ausgangspunkt Scheßlitz sind es knapp 3,5 Kilometer Wanderung auf die Giechburg. Die wunderschöne Landschaft lädt zu einem weiteren Abstecher auf den Gügel ein.

Etwas näher an die Giechburg, nach Zeckendorf, kommt man mit den Buslinie 970 oder 972.

Mehr siehe **www.vgn.de**

Schlüsselfeld

Scheubel-Keller

www.brauerei-scheubel.de   Tipp: Die Kellerplatte

DER FÜR-DIE-GANZE-FAMILIE-KELLER

Hier kommen sowohl die Erwachsenen als auch die Kinder auf ihre Kosten: Zum einen sitzt es sich hier wunderbar gemütlich auf dem ehemaligen Weinberg unter den uralten Kastanien. Zum anderen können die Kleinen hier nach Herzenslust spielen und auf den umliegenden Wiesen springen und toben. Außerdem improvisiert man hier gerne – auf die Frage nach der eingeschnittenen Wurst zum Mitnehmen wurde kurzerhand ein Bierkrug zum Behältnis umfunktioniert und mitverkauft. Die leckeren Fleisch- und Wurstwaren werden eigens von einer fränkischen Metzgerei für den Scheubel-Keller hergestellt.

Um die Ecke im Ortsteil Thüngfeld können Sie in der Braumanufaktur Hertl erleben, was es bedeutet, wenn beim Thema Bier eine ganze Familie an einem Strang zieht. Braumeister und Biersommelier David Hertl hat sich gemeinsam mit Mama, Papa und Bruder die kleinste Brauerei Frankens aufgebaut. Anschließend lohnt noch der Besuch des Drei-Franken-Steins!

BIER

Eigene Brauerei: Helles Lager (vom Fass).

KÜCHE

Fränkische Brotzeiten. Spezialitäten: Kellerplatte, selbst gemachter Gerupfter, Limburger mit Musik, eingeschnittene Stadtwurst.

PLÄTZE (außen/regensicher)

200/0

ANSCHRIFT

Am Weinberg
96132 Schlüsselfeld
Tel.: 09552 -6673

ÖFFNUNGSZEITEN

Fr. und Sa. ab 17 Uhr
So. und Feiertage ab 14 Uhr
Montag bis Donnerstag Ruhetag

991 Schlüsselfeld Volksschule

Ausflugs-Tipps

Heuchelheim | 5,9 km

Drei-Franken-Stein

Erreicht werden kann der Dreifrankenstein über: Stadt Schlüsselfeld, Heuchelheim

Web: www.schluesselfeld.de

Öffnungszeiten: Frei zugänglich

Tipp: Es gibt noch einen alten Drei-Franken-Stein, gut versteckt im Wald nördlich von Geiselwind.

Schlüsselfeld | 210 m

WanderTour Rundwanderweg um Schlüsselfeld (S1)

Ausgangspunkt der Wanderung:

Marktplatz Schlüsselfeld
ca. 8 km lang, Dauer: 2,5 Std.

Web: www.schluesselfeld.de

Tipp: Bewundern Sie doch während eines kleinen Rundganges Schlüsselfeld.

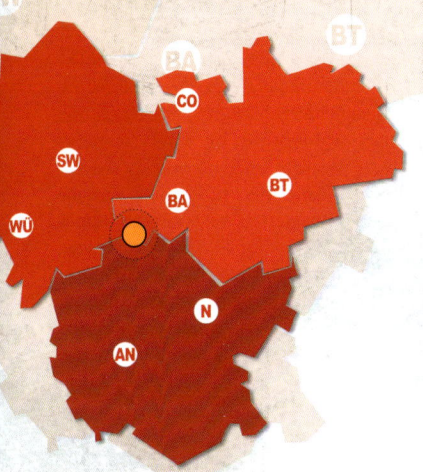

REISETIPP

**VGN Freizeitlinie 990
Der Steigerwald-Express**

Die Freizeitlinie 990 besteht aus zwei Linienästen, die von den Bahnhöfen Hirschaid und Bamberg an der R2/S1 bzw. S1 in den Steigerwald fahren, eine im Tal der Reichen Ebrach, eine im Tal der Rauhen bzw. Mittleren Ebrach. In Frensdorf treffen beide Linien zeitgleich aufeinander und ermöglichen somit einen problemlosen Umstieg. Fahrrad-Mitnahme möglich!

Mehr siehe **www.vgn.de**

Stiebarlimbach

Roppelt's Keller

www.brauerei-roppelt.de — **Tipp: Das Rauchfleisch mit Bohnenkernen**

BIER
Eigene Brauerei: Keller, Weizen (beides vom Fass).

KÜCHE
Hausmacher Brotzeiten. Täglich kleine Karte mit warmen Gerichten. Spezialitäten: Haxen, Salzknöchla, Bohnenkerne, Hackepeter.

PLÄTZE (außen/regensicher)
600/150

ANSCHRIFT
Stiebarlimbach 9
91352 Hallerndorf
Tel.: 09195-7263
Fax: 09195-4383

ÖFFNUNGSZEITEN
Fr. bis Di. ab 11 Uhr
Mi. und Do. ab 15.30 Uhr
Kein Ruhetag
Bei schlechtem Wetter geschlossen

FAMILIENIDYLL AM WALDRAND

Idyllisch am Waldrand gelegen, bietet der Roppelts Keller ein Rundumsorglos-Paket für Familien mit teilweiser Bieraffinität. Schließlich gibt es hier - und nur hier - das urige Kellerbier und einen traumhaften Abenteuerspielplatz. Und weil man dafür nicht den Kreuzberg erklimmen muss, kommen auch die kurzatmigen Wanderer zu einem Leckerschluck nebst guter Brotzeit. Zwei Orte weiter liegt ein weiteres Bierkelleridyll, die Kellerwaldschänke. Der über 100-jährige Felsenkeller hat eine Auszeichnung für die Kinderfreundlichkeit erhalten. Ein großer und gut ausgestatteter Spielplatz, dazu die ruhige Lage am Waldrand und der schöne Ausblick – hier fühlen sich gerade kleine Kinder pudelwohl.

265, 979 Stiebarlimbach

Ausflugs-Tipps

Willersdorf | 3,7 km

Kellerwaldschänke

Willersdorf 273
91352 Hallerndorf
Tel.: 09195-3271

Web: www.kellerwaldschaenke-lunz.de

Öffnungszeiten: Mo. bis Fr. ab 16 Uhr, Sa. ab 14 Uhr, So. und Feiertage ab 11 Uhr Kein Ruhetag. Bei schlechtem Wetter geschlossen.

Tipp: Das Schäuferla (an So. und Feiertagen).

Stiebarlimbach | 260 m (zur Strecke)

Hallerndorfer Bierpilgertour

Ausgangspunkt der Radtour
Industriestraße im Industriegebiet
Hallerndorf (keine Parkmöglichkeit)
ca. 24 km lang, Dauer: 2,5 Std.

Web: www.bierland-oberfranken.de

Tipp: Unterwegs gibt es sehr viele Spielplätze, vor allem bei den großen Bierkellern.

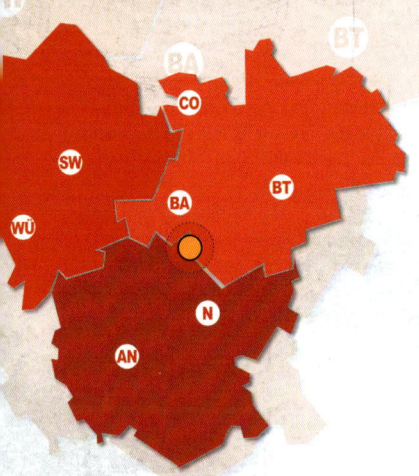

REISETIPP

**VGN Freizeitlinie 265
Hallerndorfer-Keller-Express**

Für eine schöne Anreise und vor allem eine sichere Heimreise bringt Sie der Hallerndorfer-Keller-Express 265 vom Bahnhof in Forchheim (S1, R2/S1, R22) in den unteren Aischgrund.

Erwandern Sie auf kurzen oder langen Touren die Gegend rund um den Kreuzberg.

Mehr siehe **www.vgn.de**

Stiegelmühle

Gasthof Blumenthal

www.gasthof-blumenthal.de   Tipp: Die Saiblinge aus eigener Zucht

BIER

Spalter: Dunkles, Helles, Pils, Weizen (alles vom Fass), Hopfenzwerg, Premium Nr. 1, Spalter Zwickl. Erdinger: Alkoholfreies Weizen.

KÜCHE

Fränkische Brotzeiten.
Täglich mittelgroße Karte mit warmen Gerichten.
Spezialitäten: Schweinefilet, Rehnüsschen, Spanferkelsülze, Saiblinge und Forellen aus eigener Zucht.

PLÄTZE (außen/regensicher)

150/205

ANSCHRIFT

Stiegelmühle 42
91174 Spalt
Tel.: 09873-332

ÖFFNUNGSZEITEN

Täglich ab 11 Uhr
Montag und Dienstag Ruhetag
(an Feiertagen geöffnet)

DIE ARCHE KOCHER

Selten haben wir einen Garten gefunden, der so ein wohliges, angenehmes Gefühl verbreitet wie der des Gasthofes Blumenthal. Viele kleine Tische geben Raum für Romantik pur, die liebenswürdige Art von Familie Kocher tut ihr Übriges. Kein Wunder also, dass hier auch gerne Hochzeiten und Geburtstage begangen werden und die Gäste auch sonst keine Gelegenheit auslassen, um bei „ihren" Kochers vorbeizuschauen. Die Forellen und Saiblinge stammen übrigens aus eigener Zucht.

Vor dem leckeren Essen bei Kochers sollten Sie ins Mittelalter eintauchen, im nahe gelegenen Wolframs-Eschenbach. Alleine schon die alten Gemäuer beeindrucken. Richtig lebendig wird der Besuch auf dem Ritterspielplatz, wo die kleinen auf den Spuren der Gestalten des Dichters Wolfram von Eschenbach wandern können.

Ausflugs-Tipps

Wolframs-Eschenbach | 18 km

Ritterspielplatz Wolfram-Eschenbach

91639 Wolframs-Eschenbach
An der Nördlichen Ringstraße
Web: www.ritterspielplatz.de

Tipp: Verbinden Sie den Ausflug doch gleich mit einem kleinen Picknick am Spielplatz oder unternehmen Sie einen Spaziergang.

Wolframs-Eschenbach | 18 km

Literatur-Weg Franken Wolframs-Eschenbach

Alle wichtigen Infos siehe Website
Web: www.wolframs-eschenbach.de
Öffnungszeiten: Eröffnung am 19.6.2016

Tipp: Wer noch nicht genug von Wolfram von Eschenbach hat, kann auch noch das Museum besuchen.

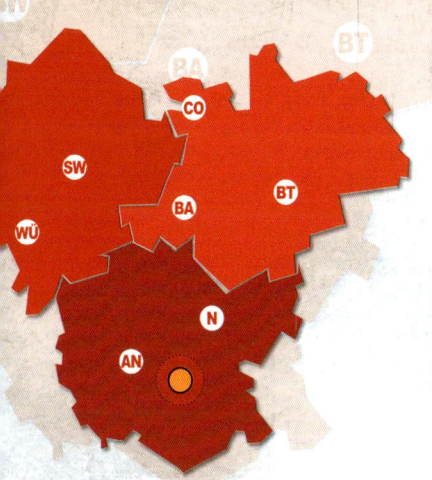

REISETIPP

**VGN Freizeitlinie 605
Brombachsee-Express**

Der Brombachsee-Express verkehrt das ganze Jahr von Roth (S2, R6) über Abenberg nach Spalt.

Vom 1.5.-1.11. an Samstagen, Sonn- und Feiertagen fährt er bis Enderndorf am Brombachsee und führt einen Fahrradanhänger mit.

Mehr siehe **www.vgn.de**

Streudorf

Frankenhof am Altmühlsee

www.frankenhofamaltmuehlsee.de   **Tipp: Das Steak Frankenhof**

BIER

Felsenbräu/Thalmannsfeld: Pils, Helles, Dunkles, Hefeweizen (alles vom Fass), Kutscher Halbe, leichtes Weißbier, Radler, alkoholfreies Weißbier, Alkoholfreies.

KÜCHE

Hausmacher Brotzeiten. Täglich große Karte mit warmen Gerichten. Spezialitäten: Fränkischer Sauerbraten, Schäuferle, Steak Frankenhof, fränkischer Brotzeitteller.

PLÄTZE (außen/regensicher)
30/130

ANSCHRIFT

Streudorf 43
91710 Gunzenhausen
Altmühlsee Südufer
Tel.: 09831-67710
Fax: 09831-677171

ÖFFNUNGSZEITEN

Täglich ab 9 Uhr
Dienstag Ruhetag

MOBILER SOLAR-BIER-GARTEN

Manche Lokalitäten erobern sofort das Herz des Besuchers. Der Frankenhof gehört dazu. Der Biergarten ist zwar klein und wird immer wieder woanders aufgestellt - wo eben gerade Platz ist. Dafür aber sind die Inhaber besonders liebenswürdig und die Stammgäste typische Originale, sodass man sich schnell pudelwohl fühlt. Das Bier stammt aus Deutschlands einziger Solar-Brauerei, will heißen, dass zur Herstellung ausschließlich Solarenergie verwendet wird.

Wir empfehlen Ihnen hier die Wanderung rund um die Vogelinsel im Altmühlsee. Das ganze Jahr über ergeben sich hier spannende Einblicke in die ursprüngliche Natur, die den vielen Vögel Schutz und Brutstätten gibt. Wer etwas mehr Zeit verbringen will, den zieht es weiter zum Schnackensee, ebenfalls eine sehr schöne Wanderung.

Ausflugs-Tipps

Gunzenhausen | 3,3 km

Erlebnisspielplatz

Seezentrum Wald-Seezentrum
Schlungenhof 1
91710 Gunzenhausen
Tel.: 09831-508300

Web: www.gunzenhausen.info

Öffnungszeiten: Frei zugänglich

Tipp: Für Kinder gibt es Möglichkeiten nass zu werden. Deswegen raten wir unbedingt Wechselkleidung mitzunehmen!

Streundorf | 210 m (zur Strecke)

VGN Wanderweg: Von der Vogelinsel zum Schnackensee

Ausgangspunkt der Wanderung:
Gunzenhausen Bahnhof
15 km lang, Dauer: 4 Std.

Web: www.vgn.de

Tipp: Nehmen Sie ein Fernglas mit. Damit können Sie die Vögel besser beobachten.

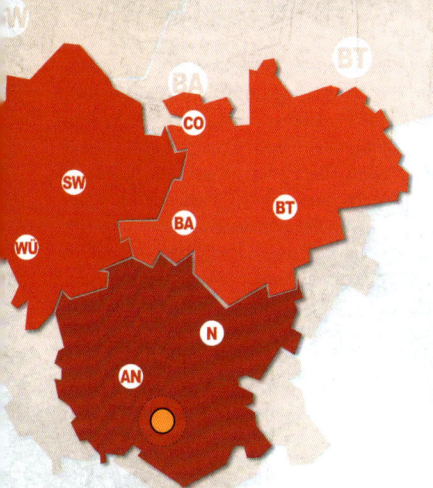

REISETIPP

**VGN Freizeitlinie 689
Altmühlsee-Express**

Der Altmühlsee-Express bringt Sie vom Bahnhof in Gunzenhausen (R8, R62) zu den einzelnen Seezentren, zur Umweltstation des LBV, nach Muhr am See R8 und zur historischen Kulisse der Altstadt von Ornbau. Auch der Raetische Limes kann von hier aus über den Limesweg erwandert werden.

Mehr siehe **www.vgn.de**

Suffersheim

Gasthaus Metzgerei Zum Schneck

www.gasthaus-metzgerei-zum-schneck.de   Tipp: Die Schlachtschüssel am Freitag

BIER
Felsenbräu/Thalmannsfeld: Pils, Weizen, Helles (alles vom Fass), Radler, leichtes Weizen, alkoholfreies Weizen, Alkoholfreies.

KÜCHE
Hausmacher Brotzeiten.
Täglich mittelgroße Karte mit warmen Gerichten.
Spezialitäten: Schäuferla (So.), Schlachtschüssel (Fr.), Brotzeitteller, fränkische Bratwürste.

PLÄTZE (außen/regensicher)
110/140

ANSCHRIFT
Waldhof 1
91781 Weißenburg-Suffersheim
Tel.: 09149-1219
Fax: 09149-909619

ÖFFNUNGSZEITEN
Fr., Sa., So. und Feiertage ab 11 Uhr
Montag bis Donnerstag Ruhetag
(nach Vereinbarung geöffnet)

SOLARBIER UND REGIONALBUFFET

Traumhaft mitten in der Natur gelegen freut sich mit dem „Gasthaus Zum Schneck" ein echtes Juwel auf Ihren Besuch. Man kann sich auch sicher sein, hier den echten Geschmack des Seenlandes zu erleben. Dazu gehört dann auch das Solarbier aus Thalmannsfeld. Besonderes Schmankerl: Gruppen ab zehn Personen können den landwirtschaftlichen Betrieb auch besichtigen, von der Weide bis zum Stall. Natürlich kann man die Produkte der Metzgerei auch mit nach Hause oder in die Unterkunft nehmen und dann noch einmal vom schönen Waldhof träumen.

Von hier aus lohnt der Spaziergang zur St. Gundhildis-Kapelle, dem „Schneckenhaus Gottes" und Namensgeberin des Gasthofes. Oder Sie stürzen sich in die Fluten der Altmühltherme in Treuchtlingen.

Ausflugs-Tipps

Suffersheim | 200 m (zur Strecke)

VGN-Wanderung St. Gundhildis-Kapelle

Ausgangspunkt der Wanderung:
Weißenburg o. Pappenheim Bahnhof
8 km lang, Dauer: 2 Std.

Web: www.vgn.de

Öffnungszeiten: Kapelle frei zugänglich

Tipp: Infos bei Gunthildiskapelle e.V., Am Volkammersbach 3, 91781 Weißenburg i. Bay. ,Tel.: 09141-6072

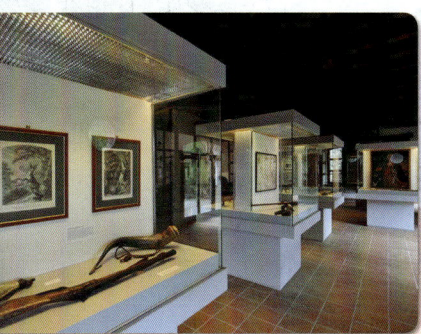

Pappenheim | 7,5 km

Natur- und Jagdmuseum auf Burg Pappenheim

Dr.-Wilhelm-Kraft-Weg 15
91788 Pappenheim

Web: www.pappenheim.info

Tipp: Der Hauptteil dieser Einrichtung befasst sich mit der Geschichte der heimischen Fauna. Die Tierrufe sind über Lautsprecher abrufbar.

REISETIPP

Mit dem Rad aus Weißenburg

Der Waldhof bei Suffersheim liegt nur etwa 8 Kilometer vom Weißenburger Bahnhof entfernt. Die Strecke kann gut mit dem Fahrrad zurückgelegt werden.

Gelegentlich fährt die Buslinie 698.1 den Biergarten auch direkt an.

Mehr siehe **www.vgn.de**

Sulzbach-Rosenberg

Kreuzerwirt Spitalgarten

www.bier.by   Tipp: Die Bratwürste

BIER

Veldensteiner: Landbier, Pils, Lager (alles vom Fass), Laufer Leicht, alkoholfreies Weizen, Alkoholfreies. Fuchsbeck/Sulzbach: Weizen.

KÜCHE

Täglich kalt-warmes Büffet, Bratwürste vom Rost. Spezialitäten: Verschiedene Antipasti, Tellersülze, verschiedene Käse, verschiedene Braten.

PLÄTZE (außen/regensicher)

700/30

ANSCHRIFT

Nürnberger Straße 5
92237 Sulzbach-Rosenberg
Tel.: 09661-2687

ÖFFNUNGSZEITEN

Anfang Mär. bis Ende Sep.:
Täglich ab 11 Uhr, Kein Ruhetag

ZWISCHEN SCHLOSS UND SCHLOSS

Seit 1934 sind Sulzbach und Rosenberg ein Team. Die Geschichte des Spitalgartens am Fuße des Sulzbacher Schlossberges beginnt aber viele hundert Jahre früher. So sitzt man hier bei Familie Jungbauer über historischem Boden, der schon vor mehr als einem Jahrtausend besiedelt war. Zudem bietet er einen wundervollen Blick auf die untere und obere Schlossanlage. Kulinarisch sind Sie hier bestens umsorgt, besonders die Bratwürste aus dem Grillhäuschen haben uns überzeugt. Die Kleinen kommen auf dem großzügigen, gut ausgestatteten Spielplatz auf ihre Kosten. Die Großen sollten sich die letzte Juli-Woche im Kalender markieren, wenn in Sulzbach-Rosenberg das Annabergfest lockt. Zur Abkühlung lockt das wunderschöne Waldbad der Doppelstadt!

Ausflugs-Tipps

Sulzbach-Rosenberg | 3 km

Waldbad Sulzbach-Rosenberg

Waldbad, Oberschwaig 7
92237 Sulzbach-Rosenberg
Tel.: 09661-814959

Web: www.su-ro.city

Öffnungszeiten: siehe Website

Tipp: Besuchen Sie bei schlechtem Wetter doch stattdessen die Historische Druckerei. (www.su-ro.city)

Sulzbach-Rosenberg | 2,5 km

Traumpfad Magische Natur

Alle wichtigen Infos siehe Website

Web: www.traumpfad.net

Tipp: Besuchen Sie doch auch gleich die Osterhöhle!

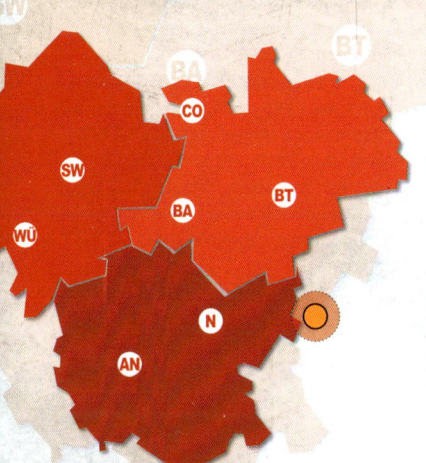

REISETIPP

Spaziergang vom Bahnhof

Der Spitalgarten liegt nur knapp 1.000 Meter vom Bahnhof in Sulzbach-Rosenberg entfernt. Der Weg führt durch den Stadtpark und ist genaugenommen ein Freizeit-Tipp für sich.

Außerdem fährt die Buslinie 481 ganz in die Nähe des Biergartens.

Mehr siehe **www.vgn.de**

Thuisbrunn

Gasthof Seitz - Elch Bräu

www.gasthof-seitz.de   **Tipp: Die Baggers mit Apfelmus**

SCHLANK WERDEN MIT ELCH BRÄU

BIER

Eigene Brauerei: Dunkles, Pils, Hefeweizen (alles vom Fass).

KÜCHE

Fränkische Brotzeiten. Täglich große Karte mit warmen Gerichten. Spezialitäten: Baggers mit Apfelmus, Rehbraten, lebendfrische Forellen und Karpfen.

PLÄTZE (außen/regensicher)

200/90

ANSCHRIFT

Thuisbrunn 11
91322 Gräfenberg
Tel.: 09197-221
Fax: 09197-221

ÖFFNUNGSZEITEN

Di. und Fr. bis So. ab 9 Uhr
Mo., Mi. und Do. Ruhetag

Eine nicht ganz ernst zu nehmende Diätidee bietet Georg Kugler seinen Besuchern. Seiner Meinung nach muss der Körper nämlich die zugeführte Nahrung erst einmal auf Körperwärme bringen, um nicht abzukühlen. Die Erwärmung von einem halben Liter Bier von 0 Grad auf Körpertemperatur kostet 17.500 Kalorien (!), das sind fast zwei Kilogramm reinen Fettes. Die einfachste Methode zum Abnehmen lautet also: Kaltes Bier trinken! Übrigens: Das ist für Kugler auch der Grund, warum man zum Schweinebraten, der in der Regel wärmer ist als der Körper, einfach nur ein kühles Bier trinken muss, um nicht zuzunehmen.

Der Bier- und Edelbrandsommelier hat nicht nur sehr feine Biere, sondern auch hochdekorierte Brände anzubieten. Die stellt er seit kurzem in einer nagelneuen Anlage her, die Sie, genauso wie das imposante Holzfasslager und die historischen Kellergewölbe unbedingt besichtigen sollten – wenn Georg Sie hineinlässt.

Ausflugs-Tipps

Thuisbrunn | 350 m (zur Strecke)

VGN Wanderweg: Fünf-Seidla-Steig

Ausgangspunkt der Wanderung: Weißenohe Bahnhof
9 - 18 km lang, Dauer: 2 - 4 Std.

Web: www.vgn.de

Tipp: Die Tour macht auch ohne Biergenuss richtig Spaß.

Thuisbrunn | 130 m

Burgruine Thuisbrunn

Die Burg liegt in der Mitte des Ortes.
Thuisbrunn, 91322 Gräfenberg

Web: www.burgenwelt.org

Tipp: In der Nähe der Wanderung, nur von außen zu besichtigen.

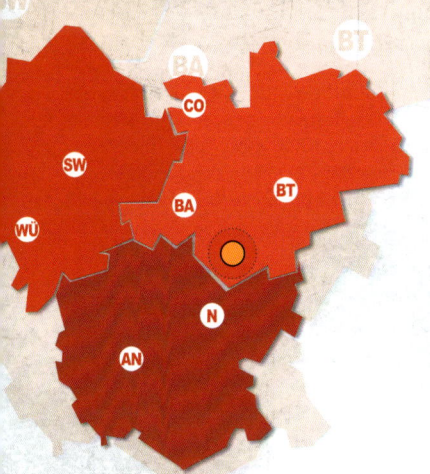

REISETIPP

Aus Forchheim oder Gräfenberg

Thuisbrunn kann entweder aus Richtung Gräfenberg angesteuert werden (vgl. 5-Seidla-Steig) oder mit dem Fahrrad aus Forchheim. Von hier sind es knapp 17 Kilometer einfache Strecke.

Die Buslinie 226 fährt Thuisbrunn und den Biergarten direkt an.

Mehr siehe **www.vgn.de**

Tiefenellern

Brauerei Hönig Gasthof zur Post

www.brauerei-hoenig.de — Tipp: Das Rindfleisch

BIER

Eigene Brauerei: Pils, Lager (beides vom Fass), Weizen, Rauchbier (Posthörnla).

KÜCHE

Hausmacher Brotzeiten.
So und Feiertage Mittagstisch.
Spezialitäten: Roher Schinken, Dosenfleisch, Rindfleisch.

PLÄTZE (außen/regensicher)

370/150

ANSCHRIFT

Ellerbergstraße 15
96123 Litzendorf-Tiefenellern
Tel.: 09505-391
Fax: 09505-950683

ÖFFNUNGSZEITEN

Mo. bis Mi. ab 15 Uhr
Fr. bis So. ab 11.30 Uhr
Donnerstag Ruhetag

LETZTE CHANCE AUF BIER ...

... vor der nächsten Bergetappe. Bis 1911 Übernachtungsstation für die Postkutscher aus Bamberg, war der Keller auch in den 60er Jahren am Brennpunkt der überregional bekannten Auto- und Motorradrennen am Tiefenellerner Berg. Damals kostete die Portion gegrillter Ochse selbst zur Kirchweih nur 3,50 DM. Heutzutage ist der Anstieg zumindest eine Herausforderung für Radfahrer, sowohl vor - als auch nach dem Genuss des Bieres.

Sie können aber auch auf den Musenpfaden wandeln und den Skultpurenweg nach Litzendorf erkunden. Die acht abstrakten Skultpuren stammen von acht international bekannten Bildhauern aus Italien, Bulgarien, Russland, Syrien, Ecuador und Deutschland, die 2009 für ein Symposium hier zu Gast waren.

Ausflugs-Tipps

Pödeldorf | 6,8 km

Skulpturenweg Litzendorf

Start: Pödeldorf
ca. 5 km lang, Dauer: 1,5 Std.

Web: www.litzendorf.de

Tipp: Besuchen Sie außerdem die Litzendorfer Pfarrkirche St. Wenzeslaus.

Tiefenellern | 1,3 km

Tiefenellern Jungferhöhle

Ausgangspunkt der Wanderung zur Jungferhöhle: Tiefenellern
850 m Fußweg

Web: www.litzendorf.de

Tipp: Wir empfehlen eine Taschenlampe mitzunehmen!

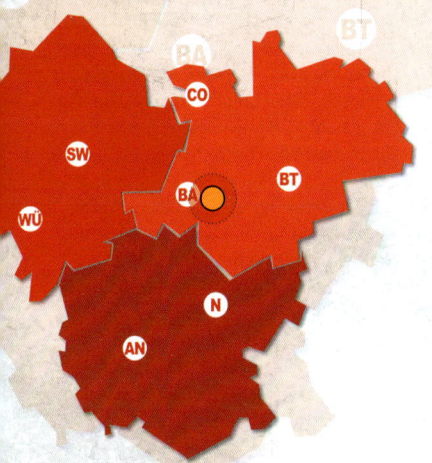

REISETIPP

Mit dem Fahrrad aus Bamberg

Vom Bamberger Bahnhof aus führen sehr schöne Radwege über Pödeldorf bis tief ins Ellertal nach Tiefenellern. Die einfache Strecke beträgt knapp 15 Kilometer. Wer dann noch Kraft hat, kann sich am berühmten Ellerberg versuchen.

Direkt per Bus angesteuert wird der Ort von den Buslinien 970 und 976.

Mehr siehe **www.vgn.de**

Trabelsdorf

Altes Kurhaus

www.altes-kurhaus.de — Tipp: Die Fischräucherbrotzeit

SOMMERFRISCHE – MAL WÖRTLICH GENOMMEN

Das Alte Kurhaus blüht unter der Ägide von Jürgen Grimmer förmlich auf. Denn neben seiner hervorragenden Küche gestaltet er auch das Umfeld des 1921 als „Sommerfrische" erbauten Hauses neu. Ein Naturbadesee, Beachvolleyball- und Basketballfelder sowie ein nagelneuer Spielplatz sorgen dafür, dass man hier wirklich mit Kind und Kegel, soweit vorhanden, entspannen kann. Wir empfehlen vor allem die Fischgerichte, die aus 16 Hektar eigener Fischweiher stammen - frischer geht es eigentlich nicht!

Im Nachbarort Priesendorf herrscht das Motto:„Was gefragt wird, wird gemacht!" Inhaber Ute und Otto Schrüfer sind flexibel bei allen Wünschen und schenken dazu das eigene Vollbier und den eigenen Bier-Whisky, auch in der Halbliterflasche für zuhause erhältlich, aus. Zu den Spezialitäten gehören die Gerichte vom selbst gebauten Oklahoma-Grill - eine Mischung aus Kanone und Dampflok. Der wiederum ist nicht nur was für den Gaumen, sondern auch für die Augen.

BIER
Beck/Trabelsdorf: Kellerbier, Helles, Pils, Jahrhundertbier (alles vom Fass), Weißbier.
Erdinger: Hefeweizen, alkoholfreies Hefeweizen.

KÜCHE
Fränkische Brotzeiten. Täglich große Karte mit warmen Gerichten. Spezialitäten: Fischräucherbrotzeit, Grillfische (saisonal), frisches Wild aus dem Steigerwald.

PLÄTZE (außen/regensicher)
100/200

ANSCHRIFT
Seeleite 1
96170 Lisberg-Trabelsdorf
Tel.: 09549-1247
Fax: 09549-7079

ÖFFNUNGSZEITEN
Mo., Di. und Mi. ab 15 Uhr
Fr. bis So. und Feiertage ab 12 Uhr
Donnerstag Ruhetag

989, 994 Trabelsdorf Gh Beck

Ausflugs-Tipps

Priesendorf | 2,1 km

Brauerei Schrüfer

Hauptstraße 31
96170 Priesendorf
Tel.: 09549-317

Öffnungszeiten:
Täglich ab 15 Uhr, Mittwoch Ruhetag
(wenn Mi. Feiertag, dann Do. Ruhetag)

Tipp: Die selbst gemachte Pizza (Freitag)

Trabelsdorf | 0 km

Badesee Trabelsdorf

Trabelsdorf
Seeleite 1
96170 Lisberg

Web: www.lisberg.de

Öffnungszeiten: Frei zugänglich

Tipp: Kühle Getränke können gleich nebenan im Alten Kurhaus geholt werden.

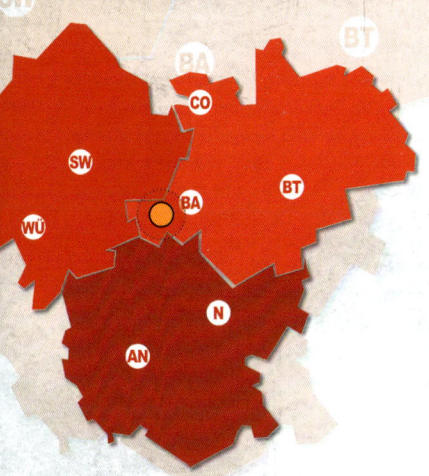

REISETIPP

Radtour durch den Steigerwald

Zwischen dem Bahnhof der Welterbestadt Bamberg und dem Alten Kurhaus in Trabelsdorf liegen knapp 15 Kilometer Radstrecke. Der Steigerwald und seine Orte sind auf jeden Fall sehenswert.

Die Buslinien 989 und 994 fahren Trabelsdorf direkt an.

Mehr siehe **www.vgn.de**

Trossenfurt

Hummelhof

www.der-hummelhof.de **Tipp: Die Karte von A bis Z**

BIER
Hummel/Merkendorf: Kellerbier (vom Fass), Pils, Räucherla.

KÜCHE
Fränkische Brotzeiten. Täglich große Karte mit warmen Gerichten. Spezialitäten: Zarte Steaks, Schweinelende, Pfiffer (saisonal).

PLÄTZE (außen/regensicher)
70/50

ANSCHRIFT
Hummelhof 1
97514 Trossenfurt
Tel.: 09522-5553

ÖFFNUNGSZEITEN
Fr. ab 17 Uhr, Sa. ab 16 Uhr
So. und Feiertage ab 11 Uhr
Montag bis Donnerstag Ruhetag

NATUR PUR

Der Hummelhof liegt etwas abseits der Straße von Trossenfurt nach Hummelmarter auf der linken Seite. Das Haus mutet an, als wäre es nicht gebaut worden, sondern nach und nach aus der Erde gewachsen. Die Dächer sind mit Gras bewachsen, der kleine Innenhof und Biergarten wird von Wein um- und überrrankt. Der Familienbetrieb setzt auf Selbstversorgung - alle Rohstoffe kommen aus der Region, sogar der Strom wird selbst erzeugt. Für Entertainment sorgen Ballonfahrten, ein 3D-Parcours für Bogenschützen und Golf. Die Küche ist absolut köstlich, die Redaktion bedauerte, dass alle Töchter bereits vergeben waren.

Die angefutterten Kalorien können Sie dann anschließend auf dem Natur-Erlebnispfad Tretzendorfer Weiher wieder abtrainieren.

Ausflugs-Tipps

Eltmann | 6,3 km

Wallburg Burgruine

Wallburgstraße (Ende)
97483 Eltmann
Tel.: 09522-8990

Web: www.burgenwelt.org

Öffnungszeiten: Ganzjährig

Tipp: Die Besteigung des Bergfriedes ist nur bei schönem Wetter am Samstag und Sonntag sowie an Feiertagen ab 14 Uhr möglich.

Trossenfurt | 3,2 km (zur Strecke)

Erlebnispfad Tretzendorfer Weiher

Ausgangspunkt: St2276 zwischen Unterschleichach und Tretzdendorf
2 km lang, Dauer: 1 Std.

Web: www.oberaurach.de

Tipp: Ein großer Parkplatz ist vorhanden.

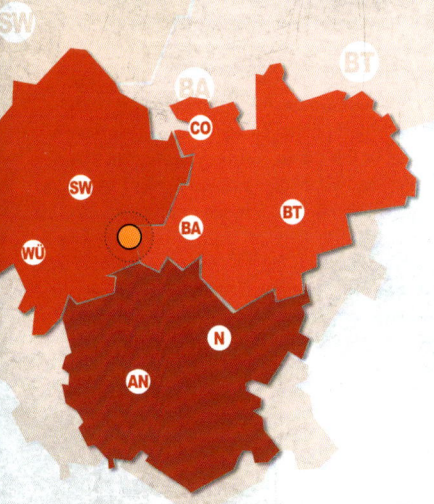

REISETIPP

Vom Bahnhof Ebelsbach-Eltman

Nur etwa 10 Kilometer quer durch den schönen Steigerwald liegen zwischen dem Bahnhof in Ebelsbach und dem Hummelhof. In den nahegelegenen Ort Trossenfurt fährt die Buslinie 989.

Mehr siehe **www.vgn.de**

Unterrimbach

Bierkeller Zum Hopfengarten

www.bier.by — **Tipp: Die hausmacher Bratwürste**

BIER
Zehendner/Mönchsambach: Lager (vom Fass), Weizen. Maisel/Bayreuth: Kritzenthaler alkoholfreies.

KÜCHE
Hausmacher Brotzeiten. Freitags ein warmes Gericht, sonntags Mittagstisch. Spezialitäten: Hausmacher Bratwürste (Fr. bis So.), Adlerhaxe, Schweinebraten, Kellerfleisch.

PLÄTZE (außen/regensicher)
800/85

ANSCHRIFT
Unterrimbach 38
96152 Burghaslach-Unterrimbach
Tel.: 09552-1546

ÖFFNUNGSZEITEN
Di. bis Fr. ab 16 Uhr, Sa. ab 14 Uhr
So. und Feiertage ab 10.30 Uhr
Montag Ruhetag

WER SUCHET, DER FINDET

Zumindest, wenn er Glück hat. In den Stollen des Bierkellers mit dem schönen Namen „Zum Hopfengarten" sind immer noch zahlreiche Flaschen und Fässer verschüttet. Ob das Bier darin allerdings noch genießbar ist, darf bezweifelt werden. Da lässt man sich hier lieber mit bis zu 800 Gleichgesinnten das gute Mönchsambacher Bier schmecken und testet eine der selbst gemachten Speisen in „Frankens gemütlicher Ecke".

Großen Spaß verspricht nur wenige Kilometer entfernt das Freizeitland Geiselwind. Der Freizeitpark-Pionier begleitet schon mehrere Generationen von Franken und schafft es trotzdem, immer noch angesagt zu sein. Vielleicht, weil hier auch viele Attraktionen für die Älteren eine Herausforderung darstellen und so die ganze Familie auf ihre Kosten kommt.

Ausflugs-Tipps

Geiselwind | 11,8 km

Freizeit-Land Geiselwind

Wiesentheider Str. 25
96160 Geiselwind
Tel.: 09556-92110

Web: www.freizeitlandgeiselwind.de

Öffnungszeiten: Mai bis Sep.: Täglich von 9 bis 18 Uhr, weitere Öffnungszeiten möglich, siehe Website

Tipp: Besuchen Sie eine der Live-Shows, die täglich im Park aufgeführt werden. Die Acapulco-Springer-Show beispielsweise ist atemberaubend.

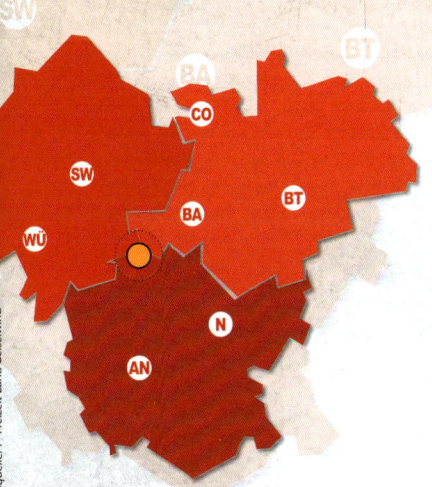

REISETIPP

Aus Markt Bibart oder Schlüsselfeld

Vom Bahnhof in Markt Bibart aus sind es knapp 16 Kilometer mit dem Fahrrad bis zum Hopfengarten. Aus der Gegenrichtung ist das verkehrstechnisch gut angeschlossene Schlüsselfeld nur knapp 7 Kilometer entfernt.

Die Buslinien 144 und 196 fahren direkt nach Unterrimbach.

Mehr siehe **www.vgn.de**

Unterschwaningen

Biergarten Schloss Dennenlohe

www.dennenlohe.de **Tipp: Der fränkische Sauerbraten**

BIER

Kulmbacher: Helles (vom Fass), Weizen, dunkles Hefeweizen, Pils, Radler, leichtes Weizen, Helles alkoholfrei, alkoholfreies Hefeweizen.

KÜCHE

Fränkische Brotzeiten auf Anfrage. Täglich kleine Karte mit warmen Gerichten.
Spezialitäten: Wechselnde Gerichte, z. B. fränkischer Sauerbraten, Spargelsuppe.

PLÄTZE (außen/regensicher)

400/160

ANSCHRIFT

Gutshof Schloss Dennenlohe
91743 Dennenlohe-Unterschwaningen
Tel.: 09836-970491 o. 09836-96888
Fax: 09836-96889

ÖFFNUNGSZEITEN

Apr. und Okt.: Sa., So. und Feiertage 11.30 bis 16 Uhr, Mo. bis Fr. geschl.
Mai bis Sep.: Tägl. 11.30 bis 17 Uhr
Kein Ruhetag (für Gruppen auf Anfrage auch länger geöffnet)

EIN BIERGARTEN ZUM VERLIEBEN

Dieser wunderschöne Biergarten ist ein guter Grund dafür, dass Sie für einen Besuch in Dennenlohe mindestens einen ganzen Tag einplanen sollten. Neben dem Schlosspark, dem See und dem Oldtimermuseum haben Sie hier eine weitere Attraktion. Die dient eher dem kulinarischen Wohl des Gastes und besticht besonders durch das traumhafte Schlosshof-Panorama. Die Essensausgabe an sich ist für den Biergartenfreund eher gewöhnungsbedürftig, die Qualität des Essens aber stimmt absolut.

Sie können aber auch Grill und Badehosen einpacken und nebenan am Dennenloher Weiher nah Herzenslust faulenzen. Es gibt wenige Orte im Fränkischen Seenland, an denen wir uns so pudelwohl gefühlt haben.

Ausflugs-Tipps

Unterschwaningen | 0 km

Schloss und Park Dennenlohe

Dennenlohe 1
91743 Unterschwaningen
Tel.: 09836-96888

Web: www.dennenlohe.de
Öffnungszeiten: siehe Website

Tipp: Besuchen Sie auch den neu eröffneten Schlossladen!

Unterschwaningen | 1,4 km

Dennenloher See

Web: www.dennenlohersee.de
Öffnungszeiten: Frei zugänglich

Tipp: Machen Sie doch einen kleinen Spaziergang um den See. Dabei entdecken Sie eine Rekonstruktion der Limesmauer.

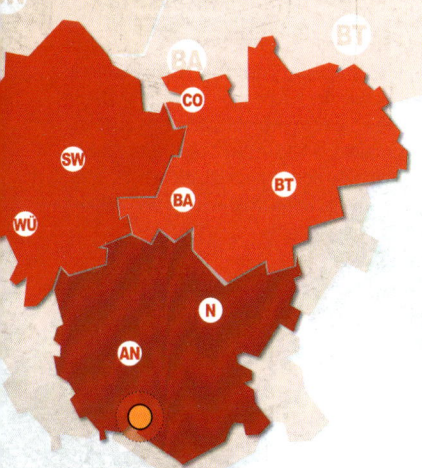

REISETIPP

Aus Gunzenhausen

Vom Bahnhof in Gunzenhausen sind es knapp 14 Kilometer Strecke bis zum Schloss Dennenlohe. Dabei bietet sich ein kleiner Abstecher zum Dennenloher See an.

Die Buslinie 826 fährt direkt nach Dennenlohe.

Mehr siehe www.vgn.de

Voggendorf

Kellerberg Voggendorf

www.brauerei-prechtel.de — Tipp: Das Kesselfleisch (Do)

BIER

Eigene Brauerei: Kellerbier (vom Fass), Weizen.
Maisel/Bayreuth: Alkoholfreies.

KÜCHE

Hausmacher Brotzeiten.
Täglich warme Kleinigkeiten.
Spezialitäten: Schlachtschüssel (Do.), grobe Bratwürste, Obatzter, Brotzeitteller, selbst gebackene Kuchen (So. und Feiertage).

PLÄTZE (außen/regensicher)

350/100

ANSCHRIFT

Voggendorf 23
91486 Uehlfeld-Voggendorf
Tel.: 09163-441 o. 09163-228

ÖFFNUNGSZEITEN

Mo. bis Do. ab 17 Uhr
Fr. und Sa. ab 15 Uhr
So. und Feiertage ab 11 Uhr
Kein Ruhetag
Bei schlechtem Wetter geschlossen (Brauereigasthof - ca. 800 m entfernt - geöffnet, Montag Ruhetag)

BEI ELIS AUF DEM KELLER

Der Voggendorfer Felsenkeller ist immer noch in Betrieb - der leicht süßliche, süffige Gerstensaft fließt direkt aus den Höhlen unter dem Berg aus dem Zapfhahn. Elise „Elis" Prechtel, die quirlige Mutter des Inhabers, kreiert in der Küche wahre Meisterwerke der Brotzeitkunst. Sie ist immer auf dem Keller zu finden und stets um das leibliche Wohl der Gäste besorgt. Die erklimmen die Stufen des Kellerbergs gerne, insbesondere freitags, wenn Makrele vom Grill angeboten wird. Ein Geheimtipp!

Genauso wie die Sommerrodelbahn im nahen Vestenbergsgreuth. Diesen Highspeed-Spaß sollten Sie sich nicht entgehen lassen, schließlich sausen Sie unter anderem in einem 360-Grad-Kreisel einmal um sich selbst. Mal sehen, ob Sie beim anschließenden Minigolf noch das richtige Löchlein treffen.

Ausflugs-Tipps

Vestenbergsgreuth | 7 km

Sommerrodelbahn

Dutendorfer Straße 24
91487 Vestenbergsgreuth
Rodelbahn-Hotline: 0151-12071597
Web: www.greuther-keller.de

Öffnungszeiten:
Mo. bis Fr. ab 16 Uhr, Sa. und So. ab 11 Uhr
Bayrische Feier- und Ferientage ab 11 Uhr

Tipp: Anschließend können Sie auch eine Runde Minigolf spielen.

Voggendorf | 0 km

Uehlfeld: Karpfen-Rundweg

Ausgangspunkt: Voggendorf möglich
ca. 40 km lang, Dauer: 4 Std.
Web: www.steigerwald-info.de

Tipp: Wem es zu heiß wird, kann ein kühles Bad im Weisachsee nehmen.

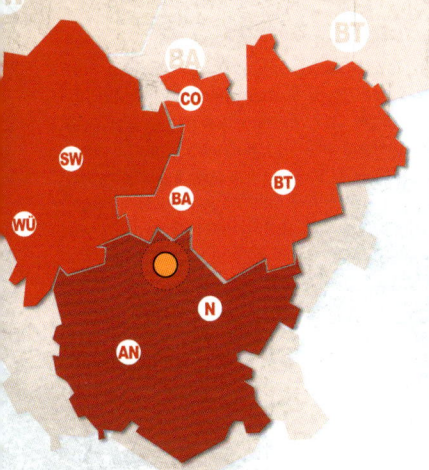

REISETIPP

**Aus Höchstadt
mit dem Fahrrad**

Von Höchstadt/Aisch über Sterpersdorf bis nach Voggendorf sind es knapp 9 Kilometer Fahrstrecke. Vestenbergsgreuth liegt dann nur weitere 7 Kilometer weiter westlich.

Die Buslinie 244 fährt direkt nach Voggendorf.

Mehr siehe **www.vgn.de**

Weiher

Brauerei-Gasthof Kundmüller

www.brauerei-kundmueller.de — **Tipp: Das Weiherer Bio-Urstöffla**

BIER
Eigene Brauerei: Lager, Pils, Weisse, Rauchbier, Urstöffla (Bio-Bier), Märzen, Kellerbier, Bockbier (alles vom Fass), Landbier, Keller-Pils (Bio-Bier), Weiherer Bourbon Bock, Weizenbock, saisonal verschiedene weitere Bierspezialitäten.

KÜCHE
Hausmacher Brotzeiten. Täglich kleine Karte mit warmen Gerichten. Spezialitäten: Hausmacherplatte, Leberkäse (Fr.), hausmacher Brotzeiten mit selbst gebackenem Bauernbrot, fränkischer Mittagstisch.

PLÄTZE (außen/regensicher)
400/190

ANSCHRIFT
Weiher 13
96191 Viereth-Trunstadt
Tel.: 09503-4338
Fax: 09503-7868

ÖFFNUNGSZEITEN
Täglich ab 9 Uhr
Mittwoch Ruhetag

EIN URIGER BIER-KELLER

Die zahlreichen Auszeichnungen, unter anderem beim European Beer Star Award, hat die Weiherer Brauerei bei weitem nicht zu Unrecht eingefahren. Zwölf hervorragende Biersorten, allen voran das Weiherer Urstöffla, lassen den Besuch für Bierfanatiker aller Couleur zum großen Genusserlebnis werden. Auch das Ambiente um das ehemalige Jagdschlösschen und die Wälder und Wiesen laden immer wieder zu längeren Aufenthalten ein. Kulinarisch gibt es Brotzeiten aus eigener Schlachtung und täglich eine kleine Auswahl an warmen Gerichten. Bierkeller, Ferienwohnungen, Gasthaus und Brauerei wurden übrigens vor Kurzem renoviert, bei Roland und Oswald „Ossi" Kundmüller ist eben alles vom Feinsten!

Die Wanderung ins drei Kilometer entfernte Viereth schaffen Sie mit links und können anschließend noch die Biere sowie die neue Sonnenterrasse der Brauerei Mainlust inspizieren.

Ausflugs-Tipps

Viereth | 2,6 km

Brauerei-Gaststätte Mainlust
Hauptstraße 9
96191 Viereth
Tel.: 09503-7444
Web: www.viereth-trunstadt.de
Öffnungszeiten: Di. bis Do. ab 6 Uhr,
Sa. bis Mo. ab 8 Uhr, Freitag Ruhetag
Tipp: Die Bayer-Platte.

Weiher | 0 km

Rundwanderweg Weiher
Ausgangspunkt:
Parkplatz Brauerei-Gasthof Kundmüller
ca. 3,5 km lang, Dauer: 1 Std.
Web: www.viereth-trunstadt.de
Tipp: Direkt am Gasthof finden Kinder einen kleinen Streichelzoo.

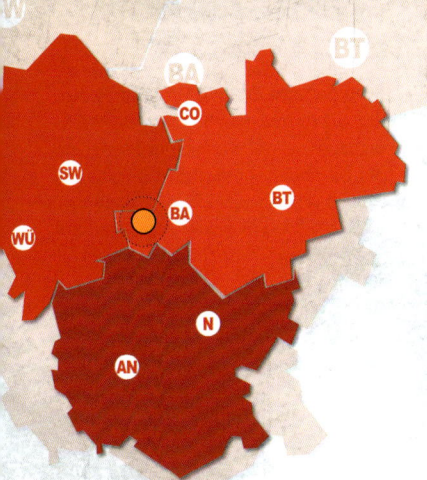

REISETIPP

Vom Bahnhof Oberhaid

Nur entspannte 7 Kilometer vom Bahnhof Oberhaid führen über Viereth und einen mittelschweren Anstieg zum Biergarten der Brauerei Kundmüller in Weiher.

Dabei wird auch der Main mit seinen schönen Auen überquert.

Mehr siehe **www.vgn.de**

Info

Ein Leben für das fränkische Bier

www.bier.by

Die Autoren des vorliegenden Werkes drückten noch die Schulbank, als Markus Hirschmann sein erstes Werk „Die fränkischen Privatbrauereien – ein Führer zu 235 Gasthöfen" herausgab. Mit der Schreibmaschine erstellt, in einer Auflage von 50 Stück an Freunde und Bekannte gegeben, war „Der Hirschmann" schnell ein Geheimtipp unter fränkischen Bierliebhabern.

Das Vorwort aus dem November 1987 erklärt auch den richtigen Umgang mit Buch und Bewertungen: „Vom Autor wurden die Spitzennoten für Bier nur dann vergeben, wenn ein möglichst gehaltvolles und würziges Bier ausgeschenkt wurde, das süffig zu trinken war, eine Eigennote hatte und lange und intensiv nachschmeckte." Besser kann man „fränkisches Craft-Bier" kaum beschreiben. Markus Hirschmann dachte zudem schon an den Genuss zuhause, schließlich war auch er mit dem Auto unterwegs: „Kaufen Sie Ihr Flaschenbier bei den Kleinbrauereien! So haben Sie zu Hause sicher noch viel Freude am Geschmack fränkischer Braukunst!"

Vor einigen Monaten kontaktierte der fleißige Bierfan und Stammleser unsere Redaktion, er hatte ein großes Jubiläum zu feiern, den Besuch seiner 600. Brauerei. Da war er am 1.8.2015 ausgerechnet bei David Hertl gelandet, Frankens wohl kleinster und kreativster Brauerei. Doch damit ist für den ehemaligen Versicherungsvertreter, der seit sieben Jahren im Vorruhestand ist, noch lange nicht Schluss. Spätestens zu seinem 66. Geburtstag in acht Jahren, möchte er den Besuch seiner 666. Brauerei feiern. Klingt gar nicht so schwer, ist es aber doch. Denn mittlerweile muss der sympathische Bierautor aus Hirschbrunn im schönen Hirsch-

bachtal seine Kreise immer weiter ziehen, um noch neue zu entdecken. Eine gute Hilfe dabei war ihm der Brauereiführer „Bier aus Bayern", den er mittlerweile allerdings bis auf wenige Ausnahmen auch schon „abgearbeitet" hat.

Seit einigen Jahren fährt Hirschmann in der Regel über zwei Tage „auf Biertour". Früh am Morgen packt er Ehefrau, Hund und Alkoholtester ein, mittags wird die erste Brauerei erreicht, nachmittags die

zweite und am Abend dann die dritte. Dort übernachten die drei und starten nach einem – alkoholfreien – Frühstück zur Rückfahrt, die dann ebenfalls über zwei oder manchmal auch drei Brauereien führt. Seinen Begleitern wird dabei nicht langweilig, denn das Team besucht alle wichtigen Sehenswürdigkeiten auf der Strecke. Außerdem hat Markus Hirschmann seine Frau mit dem Bier-Virus angesteckt: Sie sammelt kleine Bierkrüge und hat bereits eine ansehnliche Sammlung in ihrer Vitrine stehen. Neben dem Bier haben die drei noch eine weitere Leidenschaft: Das Pilzesammeln in der Hersbrucker Schweiz.

Angefangen hat alles am 19.5.1984 in Hohenschwärz bei der Brauerei Hofmann: „Abendessen nach langer Wanderung, exzellentes dunkles Bier vom Fass, überaus süffig, Note 1 mit Stern." Dort tranken die Hirschmanns 30 Jahre später am 19.5.2014 auch ein Jubiläumsbier, das Urteil: „Immer noch so gut!" Regelmäßig trinkt der Rentner das Bier der Brauerei Meusel in Dreuschendorf, wo ihn am 24.6.1984 gleich drei Generationen bewirteten. Einmal in der Woche kommt per LKW die neue Bierlieferung von Meusel bei ihm an. Den ersten Bierkellerbesuch verzeichnete der 58jährige am 27.5.1985 auf dem Schrauder Keller in Pettstadt, damals noch mit eigener Brauerei „Dunkles Bier im Steinkrug: Spitzenbier! Sehr süffig und mit gutem Geschmack, Note 1." Auch seine heutigen Lieblingsadressen liegen in Oberfranken. In Bamberg finden sie Markus

Hirschmann entweder auf dem Spezialkeller, wegen des Bieres und der schönen Aussicht, oder in der Brauerei Schlenkerla: „Die lasse ich nie aus, wenn ich in Bamberg bin. Das Bier ist die gewagteste Konstruktion eines Bieres – aber lecker!" Im Sommer zieht es ihn auch auf den Hallerndorfer Kreuzberg, wo es „einfach die meisten verschiedenen Biere auf einem Haufen" zu probieren gibt.

Große Feste sind nichts für die kleine Familie, lediglich das Bierfest im Nürnberger Burggraben und das Mariahilfbergfest in Amberg haben genug ruhige Ecken, wo sich die Hirschmanns für ein paar Bierchen niederlassen. Wir wünschen unserem Autorenkollegen und Fan noch viele gute Biere und spannende Besuche im Frankenland – und freuen uns auf das nächste persönliche Wiedersehen auf dem Bierfest im Nürnberger Burggraben!

Weißenbach

Berggasthof zum Glatzenstein

www.berggasthof-glatzenstein.de　　Tipp: Der hausmacher Wurst Dosen-Verkauf

BIER

Veldensteiner: Helles, Weizen, Dunkles (alles vom Fass), leichtes Weizen, alkoholfreies Weizen, Alkoholfreies.

KÜCHE

Hausmacher Brotzeiten.
So. und Feiertage große Karte mit warmen Gerichten.
Spezialitäten: Ofenfrische Schäuferle, selbst gemachte fränkische Bratwürste.

PLÄTZE (außen/regensicher)

85/125

ANSCHRIFT

Jurastraße 14
91233 Neunkirchen am Sand-Weißenbach
Tel.: 09153-7906
Fax: 09153-9229926

ÖFFNUNGSZEITEN

Jeder 3. Fr im Monat ab 18 Uhr
So. und Feiertage ab 9 Uhr
Montag bis Samstag geschlossen
(auf Anfrage geöffnet)

SENSATION AUF DEM BERG

Der Berggasthof zum Glatzenstein hat viel zu bieten. Hier kommt nichts auf den Tisch, was fertig gekauft wurde: Eigene Landwirtschaft, Schlachtung und Metzgerei. Liebhaber nehmen sich die Leckereien auch gerne mit nach Hause. Am Glatzenstein kommt einfach jeder auf seine Kosten, vom Kletterfreak bis zum Kleintierfanatiker - und natürlich alle Freunde der Bierkeller- und Biergartenkultur.

In Sachen Bier können Sie hier sogar richtig was dazulernen. Unweit des Glatzensteins liegt das Fränkische Hopfenmuseum, das wegen seiner etwas abseitigen Lage zu unrecht im Schatten der großen Museums-Brüder in Spalt und Wolnzach steht. Das Hersbrucker Hopfenanbaugebiet ist eines der ältesten in Franken und verdient alleine schon deswegen einmal eine ausführliche Erkundung.

Ausflugs-Tipps

Neunkirchen a. S. | 2,8 km

Fränkisches Hopfenmuseum

Kersbacher Str. 18
91233 Neunkirchen am Sand - Speikern
Tel.: 09123-75640

Web: www.heimat-geschichtsverein.de

Öffnungszeiten: Mai bis Okt.:
So. und Feiertage 13 bis 16.30 Uhr

Tipp: Der Archäologische Wanderweg.

Weißenbach | 0 km (zur Strecke)

VGN-Wanderweg Hinauf zum Glatzenstein

Ausgangspunkt der Wanderung:
Henfenfeld Bahnhof
ca. 14 km lang, Dauer: ca. 4 Std.

Web: www.vgn.de

Tipp: Vom Glatzenstein aus haben Sie einen wunderbaren Ausblick über das Nürnberger Land und die Metropole!

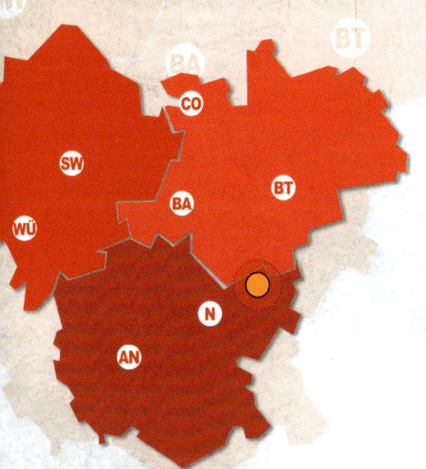

REISETIPP

**Vom Bahnhof
Neunkirchen am Sand**

Mit dem Fahrrad geht es aus Neunkirchen knapp 6 Kilometer kontinuierlich bergauf bis zum Berggasthof Glatzenstein. Dafür ist der Rückweg relativ entspannt.

Der Ort Weißenbach wird auch direkt von der Buslinie 342 angefahren.

Mehr siehe **www.vgn.de**

Weißenburg

Waldgaststätte Araunerskeller

www.bier.by — Tipp: Die Spareribs

BIER
Strauß/Wettelsheim: Helles, Märzen (beides vom Fass), Wet. Gutmann/Titting: Weizen.

KÜCHE
Fränkische Brotzeiten. Täglich kleine Karte mit warmen Gerichten. Spezialitäten: Schäuferle, Haxe, Spareribs, Brotzeitplatte, Obatzter, Gehackbrot.

PLÄTZE (außen/regensicher)
350/90

ANSCHRIFT
An den Sommerkellern 62
91781 Weißenburg
Tel.: 09141-9958058

ÖFFNUNGSZEITEN
Anfang Mai bis Ende Sep.:
Täglich ab 11 Uhr
Mo. ab 17 Uhr,
Kein Ruhetag

EIN ECHTER BIERKELLER!

So entfuhr es uns, als wir bei unseren Touren durchs Seenland südlich von Spalt einfach keine Bierkeller mehr fanden und dann durch den Tipp eines Einheimischen auf den Araunerskeller stießen. Was für eine Freude! Ein richtiger Bierkeller, liebevoll gestaltet, gleichsam urig und trotzdem nicht altbacken. Ein weiteres Bier-Kleinod findet sich nur wenige Kilometer entfernt. Die Schloßbrauerei Ellingen hat einen schönen, kleinen Biergarten im Innenhof zwischen Brauerei und Barockschloss zu bieten. Schloss und Brauerei können besichtigt werden, am schönsten ist es hier zum jährlichen Brauereifest Anfang Juli. Dann verwandelt sich Ellingen in echte Feier-Traumkulisse mit jeder Menge Attraktionen für Groß und Klein.

Ebenfalls einen Besuch wert ist die Festung Wülzburg, ein eindrucksvolles Bauwerk mit einer wechselvollen Geschichte. Zuletzt beherbergte die Burg Kriegsgefangene im Zweiten Weltkrieg, heute steht sie glücklicherweise den Touristen offen.

Ausflugs-Tipps

Weißenburg | 6 km

Brauereigaststätte Schlossbräustübl

Schlossstraße 6
91792 Ellingen
Tel.: 09141-70340

Web: ww.fuerst-carl.de

Öffnungszeiten: siehe Website

Tipp: Die Brauereiführung mit 3D-Video und die Sommerrodelbahn in Pleinfeld (ca. 4km entfernt, siehe Foto Titelseite!)

Weißenburg | 2,3 km

Hohenzollernfestung Wülzburg

Tourist-Information, Martin-Luther-Platz 3
91781 Weißenburg
Tel.: 09141-907124

Web: www.weissenburg.de

Öffnungszeiten: siehe Website

Tipp: Das Apothekenmuseuem.

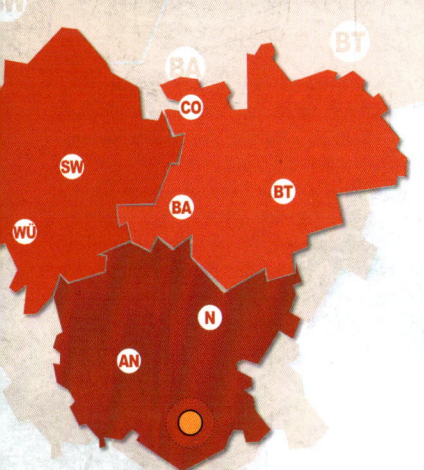

REISETIPP

Fußmarsch vom Bahnhof

Der Araunerskeller liegt nur knapp 3,5 Kilometer vom Bahnhof in Weißenburg entfernt. Die Strecke führt am schönen Seeweiher entlang und kann gut gelaufen werden.

Die nähste Bushaltestelle am Keller fährt die Linie 690 an.

Mehr siehe **www.vgn.de**

Wettelsheim

Wettelsheimer Keller

www.wettelsheimer-keller.de   Tipp: Das Schäuferla, ein echtes halbes Kilo!

BIER
Strauss/Wettelsheim: Märzen, Radler (beides vom Fass).

KÜCHE
Fränkische Brotzeiten. Täglich große Karte mit warmen Gerichten. Spezialitäten: Bratwurst, Schäuferla, Haxe.

PLÄTZE (außen/regensicher)
1000/400

ANSCHRIFT
Treuchtlingerstraße 26
91757 Treuchtlingen-Wettelsheim
Tel.: 09142-7740

ÖFFNUNGSZEITEN
Do. bis So. ab 10 Uhr
Jul. und Aug.: Mo. bis Mi. ab 16 Uhr
Sep. bis Jun.: Mo. bis Mi. Ruhetag

MARGA UND DAS SCHÄUFERLA

Bei Marga Walk und ihren Söhnen Wolfgang und Helmut wird die Kellertradition noch gelebt. Das Bier kommt noch aus Fässern, die in den Gewölben des Berges gelagert und frisch angezapft werden - so wie zur Gründungszeit des Wettelsheimer Kellers um 1850. Perfekt zum Märzen passt das Schäuferla, das mit seinen 500 Gramm eine echte Herausforderung für die Gäste darstellt. Die Riesenhaxe legt mit sage und schreibe 1,2 Kilo noch eins drauf. Einer der schönsten Plätze, die wir hier im Landkreis Weißenburg-Gunzenhausen gefunden haben! A propos finden – das können Sie auch, und zwar die Fossa Carolina – die Überreste des Karlsgrabens, den Karl der Große einst angelegt hat, um Donau und Rhein zu verbinden. Es hat wohl funktioniert, wurde aber nur wenige Jahrzehnte genutzt. Alle Infos dazu finden Sie im eigens eingerichteten Museum im Ortsteil Graben.

Ausflugs-Tipps

Treuchtlingen-Graben | 3,1 km

Karlsgraben

Karlsgrabenstraße 7 a
91757 Treuchtlingen-Graben
Telefon 09142-8617

Web: www.treuchtlingen.de

Öffnungszeiten: Ende Apr. bis Mitte Okt.: Mi. bis So. von 14 bis 17 Uhr

Tipp: Besonders interessant sind die Repliken von Teilen des Reichsschatzes Karls des Großen.

Treuchtlingen | 2,6 km

Volkskundemuseum Treuchtlingen

Heinrich-Aurnhammer-Straße 3
91757 Treuchtlingen
Tel.: 09142-960064

Web: www.treuchtlingen.de

Öffnungszeiten: Mai bis Mitte Okt.: Mi., Do., Fr. und So. von 15 bis 18 Uhr

Tipp: Die Altmühltherme Treuchtlingen.

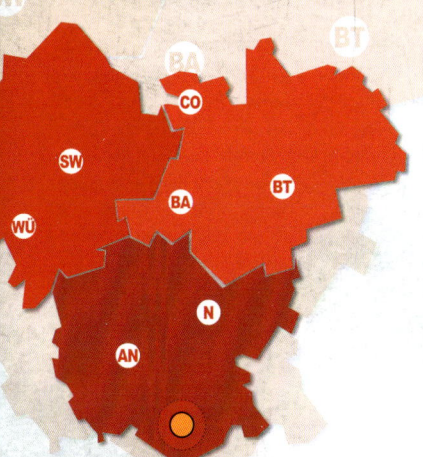

REISETIPP

Nicht weit vom Bahnhof

Der Wettelsheimer Keller liegt nur knapp 2 Kilometer nördlich vom Treuchtlinger Bahnhof. Mit dem Fahrrad eine Sache von etwa 10 Minuten. Alternativ ist man die Strecke auch in einer halben Stunde gemütlich gelaufen.

Noch etwas näher bringt den Reisenden die Buslinie 801.1.

Mehr siehe **www.vgn.de**

Wiesenttal

Landgasthof Kuchenmühle

www.kuchenmühle.de   Tipp: Der Sauerbraten

BIER
Maisel: Aktien Zwickl, Weisse, Pils (alles vom Fass), alkoholfreies Weizen, Alkoholfreies.

KÜCHE
Fränkische Brotzeiten. Täglich mittelgroße Karte mit warmen Gerichten. Spezialitäten: Sauerbraten, Schäuferle, Krustenbraten, Forellen (frisch aus dem Bach), verschiedene Braten, fränkische Zwiebel (ab und zu).

PLÄTZE (außen/regensicher)
120/100

ANSCHRIFT
Kuchenmühle 21
91346 Wiesenttal
Tel.: 09196-377
Fax: 09196-998196

ÖFFNUNGSZEITEN
Täglich ab 11 Uhr
Montag Ruhetag

SO SIEHT FRÄNKISCHE SCHWEIZ AUS

Idyllisch direkt am Flüsschen Aufsess liegt die alte Kuchenmühle. Hier - inmitten der ältesten Luftkurecke der Region - fühlt man sich auf Anhieb pudelwohl. Romantik und Idylle geben sich die Hand. Weil es hier schon eine so lange touristische Tradition gibt, trifft man auch nicht mehr den üblichen verträumten Landgasthof an. Es geht schon etwas professioneller zu, auch in der Flexibilität der Küche. Die Kuchenmühle liegt übrigens optimal für einen erholsamen Spaziergang - vor oder nach dem Essen. Die Kuchenmühle ist der perfekte Ausgangspunkt, um ins Herz der Fränkischen Schweiz vorzustoßen. Beispielsweise zur Burgruine Neideck, auf der seit vielen Jahren Bamberger Archäologiestudenten nach mittelalterlichen Überresten suchen, oder zur Streitburg, einer weiteren Ruine oberhalb von Streitberg. Dieser Ort verfügt über zwei Brennereien, die nach alten Rezepturen einen hervorragenden Kräuterlikör herstellen, den Streitberger Bitter.

Ausflugs-Tipps

Wiesenttal | 5,7 km

Burgruine Neideck
91346 Wiesenttal
Tel.: 09196-19433
Web: www.neideck.de
Öffnungszeiten: Frei zugänglich
Tipp: Besichtigen Sie auch die idyllische Neideckgrotte etwas oberhalb der Ruine.

Wiesenttal | 6 km

Streitburg
91346 Wiesenttal
Web: www.burgenwelt.de
Öffnungszeiten: Frei zugänglich
Tipp: Anschließend bietet sich eine Besichtigung der Binghöhle an.

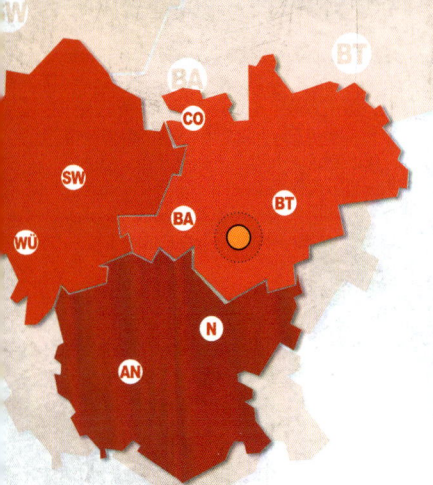

REISETIPP

**VGN Freizeitlinie 389
Wiesenttal-Express**

Der Wiesenttal-Express 389 verkehrt vom 1.5.-1.11. an Samstagen sowie Sonn- und Feiertagen. An Werktagen und in der Wintersaison gilt ein reduziertes Fahrtenangebot.

Die Kuchenmühle liegt direkt an der Aufseß und an vielen schönen Wanderwegen.

Mehr siehe **www.vgn.de**

Wittelshofen

Landgasthof Wörnitz Stuben

www.woernitzstuben.de — Tipp: Die Maultaschen

BIER

Hofbräu/München: Helles, Hefeweizen, Pils, Sommerbier (im Sommer), Winterzwickel (im Winter) (alles vom Fass), dunkles Hefeweizen, leichtes Hefeweizen. Erdinger: Alkoholfreies Hefeweizen. Clausthaler: Alkoholfreies.

KÜCHE

Hausmacher Brotzeiten. Täglich große Karte mit warmen Gerichten. Spezialitäten: Verschiedene hausgemachte Maultaschen, Hesselberger Lamm, Wild aus fürstlicher Jagd.

PLÄTZE (außen/regensicher)

200/120

ANSCHRIFT

Wörnitzstraße 12
91749 Wittelshofen
Tel.: 09854-206
Fax: 09854-93989

ÖFFNUNGSZEITEN

Mo. bis Fr. 11 bis 14 und ab 17 Uhr
Sa., So. und Feiertage ab 11 Uhr
Dienstag Ruhetag

EIN TRAUM

Speisen direkt am Ufer der Wörnitz - man denkt, das wäre schon immer so gewesen, doch weit gefehlt: Erst seit 1996 gibt es den Landgasthof in dieser Form. Hier macht man es richtig: Ganze Lämmer oder Schweine auf dem großen Grill im Biergarten, selbst gebackenes Brot und Flammkuchen vom danebenstehenden Holzbackofen, hausgemachte Maultaschen mit Spinat, roter Beete, Reh- und Hirschfleisch und auch sonst viele Produkte aus eigener Herstellung. Ein Klassiker auf dem Weg zum Klassiker!

Auf dem selben Weg ist auch das Limeseum, ein faszinierender Römerpark im nahen Ruffenhofen. Über den Ruinen eines ehemaligen Römerkastells wächst ein lebendiges Museum mit vielen Attraktionen und Möglichkeiten, sich auch selbst als Nachwuchs-Römer zu üben.

Ausflugs-Tipps

Wittelshofen | 2,1 km

Limeseum und Römerpark

Römerpark Ruffenhofen 1
91749 Wittelshofen
Tel.: 09854-9799242
Web: www.limeseum.de
Öffnungszeiten: siehe Website

Tipp: Nehmen Sie unbedingt an einer der Führungen durch den Römerpark teil!

Wittelshofen | 0 km (zur Strecke)

Hesselberg: Rundwanderung

Ausgangspunkt der Wanderung:
Evgl. Bildungszentrum, Hesselbergstraße
5,3 km lang, Dauer: 1,5 Std.
Web: www.hesselberg-panorama.de

Tipp: Genießen Sie anschließend noch ein kühles Bier im Landgasthof Wörnitz Stuben!

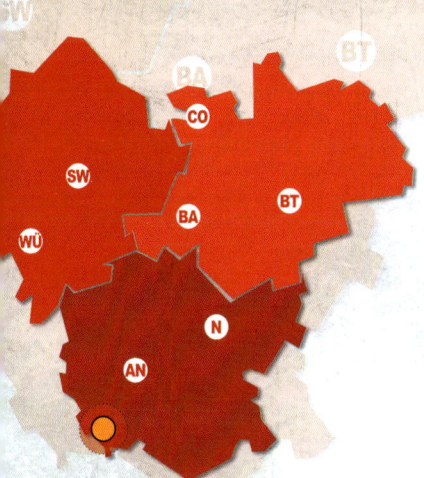

REISETIPP

Aus Dinkelsbühl

Etwa 15 Kilometer Radweg liegen zwischen dem schönen Dinkelsbühl und dem Örtchen Wittelshofen. Die Strecke ist relativ eben und gut zu bewältigen.

Wer will, kann auch mit dem Bus Linie 825 direkt zum Landgasthof Wörnitz Stuben fahren.

Mehr siehe **www.vgn.de**

Wölfersdorf

Wölfersdorfer Biergarten

www.biergarten-fraenkische-schweiz.de   Tipp: Die Säfte und Schnäpse

BIER

Klosterbrauerei Weissenohe: Pils, Altfränkisch Dunkel (beides vom Fass).
Gutmann/Titting: Weizen, leichtes Weizen, alkoholfreies Weizen.

KÜCHE

Fränkische Brotzeiten. Täglich kleine Karte mit warmen Gerichte. So. und Feiertage Mittagstisch. Spezialitäten: Brotzeitteller, fränkische grobe Bratwürste, Schäuferla, selbst gemachter Obatzter.

PLÄTZE (außen/regensicher)

150/25

ANSCHRIFT

Wölfersdorf 4
91355 Hiltpoltstein
Tel.: 09192-997656
Fax: 09192-997658

ÖFFNUNGSZEITEN

Do. und Fr. ab 16 Uhr, Sa. ab 14 Uhr
So. und Feiertage ab 11 Uhr
Mo., Di. und Mi. Ruhetag

DER BRENNEREI-BIERGARTEN

Nach vielen Jahren Keltern und Brennen wollten die Wölfersdorfer Familien Deuerlein und Braun endlich auch mal ein eigenes Refugium zur Entspannung haben. Heraus kam 2011 der Wölfersdorfer Biergarten, der das Rundumsorglos-Paket für den Biergartenfreund bietet. Umsäumt von Obstbäumen und mit einem großen Spielplatz findet man ein perfektes Ambiente und erhält quasi als Zugabe noch die hauseigenen Brände, Liköre und Säfte, die natürlich auch in einem Bierkellerfreizeitbuch nicht unerwähnt bleiben sollen!

Hier ist der ideale Startpunkt für richtige Abenteurer. Denn entweder nehmen Sie den kleinen Weg ins Wildgehege Hufeisen oder fahren gleich zur ganz großen Freizeitoase, dem Fränkischen Wunderland Plech. Grüßen Sie die Indianer von uns, die mussten beim letzten Fotoshooting nämlich ein paar Federn lassen.

Ausflugs-Tipps

Pegnitz | 17,4 km

Wildgehege Hufeisen

Hubertusweg 4
91257 Pegnitz
Tel.: 09241-80960
Web: www.wildgehege-hufeisen.de
Öffnungszeiten: Ganzjährig geöffnet

Tipp: Für Kinder und Jugendliche ist der Eintritt frei, Erwachsene zahlen 2,- €. Wir empfehlen Kleingeld mitzunehmen!

Hiltpoltstein | 5,2 km

Brünners Motorradmuseum

Möchs 27
91355 Hiltpoltstein
Tel.: 09245-1231
Öffnungszeiten: Täglich von 10 bis 18 Uhr

Tipp: Kinder zahlen nach Körpergröße, Erwachsene 5,- €.

REISETIPP

Bahnhof Gräfenberg als Ausgangspunkt

Aus Gräfenberg sind es beschauliche 5,5 Kilometer bis Wölfersdorf. Dabei geht es zwar stetig bergauf, aber auf dem Rückweg weiß man den Berg auch zu schätzen.

Die Buslinien 219 und 272 fahren den Ort Wölfersdorf direkt an.

Mehr siehe **www.vgn.de**

Wörnitzhofen

Blauer Angler

www.zumblauenangler.de **Tipp: Der Germanentraum**

BIER

Hacker Pschorr/München: Hell, Weißbier, wechselnde Saisonbiere (alles vom Fass).
Paulaner/München: Paulaner Dunkel (vom Fass).
Maisel/Bayreuth: Komplettes Flaschenbiersortiment.

KÜCHE

Fränkische Brotzeiten. Täglich große Karte mit warmen Gerichten. Spezialitäten: Germanentraum, Schweineschnitzel Wiener Art, Hausplatte, Wurstplatte.

PLÄTZE (außen/regensicher)

120/140

ANSCHRIFT

Wörnitzhofen 3
91744 Weitlingen
Tel.: 09853-3663
Fax: 09853-3664

ÖFFNUNGSZEITEN

Täglich ab 17 Uhr
Sa., So. und Feiertage ab 10.30 Uhr
Apr. bis Sep.: Mo. Ruhetag
Okt. bis Mär.: Mo. und Di. Ruhetag

„HIER WIRD MAN NOCH VOM WIRT SELBER BELEIDIGT"

So umschreibt Inhaber Ernst Hassel die Dienstleistungen seines Hauses. Und die sind - im Gegensatz zu dieser Aussage - eine echte Sensation. Zum einen die Küche seiner Frau, die Gäste aus dem weitesten Umfeld anlockt, zum anderen der wunderschön gelegene und gestaltete Biergarten sowie das gigantische Angebot an verschiedenen Whisk(e)ys. Dieses Getränk zeichnet auch für den Namen des Gasthofes verantwortlich - ein Petrijünger hatte nämlich zuviel davon genossen und wurde spontan der Namenspatron.

So mancher hat hier seine Grenzen ausgelotet – wie einst die Römer, als sie hier ihren Grenzwall, den Limes, bauten. Die benachbarten Mönchsrother haben nahe den historischen Steinen ein schönes Freibad erschaffen, mit einem Restaurant namens Römerhof – mit deutscher und griechischer Küche.

Ausflugs-Tipps

Mönchsroth | 8,7 km

Limesfreibad Mönchsroth

Römerstraße 22
91614 Mönchsroth
Tel.: 09853 -1309

Web: www.moenchsroth.de

Öffnungszeiten: siehe Website

Tipp: Über den Limesradweg ist das Freibad leicht zu erreichen.

Schillingsfürst | 2,1 km (zur Strecke)

Wörnitzradweg

Ausgangspunkt:
Wörnitzquelle in Schillingsfürst
ca. 106 km lang (auch abschnittsweise fahrbar)

Web: www.woernitzradweg.de

Tipp: Starten Sie doch in Schillingsfürst und nehmen Sie nach etwa 41 km kurz vor Wittelshofen die Abzweigung nach Wörnitzhofen.

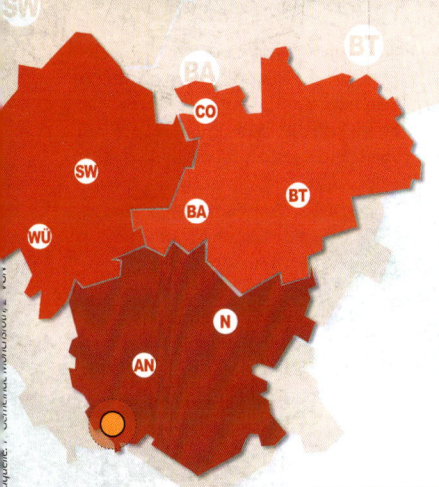

REISETIPP

Aus Dinkelsbühl

Etwa 12 Kilometer Radweg liegen zwischen dem schönen Dinkelsbühl und dem Örtchen Wörnitzhofen. Die Strecke ist relativ eben und gut zu bewältigen.

Wer will, kann auch mit dem Bus Linie 877 bis ins nahe gelegene Weiltingen fahren.

Mehr siehe **www.vgn.de**

Zeckern

Zeckerner Bierkeller

www.zeckernerbierkeller.de — **Tipp: Die hausgemachte Göttinger Wurst**

BIER

Sauer/Röttenbach: Kellerbier (vom Fass).
Blauer Löwe/Höchstadt a. d. Aisch: Dunkles (vom Fass).
Rittmayer/Hallerndorf: Weizen, leichtes Weizen, alkoholfreies Weizen.

KÜCHE

Hausmacher Brotzeiten. Warmes Essen nur auf Bestellung. Spezialitäten: Geräucherte Forellen, hausgemachte Göttinger, selbst gebackenes Brot, selbst gebackene Kuchen.

PLÄTZE (außen/regensicher)

80/0

ANSCHRIFT

Zugang Bergstraße 2
(hinter Gärtnerei Großkopf)
91334 Hemhofen-Zeckern
Tel.: 09195-4440

ÖFFNUNGSZEITEN

Mo., Do. und Fr. ab 17 Uhr
So. und Feiertage ab 13 Uhr
Di., Mi. und Sa. Ruhetag

NICHT WEITERSAGEN!

Ein weiterer Geheimtipp-Keller ist der Zeckerner Bierkeller. Versteckt hinter der Gärtnerei in Zeckern geht es einige Stufen bergan, bis man das Reich der Betreiber Anita und Edmund Kaiser betritt. Die beiden werkeln hier schon seit bald 30 Jahren - der historische Felsenkeller ist noch in Benutzung. Mit viel Liebe haben die beiden eine familienfreundliche Oase geschaffen, die allerdings noch weitgehend unentdeckt geblieben ist. Zum Reinschnuppern sollten Sie sich schon mal den letzten Sonntag im Juni freihalten - da ist Blues-Frühschoppen!

Nach dem Frühschoppen geht's dann auf zum Erlebnispark Schloß Thurn, wo besonders die Kleinen viel Spaß haben werden. Mit aufgeblasenen Autoreifen und Motor auf Waterscooterjagd gehen hat aber auch schon den Größeren jede Menge Freude bereitet!

Ausflugs-Tipps

Heroldsbach | 6,2 km

Erlebnispark Schloss Thurn

Schlossplatz 4
91336 Heroldsbach
Tel.: 09190-929898

Web: www.schloss-thurn.de

Öffnungszeiten:
Täglich von 10 bis 17 Uhr, weitere Öffnungszeiten siehe Website!

Tipp: Der Dinolino-VR-Ride - Neu 2016! Setzen Sie Ihre VR-Brille auf, nehmen Sie Platz in der Familienachterbahn und spüren Sie echten Fahrtwind, echte Kurven und echte Geschwindigkeit, während Sie durch eine fantastische virtuelle Welt sausen!

REISETIPP

Tour vom Forchheimer Bahnhof

Knapp 15 Kilometer trennen den Forchheimer Bahnhof vom Zeckerner Bierkeller. Die Strecke ist ohne große Steigungen gut zu bewältigen.

Alternativ fahren die Buslinien 205 und 206 direkt nach Zeckern.

Mehr siehe **www.vgn.de**

Zimmern

Gasthof zum Hollerstein

www.hollerstein.de — Tipp: Das Schäuferle mit Knödel und Salat

BIER

Strauß/Wettelsheim: Kellermärzen, Helles (beides vom Fass), Pils, Weizen.
Wurm/Bieswang: Helles Weizen, dunkles Weizen, leichtes Weizen.
Clausthaler: Alkoholfreies.

KÜCHE

Hausmacher Brotzeiten.
Täglich mittelgroße Karte mit warmen Gerichten.
Spezialitäten: Schäuferle mit Knödel und Salat, Sauerbraten, hausgemachte grobe Bratwürste, Schinkenbrot, Wurstsalat, selbst gemachte Käsespätzle.

PLÄTZE (außen/regensicher)

180/220

ANSCHRIFT

Zimmern 32
91788 Pappenheim
Tel.: 09143-753
Fax: 09143-8379730

ÖFFNUNGSZEITEN

Täglich ab 7 Uhr
Mittwoch Ruhetag

DER MEGA-GEHEIMTIPP

Mit Fug und Recht behaupten viele Gäste, dass der Hollerstein der mit Abstand schönste Biergarten des Altmühltales ist. Direkt am Flussufer erstreckt sich die grüne Wiese, auf der die Tische mehr oder weniger nach Belieben der Besucher angeordnet werden. Dort befindet sich der hauseigene Bootsverleih, an dessen Steg so mancher Gast über den Wasserweg hier ankommt. Das Haus an sich verfügt noch über historische Braukeller aus den Zeiten, als der Gerstensaft noch vor Ort hergestellt wurde.

Auch wenn der Hollerstein der perfekte Entspannungstipp ist, locken hier dennoch aufregende Freizeitaktivitäten. Am einfachsten mieten Sie sich ein Kanu und schippen ein bißchen auf der Altmühl unterhalb der Felsformation „Zwölf Apostel", oder Sie erklimmen den Weg zur mächtigen Burg Pappenheim und finden die Antwort auf die Frage, woher der Ausdruck „Ich kenne meine Pappenheimer" kommt.

Ausflugs-Tipps

Pappenheim | 1,7 km

Burg Pappenheim

Marktplatz 5 / Neues Schloss
91788 Pappenheim
Tel.: 09143-83890

Web: www.grafschaft-pappenheim.de

Öffnungszeiten: siehe Website

Tipp: Einmal im Jahr findet ein Ritterturnier statt. Weitere Infos finden Sie auf der Internetseite der Burg.

Solnhofen | 6,2 km

Hobbysteinbruch

Frauenberger Weg
91807 Solnhofen
Tel.: 09145-832020

Web: www.solnhofen.de

Öffnungszeiten:
Apr. bis Okt.: Täglich von 10 bis 17 Uhr

Tipp: Wir empfehlen das Kombiticket mit dem Museum Solnhofen, um sich dort über urzeitliche Funde zu informieren.

REISETIPP

Vom Pappenheimer Bahnhof

Der Gasthof zum Hollerstein ist nur knapp 2 Kilometer vom Pappenheimer Bahnhof entfernt. Der Fußweg entlang der Altmühl ist sehr angenehm.

Alternativ fährt die Buslinie 698.1 direkt in den Ortsteil Zimmern.

Mehr siehe **www.vgn.de**

Zirndorf

PLAYMOBIL-Biergarten

www.playmobil-funpark.de — Tipp: Das Spanferkel frisch vom Grill

BIER

Tucher/Fürth: Zirndorfer Helles, Zirndorfer Kellerbier (vom Fass). Ammerndorfer: Dunkles (vom Fass). Spalter: Radler (vom Fass). Gutmann/Titting: Helles Hefeweizen, dunkles Hefeweizen, leichtes Hefeweizen, alkoholfreies Hefeweizen. Maisel/Bayreuth: Kritzenthaler Alkoholfreies.

KÜCHE

Fränkische Brotzeiten. Täglich mittelgroße Karte mit warmen Gerichten. Spezialitäten: Drei fränkische Bratwürste auf Kraut und Holzofenbrot, Portion Spanferkel frisch vom Grill mit Sauce, Kraut und Kloß oder hausgemachtem Kartoffelsalat, fränkische Brotzeitplatte, Biergartensalat mit geräucherter Putenbrust.

PLÄTZE (außen/regensicher)

500/200

ANSCHRIFT

Brandstätterstraße 2-10
90513 Zirndorf
Tel.: 0911-96661852

ÖFFNUNGSZEITEN

Mai bis Sep.: Täglich ab 18 Uhr
Kein Ruhetag

AUCH FÜR GROSSE (KINDER)

Klar, man denkt erst einmal an die kleinen Plastikmännchen und den PLAYMOBIL-FunPark, wenn man vom PLAYMOBIL-Biergarten hört, aber weit gefehlt: Jeden Tag ab 18 Uhr steht ein echtes Biergartenjuwel im Vordergrund: Leckeres Bier vom Fass (unbedingt das Ammerndorfer probieren!), Spanferkel und deftige Brotzeiten laden den Biergartenfan ein, auch mal jenseits der Kindheit vorbeizukommen. Die Bewegung kommt trotzdem nicht zu kurz: Sommer-Eisstockschießen, Boule, Kicker und vieles mehr können kostenfrei genutzt werden, zusätzlich werden auch Airhockey und Minigolf angeboten. Der Spaß ist also garantiert.

Nach einem Besuch in der Westernstadt, wo Sie Ihrem Goldrausch in der stilechten Goldmine folgen können, oder nach einer actionreichen Überfahrt mit einem der Flöße zum großen Piratenschiff, ist der PLAYMOBIL-Biergarten der ideale Ort für eine gemütliche Pause.

Ausflugs-Tipps

Zirndorf | 0 km

Playmobil Funpark

Brandstätterstraße 2-10
90513 Zirndorf
Tel.: 0911-96661455
Web: www.playmobil-funpark.de
Öffnungszeiten: siehe Website

Tipp: Ab 2016 gibt es neue Riesen-Hüpfkissen und Trampoline im Aktivpark. VGN Anreisende erhalten 1 Euro Rabatt auf die Eintrittskarte.

Zirndorf | 4,3 km

Kletterwald Weiherhof

Banderbacher Straße 301
90513 Zirndorf
Tel.: 0931-29699710 o. 0171-5335438
Web: www.kletterwald-weiherhof.de
Öffnungszeiten: siehe Website

Tipp: Im Kletterwald können Sie nicht nur den Spaß schwindelerregender Höhen genießen, sondern auch Bogenschießen, Kegeln und vieles mehr.

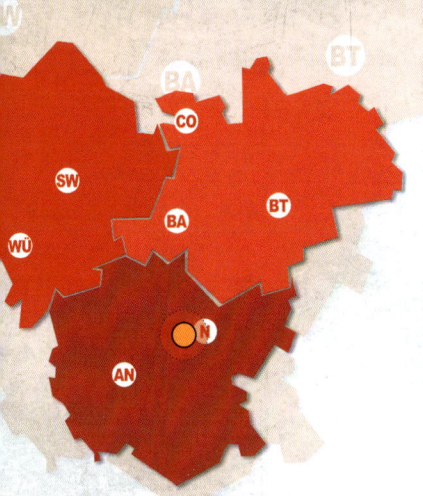

REISETIPP

Eigene Haltestelle

Der Playmobil Funpark hat eine eigene Haltestelle innerhalb der Buslinie 151. VGN-Kunden bekommen hier einen Nachlass von 1,- Euro beim Eintritt.

Wer mit dem Fahrrad anreisen will: Vom Fürther Hauptbahnhof ist der Biergarten knapp 7,5 Kilometer entfernt.

Mehr siehe **www.vgn.de**

Info

Spielen – Bewegen – Erleben

www.playmobil-funpark.de

Seit 16 Jahren begeistert der **PLAYMOBIL-FunPark** in Zirndorf Besucher aus nah und fern und ist ein beliebtes Ausflugsziel für Familien mit Kindern. Auf insgesamt 90.000 m² laden zahlreiche PLAYMOBIL-Spielwelten im Großformat zu unbegrenztem Spiel- und Kletterspaß ein. Hier können kleine und große Entdecker ihrer Fantasie freien Lauf lassen.

Als Freibeuter entern sie das Piratenschiff, als mutige Ritter erkunden sie die Geheimgänge der Burg und erleben als Dino-Forscher oder Goldsucher jede Menge Abenteuer. Die körperliche Bewegung und Aktivität steht dabei stets im Mittelpunkt. Aktiv sein statt Schlange stehen ist hier die Devise.

Riesen-Hüpfkissen und Trampoline im Aktivpark

Direkt neben der Minigolfanlage befindet sich der große Aktivpark. Ob Sommerstockbahnen, Boule, Billard oder Airhockey – hier gibt es ein abwechslungsreiches Spielangebot! Dazu gesellen sich in der Parksaison 2016 ein riesiges Hüpfkissen sowie zwei große Bodentrampoline zum Hüpfen und Springen. Diese sorgen für ultimativen Spaß und Unterhaltung bei Groß und Klein. In leuchtenden Farben und mit einer imposanten Größe von 160 m² bietet das Hüpfkissen unbegrenzte Möglichkeiten, sich frei zu bewegen. Wer sich lieber in luftige Höhen schwingen mag, dem steht gegenüber eine große Vogelnestschaukel zur Verfügung. Von der Plattform des

neuen Spielhauses kann man die Aussicht über das gesamte Areal des AktivParks mit Minigolfanlage genießen. Kinder lieben es zu hüpfen und zu springen und das ist nun auch im XXL-Format möglich. Auf dem neuen Riesen-Hüpfkissen ist mega Hüpfspaß garantiert!

Frischer Wind im Wilden Westen

Die PLAYMOBIL-Westerncity bietet die ideale Kulisse für echte Westernhelden. In diesem Jahr erhält der Wilde Westen einen neuen Look: Eine lange Westerntheke mit Überdachung verschafft zusätzliche Sitzmöglichkeiten für Kinder und Erwachsene. Hier laden leckere Westernburger und kühle Drinks zum Verweilen ein.

Echte Goldgräberstimmung kommt in der stilechten Goldmine auf. Hier können Goldgräber ihrem Goldrausch folgen und auf die Suche nach Goldnuggets und Halbedelsteinen gehen. Im hinteren Bereich des Areals, vor dem düsteren Dynamittunnel, sorgt ein neues Schwingpferd für lustigen Schaukelspaß. Bis zu fünf Personen haben darauf Platz und können das Pferd gemeinsam in Bewegung versetzen.

Jetzt schon vormerken: In diesem Jahr hat das gläserne HOB-Center im Winter wieder täglich geöffnet!

Draußen ist es kalt und ungemütlich und der Spielplatz ist zugeschneit? Dann sorgen das große HOB-Center und der angrenzende Indoor-Klettergarten ab diesem Winter täglich für grenzenlosen Spiel- und Kletterspaß! Hier können sich die Kinder auch bei winterlichen Temperaturen richtig austoben und zahlreiche PLAYMOBIL-Spielwelten entdecken. Zudem sorgt das Aktionsteam mit tollen Mitmachaktionen, wie zum Beispiel der beliebten Minidisco, für genügend Abwechslung.

Weitere Informationen zu Preisen und Öffnungszeiten:
www.playmobil-funpark.de

Termine

Herzlich willkommen im Festkalender, in dem wir Ihnen einige der wichtigen Termine und Veranstaltungen der Region zusammengetragen haben. Mit dabei natürlich die älteste Kirchweih Bayerns, die Fürther Michaeliskirchweih (erste Erwähnung 1100 n.C.), oder Klassiker wie die Bamberger Sandkerwa

Wir wünschen viel Spaß!

April

Frühlingsfest Nürnberg
(Ab Ostersamstag - 16 Tage)
www.volksfest-nuernberg.de

Frühlingsfest Ansbach
(Ende April/Anfang Mai - 7 Tage)
www.ansbach.de

Mai

Bergkirchweih Erlangen
(beginnt Donnerstag vor Pfingsten
und dauert zwölf Tage)
www.der-berg-ruft.de

Museumskirchweih Bad Windsheim
(zwei Tage, Anfang Mai)
www.freilandmuseum.de

Frühlingsfest Spalt
(Fr.-Mo.)
www.spalt.de

Juni

Ansbacher Altstadtfest
(fünf Tage Ende Mai/Anfang Juni)
www.citymarketing-ansbach.de

Altstadtfest Herzogenaurach
(drei Tage)
www.herzogenaurach.de

Juli

Kunigundenfest Lauf
(am ersten Sonntag und Montag im Juli)
www.lauf.de

Bayreuther Bürgerfest
(erstes Juli-WE, Fr.-So.)
www.bayreuth.de

Kinderzeche Dinkelsbühl (zehn Tage)
www.kinderzeche.de

Annafest Forchheim (beginnt um den Namenstag der Hl. Anna - 26. Juli - und dauert zehn Tage) www.anna-fest.de

Altstadtfest Weißenburg
(Fr.-So.)
www.altstadtfest-weissenburg.de

Schwabacher Bürgerfest
(letztes Wochenende vor
den Sommerferien)
www.buergerfest.com

Altstadtfest Hersbruck
(Fr.-So.)
www.altstadtfest-hersbruck.de

August

Sandkerwa Bamberg
(fünf Tage)
www.sandkerwa.de

Volksfest Nürnberg
(17 Tage)
www.volksfest-nuernberg.de

September

Reichsstadt-Festtage Rothenburg
(Fr.-So.)
www.tourismus.rothenburg.de

Altstadtfest Nürnberg
(zwölf Tage)
www.altstadtfest-nue.de

Altstadtfest Roth
(zweiter Sonntag im September)
www.landratsamt-roth.de

Korbmarkt Lichtenfels
(am 3. Septemberwochenende, Fr. bis So.)
www.korbmarkt.de

Oktober

Michaeliskerwa (beginnt am Samstag nach dem Namenstag des Erzengels Michael (29. September) und dauert zwölf Tage)

Tipp-Verzeichnis

Alle Freizeittipps sortiert nach Seite im Buch. Biergärten siehe Seite 1!

Seite	Freizeit-Tipp 1	Freizeit-Tipp 2
8	Country-Life Pflugsmühle	Museen Burg Abenberg
10	Schiffahrt am Brombachsee	Abenteuerwald Enderndorf
12	Wanderweg: Schlösser mit Aussicht	Schloss Adlitz und Schloss Marloffstein
14	Burg Rabenstein	Sophienhöhle
18	Familygolf Minigolf	Markgräfliches Jagdschloss Ratibor
20	Großer Badestrand	Familygolf Soccergolf und Minigolf
22	Luftmuseum	Kurfürstenbad
24	Max-Keller	Stadt-Land-Fluss Tour
26	Markgräfliche Residenz / Museum Ansbach	Aquella Bad
28	Wanderweg: Marloffsteiner Pass	Schloss Atzelsberg und Schloss Rathsberg
30	Staffelbergklause	Waldklettergarten Banz
32	Freilandmuseum Bad Windsheim	
34	Fässla-Keller	Hainbad
36	Altenburg	Brauereimuseum
38	Spezial-Keller	Kinderführung Bamberg
40	Liebesbier	Neues Schloß und Hofgarten
44	Abenteuerpark Betzenstein	Wanderweg - Zu Frankens kleinster Stadt
46	Opels Sonnenhof	Goldbergbaumuseum u. Schmutzlerzeche
48	Alpine Coaster	Ziplinepark Ochsenkopf
50	Brauhaus Binkert	Sieben-Flüsse-Wanderweg - Etappe 09
52	Hallenbad Burgebrach	2Franken-Radweg
54	Löwenbräukeller	Levi-Strauss-Museum
56	Naturfreibad	Barrierefreier Wanderweg
58	Burg Cadolzburg	Naturbad Großhabersdorf
60	Wanderweg - Wildpark und Trubachtal	Wildpark Hundshaupten
62	Waldschänke Rabenhorst	Gärtner- und Häckermuseum
64	Brauerei Gasthof Pfister (Weigelshofen)	Radtour rund um Eggolsheim
66	Naturbad mit Zeltplatz	Wandern in der Marktgemeinde Ebensfeld
68	Schwanenbräu-Keller	Dampfbahn Fränkische Schweiz
70	Festung Rothenberg	Burg Hohenstein
72	Botanischer Garten	Walderlebniszentrum Tennenlohe
74	Bergkerwa	Stadtmuseum Erlangen
76	Walderlebnispfad	Fränkisches Museum
78	Königsbad Forchheim	Bierkeller-Radrunde
80	Bauernmuseum	Naturbadesee
82	Generationengarten	Schloss Reichenschwand
84	Burgruine Hilpoltstein	Museum Schwarzes Roß
86	Climbing Factory Nürnberg	Ludwig-Erhard Stadtmuseum
88	Regnitztaler Alm	Minigolfanlage Strullendorf
90	Burg Gößweinstein	Kajak-Touren auf der Wiesent
92	HopfenBierGut - Museum im Kornhaus	Druidenweg
94	Fossilien- und Steindruck-Museum	Indoorspielplatz
96	Rittmayer's Gartenkeller mit Kegelbahn	Wanderweg: Zu den Kellern
100	Baggersee Happurg	Lama-Trekking
102	Deutsches Hirtenmuseum	Fackelmann Therme Hersbruck
104	Brauerei-Gasthof Kraus	Regnitzradweg
106	Wellenbad	Radweg - Karpfen, Kräuter,... (1)
108	Waizendorfer Keller	Wanderung - Strullendorf - Bamberg
110	Hallerschloss in Kalchreuth	Wanderung - Zum Kirschendorf
112	Leicht´s Keller	Mainradweg

Biergärten siehe Seite 1

Tipp-Verzeichnis

Seite	Freizeit-Tipp 1	Freizeit-Tipp 2
114	Wanderweg - Übers Walberla	Burg Egloffstein
116	Freizeitpark Monte Kaolino	Industrielehrpfad Geopark
118	Schloss Greifenstein	Judenfriedhof
120	Brauerei-Gasthof Drei Kronen	Schloss Seehof
122	Brauerei Wagner Merkendorf	Brauerei-Gasthof Göller (Drosendorf)
126	Deutsches Korbmuseum	Rudufersee
128	Führung Burgwindheim	Schloß Weißenstein
130	Minigolf Muggendorf	Oswaldhöhle
132	Jagd- und Fischereimuseum	Karpfenradweg
134	Waldbad Neustadt	Altes und Neues Schloss
136	Tiergarten Nürnberg	Kaiserburg
138	Spielzeugmuseum	Historische Felsengänge
140	Albrecht-Dürer-Haus	Turm der Sinne
142	Memorium Nürnberger Prozesse	Dokumentationsz. Reichsparteitagsgelände
144	Germanisches Nationalmuseum	Handwerkerhof
148	Zeiler Hexenturm	Weinradweg am Main
150	Atlantis	Flugplatz Herzogenaurach
152	Radweg von Bamberg nach Ebrach	Fähre Pettstadt
154	Burgruine Königsberg	Kunsthandwerkerhof Königsberg
156	Fränkische Kleinwagensammlung Bittner	Waldbad am Limes
158	Felsenbad Pottenstein	Sommerrodelbahn
160	Reifenberger Keller	Wanderweg - Über die Rettener Kanzel
162	Brauerei-Gasthof „Zum Grünen Baum"	Baumwipfelpfad Steigerwald bei Ebrach
166	Treidelschiff Elfriede	Raumfahrtmuseum
168	Monsterbaggerpark	Aquarena Zapfendorf
170	VGN Wanderweg - Von der Aurach zur Aisch	Stadtführung Neustadt an der Aisch
172	Wanderung - Ein Fest für Bierfreunde	Franken Lagune Wellnesscenter (Hirschaid)
174	Mittelalterliches Kriminalmuseum	Waldschwiimmbad
176	Wanderweg - Durchs Paradiestal	Burg Zwernitz mit Sanspareil Felsengarten
178	Giechburg	Gaststätte Gügel
182	Drei-Franken-Stein	WanderTour Rundwanderweg
184	Kellerwaldschänke (Willersdorf)	Hallerndorfer Bierpilgertour
186	Ritterspielplatz Wolfram-Eschenbach	Literatur-Weg Wolframs-Eschenbach
188	Erlebnisspielplatz	Wanderweg - Vogelinsel zum Schnackensee
190	Wanderung - St. Gundhildis-Kapelle	Naturmuseum Pappenheim
192	Waldbad Sulzbach-Rosenberg	Traumpfad Magische Natur
194	Wanderweg - Fünf-Seidla-Steig	Burgruine Thuisbrunn
196	Skulpturenweg Litzendorf	Tiefenellern Jungferhöhle
198	Brauerei Schrüfer (Priesendorf)	Badesee Trabelsdorf
200	Wallburg Eltmann	Erlebnispfad Tretzendorfer Weiher
202	Freizeit-Land Geiselwind	
204	Schloss und Park Dennenlohe	Dennenloher See
206	Sommerrodelbahn Vestenbergsgreuth	Uehlfeld: Karpfen-Rundweg
208	Brauerei Mainlust (Viereth)	Rundwanderweg Weiher
212	Fränkisches Hopfenmuseum	Wanderung: Hinauf zum Glatzenstein
214	Schloßbräustüberl Ellingen	Hohenzollernfestung Wülzburg
216	Karlsgraben	Volkskundemuseum Treuchtlingen
218	Burgruine Neideck	Streitburg
220	Limeseum und Römerpark Ruffenhofen	Hesselberg: Rundwanderung
222	Wildgehege Hufeisen	Brünners Motorradmuseum
224	Limesfreibad Mönchsroth	Wörnitzradweg
226	Erlebnispark Schloss Thurn	
228	Burg Pappenheim	Steine klopfen im Hobbysteinbruch
230	Playmobil Funpark	Kletterwald Weiherhof

Biergärten siehe Seite 1

Buch-Tipp

JETZT IM BUCHHANDEL!!!

Freizeit und Genuss - Wandern und Radeln!

Bamberg ist umgeben von Naturparks und gespickt mit Freizeitmöglichkeiten - zusammen mit der einmaligen Bierkultur eröffnet sich hier ein wahres Bierparadies!

Das Bamberger Land ist nicht nur ein Paradies für die Freunde der heimischen Biere. Auch die Wanderungen, Radwege, Freizeitmöglichkeiten und natürlich die wildromantischen Bierkeller rund um die knapp 70 hiesigen Brauereien suchen weltweit ihresgleichen.

Im ihrem neusten Werk präsentieren die Bamberger Autoren Bastian Böttner und Markus Raupach dies alles in einem neuem Gewand vereint. Noch nie wurde die Kombination aus Bier- und Freizeitkultur in Stadt und Landkreis Bamberg so authentisch und erlebbar dargestellt.

„Ein Buch, mit dem man wunderbar auch Ausflüge für die ganze Familie planen kann!"

Mit Landkarte, vielen Freizeittipps, typischen Bierkellern und **17 erlebnisreichen Wanderungen und Radtouren** *quer durch Stadt und Landkreis!*

Buchdaten:
Autoren: Bastian Böttner / Markus Raupach
Titel: **Bierparadies Bamberg**
Brauereien, Bierkeller, Brauereitouren und Freizeittipps in Stadt und Landkreis
GuideMedia Verlag
336 Seiten | 19,90€
ISBN: 978-3981700336

Jetzt auch erhältlich auf zeitungsshop.nordbayern.de

Buch-Tipp

JETZT IM BUCHHANDEL!!!

Fränkische Bierkultur auf den Punkt gebracht

Die Bier-Bibel von Bastian Böttner und Markus Raupach stellt Ihnen die komplette Brauszene Frankens vor.

Die beiden Autoren stehen als gebürtige Franken selbst voll und ganz hinter der Kultur in dieser weltweit einzigartigen Genussregion. Am meisten tragen die fränkischen Brauereien zu diesem ganz besonderen Hochgenuss bei: Über 2.000 verschiedene Biere entstammen den Sudhäusern zwischen Main, Altmühl und sächsischer Saale. Böttner und Raupach haben alle aktiven Braustätten persönlich besucht und mit Fotos und kurzen Portraits festgehalten. Außerdem trafen die beiden auf ihren Touren durch das Frankenland viele interessante Bier-Persönlichkeiten und konnten hinter die Kulissen von Herstellern und Museen blicken. **Das Ergebnis ihrer bierigen Erlebnisreisen der Jahre 2008 bis 2015 haben die beiden in ihrer „Bier-Bibel" zusammengefasst.**

Freuen Sie sich auf bier-verrückte Kreativbrauer wie David Hertl (Schlüsselfeld) oder Andreas Gänstaller (Hallerndorf), die mit unendlicher Liebe und Geduld spannende und innovative Biere immer wieder neu erfinden, genauso wie auf bodenständige „Bräuer" wie Hans Wernlein (Trebgast) oder Georg Höhn (Memmelsdorf), die ihre urigen süffigen Biere nach jahrhundertealten Rezepten so wie ihre Väter und Vorväter brauen. Durch die Adern dieses Buches fließt der reinste fränkische Gerstensaft, und sie werden auf jeder Seite wieder einem Stück gelebter Biertradition begegnen. Natürlich sind auch viele praktische Informationen enthalten, angefangen von den Öffnungszeiten und Haltestellen des ÖPNV bis zum jeweiligen Biersortiment und Spezialitäten in der zugehörigen Gastronomie. Sie sehen auf einen Blick, wo Brauereiführungen angeboten werden, oder wo Sie auch ein kleines Fässchen für das nächste Privatfest abholen können.

Buchdaten:
Autoren: Bastian Böttner / Markus Raupach
Titel: Brauereien und Brauereigasthöfe in Franken.
Alle Braustätten, Biere, Museen und Bierfeste.
Verlag Nürnberger Presse
672 Seiten | 19,90€
ISBN: 978-3931683290

Jetzt auch auf zeitungsshop.nordbayern.de

Werte Leserschaft,

über 100 Ausflüge – da haben Sie ganz schön was hinter sich – oder vor sich, wenn Sie bisher nur hineingelesen haben. Wir wünschen Ihnen auf jeden Fall viel Freude bei den einzelnen Erlebnissen und freuen uns über Rückmeldungen und weitere Anregungen. Schließlich sind auch Autoren nicht unfehlbar. Im nunmehr über zehnjährigen Zusammenspiel zwischen Ihnen, unseren Lesern, und uns, sind schon viele Geheimtipps zu Tage gekommen, wir möchten nur an die Pflugsmühle denken, oder die Kleinwagensammlung Bittner in Stopfenheim. Ohne Ihre tatkräftige Mithilfe würde diese Juwelen immer noch nicht in unseren Büchern stehen.

Wir hoffen, dass wir uns möglichst bald wiedersehen, entweder in einer der vielen Freizeit- und Bierkellerlocations des vorliegenden Buches, oder auf unseren nächsten Recherchereisen. Die werden uns zuerst nach Sachsen und Thüringen führen, um die dortige Bierkultur für Sie aufzubereiten, dann zurück ins fränkische Weinland und am Ende des Jahres in die Welt der Edelbrände.

Freuen Sie sich also mit uns auf viele weitere spannende Erlebnisse und Begegnungen rund um Freizeit, Genuss und Bierkultur, denn das ist unsere gemeinsame Leidenschaft!

GuideMedia GbR
Grüner Markt 15
96047 Bamberg
Tel.: 0951 5194166
Mail: info@guidemedia.de
Web: www.guidemedia.de